**Corpos em aliança e
a política das ruas**

Judith Butler

Corpos em aliança e a política das ruas

Notas para uma teoria performativa de assembleia

Tradução de
Fernanda Siqueira Miguens

Revisão técnica de
Carla Rodrigues

5ª edição

Rio de Janeiro
2023

Copyright © 2015 by the President and Fellows of Harvard College

Publicado mediante acordo com Harvard University Press por meio de Seibel Publishing Services Ltd.

Copyright da tradução © Civilização Brasileira, 2018

Título original: *Notes Toward a Performative Theory of Assembly*

Capa: Ronaldo Alves

Imagem de capa: "Fora Temer, na casa do Temer", Eduardo Figueiredo/Mídia NINJA, São Paulo, SP, 8/9/2016, disponível em: <www.flickr.com/photos/midianinja/29551074286/>, acesso em 2/5/2018. Adaptada. Essa obra está licenciada com uma licença CreativeCommons Atribuição-CompartilhaIgual 2.0 Genérica (CC BY-SA 2.0), disponível em <www.creativecommons.org/licenses/by-sa/2.0/deed.pt_BR>.

A editora agradece a Carolina Medeiros pela colaboração na revisão técnica.

CIP-BRASIL. CATALOGAÇÃO NA PUBLICAÇÃO
SINDICATO NACIONAL DOS EDITORES DE LIVROS, RJ

B992c
5ª ed.

Butler, Judith
  Corpos em aliança e a política das ruas: notas para uma teoria performativa de assembleia / Judith Butler; tradução Fernanda Siqueira Miguens; revisão técnica Carla Rodrigues. – 5ª ed. – Rio de Janeiro: Civilização Brasileira, 2023.
  266 p.; 23 cm.

  Tradução de: Notes toward a performative theory of assembly
  Inclui índice
  ISBN 978-85-200-1315-1

  1. Democracia. 2. Política pública. 3. Movimentos sociais. 4. Identidade social. I. Miguens, Fernanda Siqueira. II. Rodrigues, Carla. III. Título.

18-49789
  CDD: 323.4
  CDU: 342.7

Leandra Felix da Cruz – Bibliotecária – CRB-7/6135

EDITORA AFILIADA

Todos os direitos reservados. Proibida a reprodução, armazenamento ou transmissão de partes deste livro, através de quaisquer meios, sem prévia autorização por escrito.

Este livro foi revisado segundo o Acordo Ortográfico da Língua Portuguesa de 1990.

Direitos desta edição adquiridos pela
EDITORA CIVILIZAÇÃO BRASILEIRA
Um selo da
EDITORA JOSÉ OLYMPIO LTDA
Rua Argentina, 171 – 20921-380 – Rio de Janeiro, RJ – Tel.: (21) 2585-2000.

Seja um leitor preferencial Record.
Cadastre-se no site www.record.com.br e receba
informações sobre nossos lançamentos e nossas promoções.

Atendimento e venda direta ao leitor:
sac@record.com.br

Impresso no Brasil
2023

Sumário

Nota da revisão técnica	6
Introdução	7
1. Política de gênero e o direito de aparecer	31
2. Corpos em aliança e a política das ruas	75
3. A vida precária e a ética da convivência	111
4. A vulnerabilidade corporal e a política de coligação	137
5. "Nós, o povo" – considerações sobre a liberdade de assembleia	171
6. É possível viver uma vida boa em uma vida ruim?	213
Agradecimentos	243
Créditos	245
Índice	247

Nota da revisão técnica

Ao publicar *Precarious Life*, em 2003, Judith Butler se referia à "vida precária" ou à "precariedade" com as palavras *"precarious"/"precariouness"*. Seis anos depois, em *Frames of War (Quadros de guerra)*, a autora se dedicou a distinguir *"precarious"/"precariousness"* e *"precarity"*; na edição brasileira, trabalhamos com "condição precária", para referir uma condição universal de todo vivente, e "precariedade", para tratar daquilo que se dá de forma induzida, por violência a grupos vulneráveis ou ausência de políticas protetivas. Neste livro, assim como em 2003, a distinção de termos deixa de ser importante. Optamos, assim, por usar "precariedade", recorrendo a "condição precária" apenas quando a autora se referiu a uma condição universal de todo vivente, estar exposto à morte. Quando o termo original é *"assembly"*, usamos "assembleia", entendida como reunião de pessoas; quando a autora usa *"assemble"* mantivemos a ideia política original com o termo proposto pela tradução, "reunião em assembleia".

Introdução

Desde o surgimento de um número massivo de pessoas na Praça Tahrir, durante o inverno de 2010, estudiosos e ativistas renovaram o interesse sobre a forma e os efeitos das assembleias públicas. A questão é, ao mesmo tempo, extemporânea e oportuna. A reunião repentina de grandes grupos pode ser uma fonte tanto de esperança quanto de medo e, assim como sempre existem boas razões para temer os perigos da ação da multidão, há bons motivos para distinguir o potencial político em assembleias imprevisíveis. De certa forma, as teorias democráticas sempre temeram "a multidão", mesmo quando afirmam a importância das expressões da vontade popular, inclusive em sua forma de desobediência. A literatura é vasta e remete a autores tão diferentes quanto Edmund Burke e Alexis de Tocqueville, que se perguntaram de forma bastante explícita se as estruturas do Estado democrático poderiam sobreviver às expressões desenfreadas de soberania popular ou se o governo popular degeneraria em uma tirania da maioria. Este livro não pretende rever ou mesmo deliberar sobre esses debates importantes na teoria democrática, mas apenas sugerir que os debates sobre as manifestações populares tendem a ser governados pelo medo do caos ou pela esperança radical no futuro, embora algumas vezes medo e esperança se interliguem de modos complexos.

Assinalo essas tensões recorrentes na teoria democrática para destacar como desde o início existe um descompasso entre a forma política da democracia e o princípio da soberania popular, uma vez que não são a mesma coisa. Na verdade, é importante mantê-las separadas se quisermos entender como expressões da vontade popular podem colocar em questão uma determinada forma política, especialmente uma que se autodenomina democrática, ainda que seus críticos questionem essa reivindicação. O princípio é simples e bastante conhecido, mas as presunções em questão permanecem constrangedoras. Poderíamos desistir de definir a forma certa para a democracia e simplesmente admitir sua polissemia. Se as democracias são compostas por todas essas formas políticas que se autodenominam democráticas, ou que geralmente são chamadas de democráticas, adotamos uma determinada abordagem nominalista do assunto. Mas se e quando as ordens políticas consideradas democráticas são colocadas em crise por um coletivo em assembleia ou organizado que alega ser a vontade popular, representar o povo junto com a expectativa de uma democracia mais real e substantiva, então tem início uma batalha sobre o significado de democracia, batalha essa que nem sempre assume a forma de uma deliberação. Sem decidir quais assembleias populares são "verdadeiramente" democráticas e quais não são, podemos notar desde o início que a luta pela "democracia" como termo caracteriza de maneira ativa várias situações políticas. Parece importar muito como nomeamos as forças presentes na luta, dado que algumas vezes um movimento é considerado antidemocrático, até mesmo terrorista, e, em outras ocasiões ou contextos, o mesmo movimento é entendido como um esforço popular para a concretização de uma democracia mais inclusiva e substantiva. O jogo pode mudar com muita facilidade e, quando as alianças estratégicas exigem que se considere um grupo como "terrorista" em uma ocasião e como "aliado democrático" em outra, vemos que a "democracia", considerada uma designação, pode facilmente ser tratada como um termo discursivo estratégico. Portanto, à parte os nominalistas, os quais acreditam que democracias são aquelas formas de governo chamadas democracias, existem

INTRODUÇÃO

os estrategistas do discurso que se apoiam nas formas do discurso público, do marketing e da propaganda para decidir a questão sobre quais Estados e quais movimentos populares vão ou não ser chamados de democráticos.

Claro que é tentador dizer que um movimento democrático é aquele chamado por esse nome, ou que chama a si mesmo por esse nome, mas isso é desistir da democracia. Embora a democracia implique o poder de autodeterminação, não se pode concluir que qualquer grupo que se autodetermina representativo pode reivindicar corretamente ser "o povo". Em janeiro de 2015, o Pegida [Patriotische Europäer gegen die Islamisierung des Abendlandes – Patriotas Europeus contra a Islamização do Ocidente], um partido político alemão abertamente anti-imigrantes, afirmou "Nós somos o povo", uma prática de autonomeação que buscava precisamente excluir os imigrantes muçulmanos da ideia vigente de nação (e o fez associando-se a uma frase popularizada em 1989, dando um significado mais sombrio à "unificação" da Alemanha). Angela Merkel respondeu que "o islã é parte da Alemanha" praticamente ao mesmo tempo que o líder do Pegida, denunciado por ter se vestido como Hitler para uma sessão de fotos, foi forçado a renunciar. Uma discussão como essa levanta a pergunta: quem realmente é "o povo"? E que operação de poder discursivo circunscreve "o povo" em qualquer dado momento, e com que propósito?

"O povo" não é uma população definida, é constituído pelas linhas de demarcação que estabelecemos implícita ou explicitamente. Como resultado, assim como precisamos testar se qualquer modo determinado de apresentar o povo é inclusivo, só podemos indicar populações excluídas por meio de uma demarcação ulterior. A autoconstituição se torna especialmente problemática sob essas condições. Nem todo esforço discursivo para estabelecer quem é "o povo" funciona. A afirmação muitas vezes é uma aposta, uma tentativa de hegemonia. Portanto, quando um grupo, uma assembleia ou uma coletividade organizada se autodenomina "o povo", maneja o discurso de uma determinada maneira, fazendo suposições sobre quem está incluído e quem não está e, assim, involuntariamente se refere a uma população que não é "o povo". De fato, quando a luta para definir quem pertence ao "povo" se intensifica, um grupo contrapõe sua própria versão do "povo" àqueles que estão de fora, os que considera uma ameaça ao "povo" ou opositores da versão proposta de "povo". Como resultado, temos (a) aqueles que buscam definir o povo (um grupo muito menor do que o povo que buscam definir); (b) o povo definido (e demarcado) no curso dessa aposta discursiva; (c) o povo que não é "o povo"; e (d) aqueles que estão tentando estabelecer esse último grupo como parte do "povo". Mesmo quando dizemos "todos", em um esforço para propor um grupo que inclua a todos, ainda estamos fazendo suposições implícitas sobre quem está incluído, de forma que dificilmente superamos o que Chantal Mouffe e Ernesto Laclau descreveram tão acertadamente como "a exclusão constitutiva", por meio da qual qualquer noção particular de inclusão é estabelecida.[1]

O corpo político é postulado como uma unidade que ele nunca será. No entanto, essa não tem que ser uma conclusão cínica. Aqueles que, no espírito da *realpolitik*, consideram que, em razão de toda formação de "o povo" ser parcial, deveríamos simplesmente aceitar essa parcialidade como um fato da política são claramente os quais procuram expor essas formas de exclusão e se opor a elas, com frequência sabendo muito bem que a inclusividade completa não é possível, mas para os quais a luta é permanente. Há pelo menos duas razões para isso: por um lado, muitas exclusões são feitas sem o conhecimento de que estão sendo feitas, uma vez que a exclusão é com frequência naturalizada, tomada como "o estado de coisas", e não como um problema explícito; por outro lado, a inclusividade não é o único objetivo da política democrática, especialmente da política democrática radical. É verdade, é claro, que qualquer versão de "o

INTRODUÇÃO

povo" que exclua uma parte do povo não é inclusiva e, portanto, também não é representativa. Mas também é verdade que cada determinação para "o povo" que exclui alguns não é inclusiva e, por esse motivo, não é representativa. Mas também é verdade que cada determinação de "o povo" envolve um ato de demarcação que traça uma linha, geralmente com base na nacionalidade ou contra o contexto de Estado-Nação, e essa linha se torna imediatamente uma fronteira contenciosa. Em outras palavras, não existe possibilidade de "o povo" sem uma fronteira discursiva desenhada em algum lugar, traçada ao longo das linhas dos Estados-Nações existentes, das comunidades raciais ou linguísticas ou por afiliação política. O movimento discursivo para estabelecer "o povo" de um modo ou de outro é uma oferta para ter determinada fronteira reconhecida, quer a entendamos como a fronteira de uma nação ou como o limite da classe de pessoas a serem consideradas "reconhecíveis" como povo.

Portanto, uma razão pela qual a inclusividade não é o único objetivo da democracia, especialmente da democracia radical, é que a política democrática tem que estar preocupada com quem conta como "o povo", de que modo a demarcação é estabelecida de forma a evidenciar quem é "o povo" e a relegar ao segundo plano, à margem ou ao esquecimento os que não contam como "o povo". O objetivo de uma política democrática não é simplesmente estender o reconhecimento igualmente a todas as pessoas, mas, em vez disso, compreender que apenas modificando a relação entre o reconhecível e o irreconhecível (a) a igualdade pode ser entendida e buscada e (b) "o povo" pode se abrir para uma elaboração mais profunda. Mesmo quando uma forma de reconhecimento é estendida a *todo* o povo, permanece uma premissa ativa de que existe uma vasta região daqueles que permanecem irreconhecíveis, e esse poder diferencial é reproduzido toda vez que a forma de reconhecimento é estendida. Paradoxalmente, conforme certas formas de reconhecimento são estendidas, a região do irreconhecível é preservada e expandida adequadamente. A conclusão é que essas formas explícitas e implícitas de desigualdade, que algumas vezes são reproduzidas por categorias fundamentais, tais como inclusão e reconhecimento, têm que ser encaradas como parte de uma luta democrática temporariamente aberta. O mesmo pode ser dito sobre as formas implícitas ou explícitas de políticas de fronteiras contenciosas, que são originadas por algumas das formas mais elementares e aparentemente normais de se referir ao povo, à população e à vontade popular. Na realidade, a compreensão da exclusão persistente nos força a retroceder no processo de nomear e renomear, de renovar o que queremos dizer com "o povo" e o que diferentes pessoas querem dizer quando invocam o termo.

A questão da demarcação acrescenta outra dimensão ao problema, uma vez que nem todas as ações discursivas relativas envolvidas no reconhecimento e no reconhecimento equivocado do povo são explícitas. A operação do seu poder é até certo ponto performativa. Isto é, elas estabelecem determinadas distinções políticas, incluindo a desigualdade e a exclusão, sem necessariamente nomeá-las. Quando dizemos que a desigualdade é "efetivamente" reproduzida quando "o povo" é apenas parcialmente reconhecível, ou até mesmo "completamente" reconhecível dentro de termos nacionais restritivos, então estamos afirmando que a pressuposição de "o povo" faz mais do que simplesmente nomear quem é o povo. O ato de delimitação opera de acordo com uma forma *performativa* de poder que estabelece um problema fundamental da democracia ao mesmo tempo que – ou precisamente quando – fornece o seu termo-chave, "o povo".

Poderíamos nos demorar mais nesse problema discursivo, visto que existe uma questão sempre aberta sobre se "o povo" corresponde aos que expressam a "vontade popular" e se esses atos de autonomeação se qualificam como autodeterminação ou mesmo expressões válidas da vontade popular. O conceito de autodeterminação

INTRODUÇÃO

também está em jogo aqui e, portanto, implicitamente, a própria ideia de soberania popular. Tão importante quanto isso é esclarecer esse léxico da teoria democrática – especialmente à luz de debates recentes sobre as assembleias e manifestações públicas que vimos durante a Primavera Árabe, o movimento Occupy e as manifestações contra a condição precária – e perguntar se esses movimentos podem ser interpretados como exemplos verdadeiros ou promissores da vontade popular, a vontade do povo, a sugestão deste texto é que precisamos ler tais cenas não apenas nos termos da versão de povo que eles anunciam explicitamente, mas das relações de poder por meio das quais são representadas.[2] Essas representações são invariavelmente transitórias quando permanecem extraparlamentares. E, quando produzem novas formas parlamentares, arriscam perder sua característica de vontade popular. Assembleias populares se formam inesperadamente e se dissolvem sob condições voluntárias ou involuntárias, e essa transitoriedade está, eu gostaria de sugerir, relacionada à sua função "crítica". Assim como as expressões coletivas da vontade popular podem colocar em questão a legitimidade de um governo que afirma representar o povo, elas também podem se perder nas formas de governo que apoiam e instituem. Ao mesmo tempo, governos nascem e morrem, algumas vezes, em virtude de ações por parte do povo, de forma que essas ações concertadas são igualmente transitórias, consistindo na retirada do apoio, desconstituindo a reivindicação de legitimidade do governo, mas também constituindo novas formas. Conforme a vontade popular persiste nas formas que institui, ela também deve deixar de se perder nessas formas se quiser reter o direito de retirar seu apoio a qualquer forma política que fracasse em manter sua legitimidade.

Como, então, pensamos essas reuniões transitórias e críticas? Um argumento importante que se segue é que importa que os corpos se reúnam em assembleia e que os significados políticos transmitidos pelas manifestações sejam não apenas aqueles transmitidos pelo dis-

CORPOS EM ALIANÇA E A POLÍTICA DAS RUAS

curso, seja ele escrito ou falado. Ações corporificadas de diversos tipos significam, de forma que não são, estritamente falando, nem discursivas nem pré-discursivas. Em outras palavras, formas de assembleia já têm significado antes e apesar de qualquer reivindicação particular que façam. Reuniões silenciosas, incluindo vigílias e funerais, muitas vezes significam mais do que qualquer relato, escrito ou vocalizado, sobre aquilo de que elas tratam. Essas formas da performatividade corporificada e plural são componentes importantes de qualquer entendimento sobre "o povo", mesmo que sejam necessariamente parciais. Nem todos podem aparecer em uma forma corpórea, e muitos daqueles que não podem aparecer, que estão impedidos de aparecer ou que operam por meio das redes virtuais e digitais, também são parte do "povo", definidos precisamente por serem impedidos de fazer uma aparição corpórea específica em um espaço público, o que nos leva a reconsiderar as formas restritivas por meio das quais a "esfera pública" vem sendo acriticamente proposta por aqueles que assumem o acesso pleno e os plenos direitos de aparecimento em uma plataforma designada. Um segundo sentido da representação surge, então, aqui, à luz das formas corporificadas de ação e mobilidade que significam além do que quer que seja dito. Se considerarmos por que a liberdade de assembleia é diferente da liberdade de expressão, veremos que é precisamente porque o poder que as pessoas têm de se reunir é ele mesmo uma importante prerrogativa política, bastante distinta do direito de dizer o que quer que tenham a dizer uma vez que as pessoas estejam reunidas. A reunião significa para além do que é dito, e esse modo de significação é uma representação corpórea concertada, uma forma plural de performatividade.

Podemos ficar tentados, com base em velhos hábitos, a dizer: "Mas se algo significa, então é certamente discursivo", e talvez isso seja verdade. Mas essa réplica, mesmo que se sustente, não nos permite examinar a importante relação quiasmática entre as formas de

INTRODUÇÃO

performatividade linguística e as formas de performatividade corpórea. Elas se sobrepõem; elas não são completamente distintas; elas não são, no entanto, idênticas uma à outra. Como Shoshana Felman demonstrou, mesmo o ato da fala está implicado nas condições corpóreas da vida.[3] A vocalização requer uma laringe ou uma prótese tecnológica. E algumas vezes o que alguém significa pelos meios de expressão é bastante diferente daquilo explicitamente reconhecido como o objetivo do ato da fala em si. Se a performatividade é com frequência associada ao desempenho individual, pode se provar importante reconsiderar essas formas de performatividade que operam apenas por meio das formas de ação coordenada, cujas condições e cujo objetivo são a reconstituição de formas plurais de atuação e de práticas sociais de resistência. Portanto, esse movimento ou inércia, esse estacionamento do meu corpo no meio da ação do outro, não é um ato meu ou de outros, mas alguma coisa que acontece em virtude da relação entre nós, surgindo dessa relação, usando frases equívocas entre o eu e o nós, buscando a uma só vez preservar e disseminar o valor generativo desse equívoco, uma relação ativa e deliberadamente sustentada, uma colaboração distinta da fusão ou confusão alucinatória.

A TESE ESPECÍFICA DESTE LIVRO é a de que agir em concordância pode ser uma forma corporizada de colocar em questão as dimensões incipientes e poderosas das noções reinantes da política. O caráter corpóreo desse questionamento opera ao menos de dois modos: por um lado, contestações são representadas por assembleias, greves, vigílias e ocupação de espaços públicos; por outro, esses corpos são o objeto de muitas das manifestações que tomam a condição precária como sua condição estimulante. Afinal de contas, existe uma força indexical do corpo que chega com outros corpos a uma zona visível para a cobertura da mídia: é *esse* corpo,

CORPOS EM ALIANÇA E A POLÍTICA DAS RUAS

e *esses* corpos, que exigem emprego, moradia, assistência médica e comida, bem como um sentido de futuro que não seja o futuro das dívidas impagáveis; é *esse* corpo, ou *esses* corpos, ou corpos *como* esse corpo e esses corpos que vivem a condição de um meio de subsistência ameaçado, infraestrutura arruinada, condição precária acelerada.

De alguma maneira, o meu objetivo é constatar o óbvio em condições nas quais o óbvio está desaparecendo: existem modos de expressar e demonstrar a condição precária que engajam de maneira importante ações corpóreas e formas de liberdade expressiva que pertencem mais propriamente à assembleia pública. Alguns críticos argumentaram que os movimentos Occupy tiveram êxito apenas em levar as pessoas para as ruas e facilitar a ocupação de espaços públicos cujo estatuto público vem sendo contestado pela expansão da privatização. Algumas vezes, esses espaços são contestados porque estão, literalmente, sendo vendidos como propriedades para investidores privados (como o Parque Gezi, em Istambul). Mas outras vezes esses espaços estão fechados para as assembleias públicas em nome da "segurança" ou mesmo da "saúde pública". Os objetivos explícitos dessas assembleias variam: oposição a um governo despótico, a regimes securitários, ao nacionalismo, ao militarismo, à injustiça econômica, à desigualdade dos direitos de cidadania, à condição de apátrida, aos danos ecológicos, à intensificação da desigualdade econômica e à aceleração da condição precária. Algumas vezes, uma assembleia busca explicitamente desafiar o próprio capitalismo ou o neoliberalismo, considerado um novo desenvolvimento ou variante, ou as medidas de austeridade na Europa e a potencial destruição da educação superior pública no Chile ou em outros lugares.[4]

É claro que essas são assembleias diferentes, e alianças diferentes, e não acredito que alguém possa chegar a uma narrativa única dessas formas mais recentes de manifestação pública e ocupações que as ligue de maneira mais ampla à história e ao princípio das assem-

INTRODUÇÃO

bleias públicas. Elas não se resumem a permutações da multidão, mas tampouco estão tão desconectadas a ponto de não podermos traçar ligações entre elas. Um historiador social e do direito teria que fazer parte desse trabalho comparativo – e espero que continuem a fazê--lo à luz das formas recentes de assembleia. Do meu ponto de vista mais limitado, quero sugerir somente que quando corpos se juntam na rua, na praça ou em outras formas de espaço público (incluindo os virtuais), eles estão exercitando um direito plural e performativo de aparecer, um direito que afirma e instaura o corpo no meio do campo político e que, em sua função expressiva e significativa, transmite uma exigência corpórea por um conjunto mais suportável de condições econômicas, sociais e políticas, não mais afetadas pelas formas induzidas de condição precária.

Neste momento em que a economia neoliberal estrutura cada vez mais as instituições e os serviços públicos, o que inclui escolas e universidades, em um momento em que as pessoas, em números crescentes, estão perdendo casa, benefícios previdenciários e perspectiva de emprego, nós nos deparamos, de uma maneira nova, com a ideia de que algumas populações são consideradas descartáveis.[5] Existe trabalho temporário ou não existe trabalho nenhum, ou existem formas pós-fordistas de flexibilização do trabalho que lançam mão da permutabilidade e da dispensabilidade dos povos trabalhadores. Esses desenvolvimentos, reforçados pelas atitudes predominantes em relação ao seguro de saúde e à seguridade social, sugerem que a racionalidade do mercado está decidindo quais saúdes e vidas devem ser protegidas e quais não devem. É claro que há diferenças entre políticas que buscam explicitamente a morte de determinadas populações e políticas que produzem condições de negligência sistemática que na realidade permitem que as pessoas morram. Foucault nos ajudou a articular essa distinção quando falou sobre as estratégias bastante específicas do biopoder, a gestão da vida e da morte, de forma que não requerem mais um soberano que decida e ponha em prática explicitamente a questão sobre quem vai viver e quem vai morrer.[6] E Achille Mbembe elaborou essa distinção com o seu conceito de "necropolítica".

E isso foi, para alguns de nós, profundamente exemplificado na reunião do Tea Party nos Estados Unidos durante a qual o congressista Ron Paul sugeriu que aqueles que têm doenças graves e não podem pagar pelo seguro-saúde, ou "escolhem" não pagar, como ele colocou, teriam simplesmente que morrer. De acordo com os relatos publicados, um grito de alegria percorreu a multidão. Foi, imagino, o tipo de grito entusiasmado que costuma acompanhar as idas à guerra e as formas de fervor nacionalista. Mas, se para alguns, foi uma ocasião jubilosa, ela deve ter sido fomentada por uma crença em que aqueles que não ganham o suficiente ou que não têm empregos suficientemente estáveis não merecem a cobertura do sistema de saúde e pela crença de que nenhum de nós é responsável por essas pessoas. A implicação é claramente que aqueles que não são capazes de conseguir empregos que garantam o seguro de saúde pertencem a uma população que merece morrer e que, por fim, são responsáveis pela sua própria morte.

Chocante para muitas pessoas que ainda vivem sob os enquadramentos nominais da social-democracia é a presunção subjacente de que os indivíduos devem se preocupar apenas consigo, e não com os outros, e que a assistência à saúde não é um bem público, mas uma mercadoria. Nesse mesmo discurso, Paul louvou a função tradicional da igreja e da caridade na assistência aos necessitados. Embora algumas alternativas da esquerda cristã para essa situação tenham surgido, na Europa e em outros lugares, a fim de garantir que aqueles abandonados pelas formas de bem-estar social sejam assistidos pelas práticas de "assistência" filantrópicas ou comunitárias, essas alternativas muitas vezes complementam e sustentam a destruição dos serviços públicos como a assistência médica. Em outras palavras, elas aceitam o novo papel para a ética e as práticas cristãs

INTRODUÇÃO

(e para a hegemonia cristã) que a destruição dos serviços sociais básicos proporciona. Algo semelhante acontece na Palestina, onde as condições infraestruturais de vida são constantemente destruídas pelos bombardeios, pelo racionamento de água, pela destruição dos olivais e pelo desmantelamento dos sistemas de irrigação construídos. Essa destruição é amenizada por organizações não governamentais que reconstroem estradas e abrigos, mas a destruição não muda – a intervenção das ONGs presume que a destruição vai continuar e compreende que sua tarefa é amenizar e reparar as condições entre os episódios de destruição. Um ritmo macabro se desenvolve entre as tarefas de destruição e as tarefas de renovação e reconstrução (muitas vezes abrindo potenciais temporários de mercado também), e tudo isso sustenta a normalização da ocupação. É claro que isso não significa que não deveria haver um esforço para reparar casas e ruas, para proporcionar uma melhor irrigação e fornecimento de água e replantar os olivais destruídos, ou que as ONGs não tenham o seu papel. O papel delas é crucial. No entanto, se essas tarefas assumem o lugar de uma oposição mais profunda à ocupação que conduza ao seu fim, elas correm o risco de se transformar em práticas que tornam a ocupação funcional.

E aquele grito sádico de júbilo na reunião do Tea Party, traduzindo-se na ideia de que aqueles que não conseguem encontrar uma forma de ter acesso a assistência médica vão, justamente, contrair doenças ou sofrer acidentes e morrer, justamente, como consequência? Sob quais condições políticas e econômicas tais formas jubilosas de crueldade surgem e tornam suas opiniões conhecidas? Queremos chamar isso de um desejo de morte? Parto do pressuposto de que alguma coisa deu muito errado, ou tem estado errada faz muito tempo, quando a ideia da morte de uma pessoa pobre ou sem seguro suscita gritos de júbilo de um proponente do republicanismo do Tea Party, uma variante nacionalista do libertarianismo econômico que eclipsou completamente qualquer sentido de responsabilidade social comum com uma métrica mais fria e calculista que foi incitada e apoiada, ao que parece, por uma relação bastante jubilosa com a crueldade.

Embora "responsabilidade" seja uma palavra que circule bastante entre os que defendem o neoliberalismo e concepções renovadas do individualismo político e econômico, vou procurar reverter e renovar seu significado no contexto do pensamento sobre formas coletivas de assembleia. Não é fácil defender uma noção de ética, incluindo noções-chave como liberdade e responsabilidade, em face de suas apropriações discursivas. Porque se, de acordo com os que valorizam a destruição dos serviços sociais, somos responsáveis apenas por nós mesmos e certamente não pelos outros, e se a responsabilidade é em primeiro lugar e acima de tudo uma responsabilidade de se tornar economicamente autossuficiente em condições que minam todas as perspectivas de autossuficiência, então estamos nos confrontando com uma contradição que pode facilmente levar uma pessoa à loucura: somos moralmente pressionados a nos tornar precisamente o tipo de indivíduo que está estruturalmente impedido de concretizar essa norma. A racionalidade neoliberal exige a autossuficiência como uma ideia moral, ao mesmo tempo que as formas neoliberais de poder trabalham para destruir essa possibilidade no nível econômico, estabelecendo todos os membros da população como potencial ou realmente precários, usando até mesmo a ameaça sempre presente da precariedade para justificar sua acentuada regulação do espaço público e a sua desregulação da expansão do mercado. No momento em que alguém se prova incapaz de se adequar à norma da autossuficiência (quando alguém não consegue pagar por assistência à saúde ou lançar mão de cuidados médicos privados, por exemplo), essa pessoa se torna potencialmente dispensável. E então essa criatura dispensável é confrontada com uma moralidade política que exige a responsabilidade individual ou que opera em um modelo de privatização do "cuidado".

INTRODUÇÃO

De fato, estamos no meio de uma situação biopolítica na qual diversas populações estão cada vez mais sujeitas ao que chamamos de "precarização".[7] Geralmente induzido e reproduzido por instituições governamentais e econômicas, esse processo adapta populações, com o passar do tempo, à insegurança e à desesperança; ele é estruturado nas instituições do trabalho temporário, nos serviços sociais destruídos e no desgaste geral dos vestígios ativos da social-democracia em favor das modalidades empreendedoras apoiadas por fortes ideologias de responsabilidade individual e pela obrigação de maximizar o valor de mercado de cada um como objetivo máximo de vida.[8] Na minha visão, esse importante processo de precarização tem que ser suplementado por um entendimento da precariedade, efetuando uma mudança na realidade psíquica, como Lauren Berlant sugeriu em sua teoria do afeto:[9] a precariedade implica um aumento da sensação de ser dispensável ou de ser descartado que não é distribuída por igual na sociedade. Quanto mais alguém está de acordo com a exigência da "responsabilidade" de se tornar autossuficiente, mais socialmente isolado se torna e mais precário se sente; e quanto mais estruturas sociais de apoio deixam de existir por razões "econômicas", mais isolado esse indivíduo se percebe em sua sensação de ansiedade acentuada e "fracasso moral". O processo envolve uma escalada de ansiedade em relação ao próprio futuro e em relação àqueles que podem depender da pessoa; impõe à pessoa que sofre dessa ansiedade um enquadramento de responsabilidade individual, e redefine a responsabilidade como a exigência de se tornar um empreendedor de si mesmo em condições que tornam uma vocação dúbia impossível.

Então, uma questão que surge para nós aqui é a seguinte: Qual função tem a assembleia pública no contexto dessa forma de "responsabilização" e que forma opositiva de ética ela incorpora e expressa? Sobre e contra uma sensação cada vez mais individualizada de ansiedade e fracasso, a assembleia pública incorpora a percepção de que essa é uma condição social compartilhada e injusta. A assembleia desempenha o papel de uma forma provisória e plural de coexistência que constitui uma alternativa ética e social distinta da "responsabilização". Como espero sugerir, essas formas de assembleia podem ser entendidas como versões nascentes e provisórias da soberania popular. Elas também podem ser consideradas lembretes indispensáveis de como a legitimação funciona na teoria e na prática democráticas. Essa afirmação de existência plural não é de forma nenhuma um triunfo sobre todas as formas de precariedade, embora ela articule, por meio de suas representações, uma oposição à precariedade induzida e às suas acelerações.

A fantasia do indivíduo capaz de se tornar um empreendedor de si mesmo em condições de precariedade acelerada, se não de indigência, cria a perturbadora suposição de que as pessoas podem, e devem, agir de maneira autônoma sob condições nas quais a vida se tornou insuportável. A tese deste livro é que nenhum de nós age sem as condições para agir, mesmo que algumas vezes tenhamos que agir para instalar e preservar essas condições. O paradoxo é óbvio, e ainda assim é o que podemos ver quando um grupo precário constitui uma forma de ação que reivindica as condições para agir e viver. O que condiciona tais ações? E como a ação plural e corpórea deve ser reconcebida nessa situação histórica?

Antes de nos voltarmos para essas questões centrais, vamos considerar primeiro como esse imperativo contraditório opera em outros domínios. Se consideramos a fundamentação lógica para a militarização baseada na alegação de que "o povo" pertencente à nação deve ser defendido, descobrimos que apenas algumas pessoas são defensáveis, e que há uma distinção operativa entre os defensáveis e os indefensáveis, diferenciando o povo da população. A precariedade se mostra em meio a esse imperativo para "defender o povo". A defesa militar requer e institui a precariedade não apenas entre os seus alvos, mas também entre aqueles que recruta. Pelo menos

INTRODUÇÃO

os recrutados pelo Exército dos Estados Unidos têm a promessa de desenvolver habilidades, receber treinamento e obter trabalho, mas muitas vezes são mandados para zonas de conflito onde não existe um mandato claro e onde seu corpo pode ser mutilado, sua vida psíquica traumatizada e sua existência completamente destruída. Por um lado, eles são considerados "indispensáveis" para a defesa da nação. Por outro, são designados como uma população dispensável. Ainda que por vezes sua morte seja glorificada, eles ainda são dispensáveis: pessoas a serem sacrificadas em nome do povo.[10] Há uma contradição operativa clara: o corpo que busca defender o país muitas vezes é física e psicologicamente eviscerado no desempenho dessa tarefa. Desse modo, em nome de defender pessoas, a nação chuta algumas pessoas para escanteio. O corpo instrumentalizado para os propósitos de "defesa" é, não obstante, descartável quando se trata de prover essa "defesa". Deixado sem defesa no processo de defender a nação, esse corpo é ao mesmo tempo indispensável e dispensável. O imperativo de prover a "defesa do povo" exige, assim, que os encarregados dessa defesa sejam dispensáveis e estejam indefesos. É claro que estamos corretos em distinguir entre os tipos de protesto, diferenciando os movimentos de antimilitarização e movimentos contra a precariedade, Black Lives Matter e reivindicações por educação pública. Ao mesmo tempo, a precariedade parece atravessar uma variedade desses movimentos, seja a precariedade dos mortos na guerra, daqueles que carecem de infraestrutura básica, dos expostos a violência desproporcional nas ruas ou de quem busca obter uma educação à custa de uma dívida impagável. Algumas vezes, uma reunião é realizada em nome do corpo vivo, um corpo com direito a viver e a persistir, até mesmo a florescer. Ao mesmo tempo, não importa sobre o que seja o protesto, ele também é, implicitamente, uma reivindicação por poder se unir, se reunir em assembleia, e de fazê-lo livremente, sem medo da violência policial ou da censura política. Então, embora o corpo em sua luta contra a precariedade e a persistência esteja no coração de tantas manifestações, ele também é o corpo que está exposto, exibindo o seu valor e a sua liberdade na própria manifestação, representando, pela forma corpórea da reunião, um apelo ao político.

AFIRMAR QUE UM GRUPO de pessoas continua existindo, ocupando espaço e vivendo obstinadamente já é uma ação expressiva, um evento politicamente significativo, e isso pode acontecer sem palavras no curso de uma reunião imprevisível e transitória. Outro resultado "efetivo" dessas representações plurais é que elas deixam claro o entendimento de que uma situação é compartilhada, contestando a moralidade individualizante que faz da autossuficiência econômica uma norma moral precisamente sob condições nas quais a autossuficiência está se tornando cada vez mais irrealizável. O comparecimento, a permanência, a respiração, o movimento, a quietude, o discurso e o silêncio são todos aspectos de uma assembleia repentina, uma forma imprevista de performatividade política que coloca a vida possível de ser vivida no primeiro plano da política. E isso parece estar acontecendo antes que qualquer grupo exponha suas exigências ou comece a se explicar em termos propriamente políticos. Tomando lugar fora dos modos parlamentares de contribuições escritas e faladas, as assembleias provisórias ainda fazem um apelo por justiça. Mas, para entender esse "apelo", temos que perguntar se é correto que a verbalização permaneça a norma do pensamento sobre a ação política expressiva. Na verdade, temos que repensar o ato de fala para entender o que é feito e o que é realizado por determinados tipos de representações corporais: os corpos reunidos "dizem" não somos descartáveis, mesmo quando permanecem em silêncio. Essa possibilidade de expressão é parte da performatividade plural e corpórea que devemos compreender como marcada por dependência e resistência. Criaturas em assembleia

INTRODUÇÃO

como essas dependem de um conjunto de processos institucionais e de vida, de condições de infraestruturas, para persistir e fazer valer juntas o direito às condições de sua persistência. Esse direito é parte de um apelo mais amplo por justiça, um apelo que pode muito bem ser articulado por um posicionamento silencioso e coletivo. Por mais importantes que sejam as palavras para esse posicionamento, elas não exaurem a importância política da ação plural e corpórea.

Assim como uma assembleia pode significar uma forma de vontade popular, até mesmo pretendendo ser "a" vontade popular, significando a condição indispensável da legitimidade do Estado, assembleias são organizadas pelos Estados com o propósito de exibir aos meios de comunicação o apoio popular do qual ostensivamente desfrutam. Em outras palavras, o efeito significante das assembleias, o efeito legitimador, pode funcionar precisamente por meio de representações e de uma cobertura de mídia organizadas, reduzindo e enquadrando a circulação do "popular" como uma estratégia para a autolegitimação do Estado. Uma vez que não existe vontade popular que exercite o seu efeito legitimador sendo demarcada ou produzida dentro de um enquadramento, a luta pela legitimação invariavelmente acontece no jogo entre as representações públicas e as imagens da mídia, no qual espetáculos controlados pelo Estado competem com telefones celulares e redes sociais para cobrir um evento e o seu significado. A filmagem das ações da polícia se tornou uma maneira-chave de expor a coerção patrocinada pelo Estado sob a qual opera atualmente a liberdade de assembleia. Pode-se facilmente chegar a uma conclusão cínica: é tudo um jogo de imagens. Mas talvez um entendimento muito mais importante esteja em questão aqui, a saber, que "o povo" não é produzido apenas por suas reivindicações vocalizadas, mas também pelas condições de possibilidade da sua aparição, portanto dentro do campo visual, e por suas ações, portanto como parte da performatividade corpórea. Essas condições de aparição incluem as condições de infraestrutura para a encenação, bem como os meios tecnológicos para capturar e transmitir uma reunião, um encontro, nos campos visual e acústico. O som do que falam ou o sinal gráfico do que é falado são tão importantes para a atividade de autoconstituição na esfera pública (e de constituição da esfera pública como uma condição de aparecimento) quanto quaisquer outros meios. Se o povo é constituído por uma complexa interação entre performance, imagem, acústica e todas as diversas tecnologias envolvidas nessas produções, então a "mídia" não apenas transmite quem o povo afirma ser, mas se inseriu na própria definição de povo. Ela não apenas auxilia essa definição, ou a torna possível; ela é o material da autoconstituição, o lugar da luta hegemônica sobre quem "nós" somos. É claro que temos que estudar as ocasiões nas quais o enquadramento oficial é desmontado por imagens rivais, ou nas quais um único conjunto de imagens desencadeia uma divisão implacável na sociedade, ou nas quais a quantidade de pessoas que se reúnem em resistência destrói o enquadramento por meio do qual o seu tamanho deveria ser reduzido, caso contrário sua reivindicação é transformada em ruído incivil. Essas reuniões não são o mesmo que a democracia em si. Não podemos apontar para uma reunião provisória e transitória e dizer "isso é a democracia em ação", querendo dizer que tudo o que esperamos da democracia está simbolizado ou representado em um momento como esse. Reuniões são necessariamente transitórias, e essa transitoriedade está ligada à sua função crítica. Poderíamos dizer "mas elas não duram" e afundar em um sentimento de futilidade; mas esse sentimento de perda é rebatido pela antecipação do que pode estar por vir: "Elas podem acontecer a qualquer momento!" Reuniões como essas funcionam como um dos momentos incipientes ou "fugitivos" da democracia.[11] Esse parece ser o caso das manifestações contra a precariedade.

*

INTRODUÇÃO

COMO COMECEI a esclarecer em *Quadros de guerra*, a condição precária não é simplesmente uma verdade existencial – cada um de nós pode se ver sujeito a privação, dano, doença, debilitação ou morte em decorrência de eventos ou processos fora do nosso controle.[12] Todos nós desconhecemos e estamos expostos ao que pode acontecer, e a nossa falta de conhecimento é um sinal de que não controlamos, de que não podemos controlar todas as condições que constituem a nossa vida. Por mais invariável que essa verdade geral possa ser, ela é vivida diferencialmente, uma vez que a exposição a acidentes de trabalho ou os serviços sociais ineficientes claramente afetam os trabalhadores e os desempregados muito mais do que as outras pessoas.

Por um lado, todos somos dependentes das relações sociais e de uma infraestrutura permanente para manter uma vida vivível, de forma que não é factível se livrar dessa dependência. Por outro lado, essa dependência, embora não seja o mesmo que uma condição de subjugação, pode facilmente se tornar isso. A dependência de criaturas humanas, de manter e sustentar uma vida com infraestrutura, mostra que a organização da infraestrutura está intimamente ligada a um senso profundo de manutenção da vida individual: como a vida é mantida, como a vida é viável, com que grau de sofrimento e esperança.

Em outras palavras, ninguém sofre de falta de moradia sem que exista uma falha, sem que haja um fracasso social no sentido de organizar a moradia de um modo que ela seja acessível a toda e qualquer pessoa. E ninguém sofre com o desemprego sem que exista um sistema ou uma economia política que fracasse em salvaguardá-lo dessa possibilidade. Isso significa que em algumas das nossas experiências de maior vulnerabilidade em termos de privação social e econômica, o que se revela não é apenas a nossa precariedade como indivíduos – embora isso também possa ser revelado –, mas também os fracassos e as desigualdades das instituições socioeconômicas e

CORPOS EM ALIANÇA E A POLÍTICA DAS RUAS

políticas. Em nossa vulnerabilidade individual a uma precariedade que é socialmente induzida, cada "eu" vê potencialmente como o seu sentido particular de ansiedade e fracasso tem estado implicado todo o tempo em um mundo social mais amplo. Isso inicia a possibilidade de desconstruir essa forma de responsabilidade individualizadora e enlouquecedora em favor de um *ethos* de solidariedade que afirmaria a dependência mútua, a dependência de infraestruturas e de redes sociais viáveis, abrindo caminho para uma forma de improvisação no processo de elaborar formas coletivas e institucionais de abordar a condição precária induzida.

Os capítulos deste livro buscam antes de tudo compreender as funções expressivas e significantes das formas improvisadas de assembleias públicas, mas também questionar o que conta como "público" e quem pode ser considerado "o povo". Por "expressivas" não quero sugerir que algum sentido já estabelecido de povo se expresse por meio das formas de reunião pública, mas apenas que assim como a liberdade de discurso é considerada uma "liberdade expressiva", a liberdade de assembleia também o é: algumas questões de relevância política estão sendo representadas e transmitidas. Essa investigação está situada em um período histórico em que surge a questão: Como a condição precária é representada e antagonizada nas assembleias repentinas? Uma vez que as formas de interdependência estão em primeiro plano em tais assembleias, elas oferecem uma oportunidade de refletirmos sobre o caráter corpóreo da ação e da expressão social, que podemos compreender como performatividade corpórea e plural. Uma concepção ética das relações humanas atravessa a análise política ao longo destas páginas, tornando-se mais proeminente na discussão de Hannah Arendt sobre convivência e na proposição levinasiana de que uma reivindicação ética é, em algum sentido, anterior à formação do sujeito em questão, precedendo dessa forma as noções convencionais do contrato liberal.

INTRODUÇÃO

Os primeiros capítulos se concentram nas formas de assembleia que presumem modos de pertencimento e ocasiões de manifestações políticas em locais específicos, enquanto os últimos capítulos se perguntam sobre se as formas de obrigação ética se sustentam entre aqueles que não compartilham um sentido de pertencimento geográfico ou linguístico. Finalmente, partindo da formulação de Adorno de que não é possível viver uma vida boa em uma existência ruim, sugiro que a "vida" que uma pessoa tem que viver é sempre uma vida social, implicando-nos em um mundo social, econômico e de infraestrutura mais abrangente, que vai além da nossa perspectiva e da modalidade de questionamento ético em primeira pessoa. Por essa razão, argumento que invariavelmente as questões éticas estão implicadas nas questões sociais e econômicas, embora não sejam extintas por essas preocupações. Na verdade, a própria concepção da ação humana como universalmente condicionada implica que, quando fazemos a pergunta ética e política básica – como devo agir –, fazemos uma referência implícita às condições do mundo que tornam esse ato possível ou, como é cada vez mais o caso em condições de precariedade, que comprometem as condições de ação. O que significa agir em conjunto quando as condições de ação conjunta estão destruídas ou entrando em colapso? Esse impasse pode se tornar a condição paradoxal de uma forma de solidariedade social ao mesmo tempo triste e alegre, uma reunião representada por corpos sob coação ou em nome da coação, quando a própria reunião significa persistência e resistência.

Notas

1. Chantal Mouffe e Ernesto Laclau, *Hegemony and Socialist Strategy* (Londres, Verso, 1986) [ed. bras.: *Hegemonia e estratégia socialista*, São Paulo, Intermeios, 2015].
2. Hamid Dabashi, *The Arab Spring: The End of Postcolonialism* (Londres, Zed Books, 2012).

CORPOS EM ALIANÇA E A POLÍTICA DAS RUAS

3. Shoshana Felman, *The Scandal of the Speaking Body: Don Juan with J.L. Austin, or Seduction in Two Languages* (Palo Alto, CA, Stanford University Press, 2003).

4. Wendy Brown, "Neo-liberalism and the end of Liberal Democracy", *Theory and Event* 7, n. 1 (2003), disponível em: <muse.jhu.edu/journals/theory_and_event/v007q7.1brown.html>, acessado em 20 de julho de 2014.

5. A noção de "vida descartável" emergiu em diversos debates teóricos recentes. Ver Aquille Mbembe, "Necropolitics", *Public Culture* 15, n. 1 (2003): 11-40 [ed. bras.: *Necropolítica*, São Paulo, n-1 edições, 2018], e Elizabeth Povinelli, *Economies of Abandonment* (Durham, NC: Duke University Press, 2011). Ver também o website da Columbia University: <www.historiesofviolence.com/specialseries/disposable-life/>.

6. Michel Foucault, *Society Must be Defended: Lectures at the College de France*, 1975-76, trad. David Macey (Nova York, Picador, 2002) [ed. bras.: *Em defesa da sociedade*. Trad. de Maria Prado Galvão. São Paulo: Martins Fontes, 2000.] Michel Foucault, *Security, Territory, Population: Lectures at the Collège de France*, 1977-78, trad. Graham Burchell (Nova York, Picador, 2009) [ed. bras.: *Segurança, território, população*. Trad. de Eduardo Brandão. São Paulo: Martins Fontes, 2004.]

7. Isabell Lorey, *State of Insecurity*: Government of the Precarious (Londres, Verso, 2015).

8. Michel Feher, "Self-Appreciation; or, The Aspirations of Human Capital", *Public Culture* 21, n. 1 (2009): 21-41.

9. Lauren Berlant, *Cruel Optimism* (Durham, NC, Duke University Press, 2011).

10. Ibid.

11. Sheldon S. Wolin, "Fugitive Democracy", *Constellations: An International Journal of Critical and Democratic Theory* 1, n. 1 (1994): 11-25.

12. Ver, de minha autoria, "Introduction: Precarious Life, Grievable Life", in *Frames of War: When Is Life Grievable?* (Londres: Verso, 2009) [ed. bras.: *Quadros de guerra: quando a vida é passível de luto?*, Rio de Janeiro, Civilização Brasileira, 2015].

1. Política de gênero e o direito de aparecer

Originalmente, eu tinha dado o título de *Corpos em aliança* ao conjunto original de palestras realizadas na faculdade Bryn Mawr, em 2011, e que forneceram os rudimentos deste texto. O título acabou se revelando oportuno, embora, no momento em que o concebi, não pudesse saber como o seu significado se desdobraria com o tempo, assumindo outra forma e força. Então lá estávamos nós, reunidos naquele ambiente acadêmico assim como as pessoas estavam se reunindo por todos os Estados Unidos e em vários outros países para contestar várias questões, incluindo os governos despóticos e a injustiça econômica, por vezes questionando o próprio capitalismo ou algumas de suas formas contemporâneas. E outras vezes, possivelmente ao mesmo tempo, se reunindo em público juntas para serem vistas e ouvidas como uma presença política e como uma força plural.

Podemos encarar essas manifestações de massa como uma rejeição coletiva da precariedade induzida social e economicamente. Mais do que isso, entretanto, o que vemos quando os corpos se reúnem em assembleia nas ruas, praças ou em outros locais públicos é o exercício – que se pode chamar de performativo – do direito de aparecer, uma demanda corporal por um conjunto de vidas mais vivíveis.

CORPOS EM ALIANÇA E A POLÍTICA DAS RUAS

Embora a noção de "responsabilidade" tenha sido reapropriada para propósitos neoliberais de modo problemático, o conceito permanece um aspecto crucial na crítica da desigualdade acelerada. Na moralidade neoliberal, cada um de nós é responsável apenas por si mesmo, e não pelos outros, e essa responsabilidade é principalmente e acima de tudo uma responsabilidade por nos tornarmos economicamente autossuficientes em condições em que a autossuficiência está estruturalmente comprometida. Aqueles que não têm condições de pagar por assistência médica constituem apenas uma versão de uma população considerada descartável. E todos aqueles que enxergam o abismo crescente entre ricos e pobres, que se veem como pessoas que perderam várias formas de segurança e garantia, também se consideram abandonados por um governo e por uma economia política que claramente aumenta a riqueza de poucos à custa da população em geral. Então, quando as pessoas se reúnem nas ruas, uma implicação parece clara: elas ainda estão aqui e lá; elas persistem; elas se reúnem em assembleia e manifestam, assim, o entendimento de que a sua situação é compartilhada, ou o começo desse entendimento. E mesmo quando não estão falando ou não apresentam um conjunto de reivindicações negociáveis, o apelo por justiça está sendo representado: os corpos em assembleia "dizem": "nós não somos descartáveis", não importando que estejam ou não usando palavras no momento; o que eles dizem, por assim dizer, é "ainda estamos aqui, persistindo, reivindicando mais justiça, uma libertação da precariedade, a possibilidade de uma vida que possa ser vivida".

Exigir justiça, claro, é algo contundente – também envolve imediatamente cada ativista em um problema filosófico: O que é a justiça e quais são os meios pelos quais a reivindicação por justiça pode ser feita, compreendida e aceita? A razão por que algumas vezes se diz que "não existem reivindicações" quando corpos se reúnem em assembleia desse modo e com esse propósito é que a lista de demandas não esgotaria o sentido de justiça que está sendo reivindicado. Em outras palavras, todos podem imaginar soluções justas para a assistência à saúde, para a educação pública, para a moradia e para a distribuição e disponibilidade de comida – isto é, poderíamos enumerar as injustiças no plural e apresentá-las como um conjunto de demandas específicas. Mas talvez a reivindicação por justiça esteja presente em cada uma dessas demandas, mas também necessariamente as ultrapasse. Essa é claramente uma questão platônica, mas não precisamos aceitar uma teoria das formas para ver outros modos pelos quais ela opera. Porque quando corpos se unem como o fazem para expressar sua indignação e para representar sua existência plural no espaço público, eles também estão fazendo exigências mais abrangentes: estão reivindicando reconhecimento e valorização, estão exercitando o direito de aparecer, de exercitar a liberdade, e estão reivindicando uma vida que possa ser vivida. É claro que precisam existir condições nas quais essa reivindicação seja entendida como uma reivindicação. E com as manifestações públicas em Ferguson, Missouri, no verão de 2014, é fácil ver com que rapidez formas de oposição política pública – nesse caso, a oposição ao assassinato de um homem negro e desarmado pela polícia, Michael Brown – são rapidamente renomeadas como "agitação" ou "distúrbio".[1] A ação concertada de grupos com o propósito de se opor à violência do Estado são entendidas, nessas instâncias, como ações violentas, mesmo quando não resultam em atos violentos. Como entendemos a forma de significação que esses protestos procuram transmitir em relação com o modo como eles são nomeados por aqueles a quem se opõem? É uma forma política de performatividade representada e plural, cujo funcionamento exige suas próprias considerações?

*

CORPOS EM ALIANÇA E A POLÍTICA DAS RUAS

UMA QUESTÃO COM A QUAL muitas vezes me defronto é a seguinte: Como transitar de uma teoria da performatividade de gênero para uma consideração sobre as vidas precárias? Apesar de por vezes buscar uma resposta biográfica, essa questão ainda é uma preocupação teórica – qual é a conexão entre esses dois conceitos, se é que existe uma? Parece que eu estava preocupada com a teoria *queer* e com os direitos das minorias sexuais e de gênero, e agora estou escrevendo de modo mais geral sobre as maneiras pelas quais a guerra ou outras condições sociais designam determinadas populações como não passíveis de luto. Em *Problemas de gênero* (1989), algumas vezes parecia que certos atos que os indivíduos podiam executar tinham ou podiam ter um efeito subversivo sobre as normas de gênero. Agora estou trabalhando a questão das alianças entre várias minorias ou populações consideradas descartáveis; mais especificamente, estou preocupada com a maneira pela qual a precariedade – esse termo médio e, de algumas formas, esse termo mediador – pode operar, ou está operando, como um lugar de aliança entre grupos de pessoas que de outro modo não teriam muito em comum e entre os quais algumas vezes existe até mesmo desconfiança e antagonismo. É provável que uma questão política tenha permanecido praticamente a mesma, ainda que o meu foco tenha mudado, e essa questão é que a política de identidade não é capaz de fornecer uma concepção mais ampla do que significa, politicamente, viver junto, em contato com as diferenças, algumas vezes em modos de proximidade não escolhida, especialmente quando viver juntos, por mais difícil que possa ser, permanece um imperativo ético e político. Além disso, a liberdade é mais frequentemente exercitada com outros, não necessariamente de uma maneira unificada e conformista. Ela não exatamente presume ou produz uma identidade coletiva, mas um conjunto de relações possibilitadoras e dinâmicas que incluem suporte, disputa, ruptura, alegria e solidariedade.

Para entender essa dinâmica, proponho investigar dois universos da teoria abreviados pelos termos "performatividade" e "precariedade" a fim de sugerir como podemos considerar o direito de aparecer como um enquadramento de coligação, que liga as minorias sexuais e de gênero às populações precárias de modo mais geral. A performatividade caracteriza primeiro, e acima de tudo, aquela característica dos enunciados linguísticos que, no momento da enunciação, faz alguma coisa acontecer ou traz algum fenômeno à existência. J. L. Austin é responsável pelo termo, que já passou por muitas revisões e alterações, especialmente na obra de Jacques Derrida, Pierre Bourdieu e Eve Kosofsky Sedgwick, para citar apenas alguns.[2] Um enunciado dá existência àquilo que declara (ilocucionário) ou faz com que uma série de eventos aconteça como consequência do enunciado (perlocucionário). Por que as pessoas estariam interessadas nessa teoria relativamente obscura dos atos de fala? Em primeiro lugar, ao que parece, a performatividade é um modo de nomear um poder que a linguagem tem de produzir uma nova situação ou de acionar um conjunto de efeitos. Não é por acaso que Deus geralmente receba o crédito pelo primeiro ato performativo: "Faça-se a luz", e então de repente a luz passa a existir. Ou presidentes que declaram guerra e geralmente a veem se materializar como resultado de suas declarações, assim como em geral também os juízes que declaram duas pessoas casadas, sob as condições legais adequadas, produzem casais casados como resultado do seu enunciado. A questão não é apenas que a linguagem atua, mas que atua de maneira poderosa. Como, então, uma teoria performativa dos atos de fala pode se tornar uma teoria performativa de gênero? Em primeiro lugar, geralmente há os profissionais da área médica que declaram uma criança aos berros como sendo menino ou menina, e mesmo que o enunciado deles não seja audível por causa do barulho, o quadrado que marcam certamente está legível nos documentos legais que são registrados pelo Estado. Minha aposta é que a maioria de nós teve seu gênero estabelecido porque alguém marcou um quadrado em um papel e o enviou, embora em alguns casos, especialmente para aqueles com condições intersexuais, possa ter demorado mais para que o quadrado fosse marcado, ou a marcação possa ter sido apagada algumas vezes, ou a carta possa ter demorado mais para ser enviada. Em qualquer caso, sem dúvida houve um evento gráfico que inaugurou o gênero para a grande maioria de nós, ou talvez alguém tenha simplesmente gritado: "é um menino" ou "é uma menina" (embora algumas vezes essa primeira exclamação seja certamente uma questão: alguém, sonhando em ter um menino, pode fazer apenas uma pergunta: "é um menino?"). Ou se formos adotados, alguém que decide considerar a nossa adoção tem que registrar a preferência de gênero, ou tem que concordar com o nosso gênero antes de seguir em frente. De certa forma, todos esses exemplos continuam a ser momentos discursivos na origem da nossa vida classificada pelo gênero. E raramente foi de fato apenas uma pessoa a decidir o nosso destino – a ideia de um poder soberano com poderes linguísticos extraordinários foi, em grande parte, substituída por um conjunto mais difuso e complicado de poderes discursivos e institucionais.

Então, se a performatividade era considerada linguística, como os *atos corporais* se tornam performativos? Essa é uma pergunta que temos que fazer a fim de entender a formação do gênero, mas também a performatividade das manifestações de massa. No caso do gênero, as inscrições e interpelações primárias vêm com as expectativas e fantasias dos outros que nos afetam, em um primeiro momento, de maneiras incontroláveis: trata-se da imposição psicossocial e da inculcação lenta das normas. Elas chegam quando mal podemos esperá-las, e seguem conosco, animando e estruturando nossas próprias formas de capacidade de resposta. Essas normas não estão simplesmente impressas em nós, marcando-nos e estigmatizando-nos como tantos outros destinatários passivos de uma máquina de cultura. Elas também nos "produzem", mas não no sentido de nos trazer à existência ou de determinar estritamente quem somos. Em vez disso, informam os modos vividos de corporificação que adquirimos com o tempo, e esses modos de corporificação podem se provar formas de contestar essas normas, até mesmo rompê-las.

Um exemplo de como isso acontece mais claramente é quando se rejeitam os termos da atribuição de gênero; de fato, podemos muito bem incorporar ou representar essa rejeição antes de colocar nosso ponto de vista em palavras. Na verdade, podemos conhecer essa rejeição, primeiramente, como uma recusa visceral em se conformar às normas transmitidas pela atribuição de gênero. Embora estejamos de algumas maneiras obrigados a reproduzir as normas de gênero, a polícia responsável por nos vigiar algumas vezes dorme em serviço. E nos vemos desviando do caminho designado, fazendo isso parcialmente no escuro, imaginando se em determinadas ocasiões agimos como uma menina, ou se agimos praticamente como uma menina, ou se agimos suficientemente como um menino, ou se o ser menino está bem exemplificado no menino que deveríamos ser, ou se de algum modo erramos o alvo e nos vemos vivendo felizes ou não tão felizes entre as categorias de gênero estabelecidas. A possibilidade de errar o alvo está sempre presente na representação de um gênero; na verdade, o gênero pode ser uma representação na qual errar o alvo seja uma característica definidora. Existe uma idealidade, quando não uma dimensão fantasmática, para as normas culturais de gênero, e mesmo que humanos emergentes busquem reiterar e acomodar essas normas, eles certamente também tomam consciência de uma persistente lacuna entre esses ideais – muitos dos quais são conflitantes uns com os outros – e os nossos vários esforços de corporificação vividos, nos quais o nosso próprio entendimento e o entendimento dos outros têm finalidades opostas. Se o gênero vem a nós em um primeiro momento como uma norma de outra pessoa, ele reside em nós como uma fantasia ao mesmo tempo formada pelos outros e parte da nossa formação.

Mas o meu ponto aqui, pelo menos, é de certa maneira simples: o gênero é recebido, mas com certeza não simplesmente inscrito em nosso corpo como se fôssemos meramente uma chapa passiva obrigada a carregar uma marca. Mas o que somos obrigados a fazer a princípio é representar o gênero que nos foi atribuído, e isso envolve, em um nível inconsciente, ser formado por um conjunto de fantasias alheias que são transmitidas por meio de interpelações de vários tipos. E embora o gênero seja representado, repetidamente, a representação nem sempre está em conformidade com determinados tipos de norma, e com certeza nem sempre em precisa conformidade com a norma. Pode haver um problema em decifrar a norma (pode haver várias reivindicações conflitantes transmitindo qual versão de gênero deve ser alcançada e através de quais meios), mas deve haver algo sobre representar uma norma que guarde em si a possibilidade de não conformidade. Embora as normas de gênero nos precedam e atuem sobre nós (esse é um dos sentidos da sua representação), somos obrigados a reproduzi-las, e quando de fato começamos, sempre involuntariamente, a reproduzi-las, alguma coisa sempre pode dar errado (e esse é um segundo sentido da sua representação). E ainda, no curso dessa reprodução, parte da fraqueza da norma é revelada, ou outro conjunto de convenções culturais intervém para produzir confusão ou conflito dentro de um campo de normas, ou, no meio da nossa representação, outro desejo começa a governar, e formas de resistência se desenvolvem, alguma coisa nova acontece, não precisamente o que foi planejado. O objetivo aparente de uma interpelação do gênero mesmo nos primeiros estágios pode muito bem ter como resultado a percepção de um objetivo completamente diferente. Essa "mudança" de objetivo acontece no meio da representação: nos vemos fazendo outra coisa, fazendo a nós mesmos de uma maneira que não era exatamente o que tinha imaginado para nós.

Embora existam discursos autoritários sobre gênero – a lei, a medicina e a psiquiatria, para nomear alguns – e eles busquem lançar e manter a vida humana de acordo com termos generificados distintos, nem sempre conseguem conter os efeitos dos discursos de gênero que praticam. Além disso, verifica-se que não pode haver reprodução de normas generificadas sem a representação corporal dessas normas, e quando esse campo de normas se rompe, mesmo que provisoriamente, vemos que os objetivos estimuladores de um discurso regulatório, como ele é representado corporalmente, têm consequências nem sempre previstas, abrindo caminhos para formas de viver o gênero que desafiam as normas de reconhecimento predominantes. Assim, podemos ver claramente o surgimento de transgênero, *genderqueer, butch, femme* e modos hiperbólicos ou dissidentes de masculinidade e feminilidade, e mesmo zonas de vida generificada que se opõem a todas as distinções categóricas como essas. Há alguns anos, tentei localizar na performatividade de gênero uma forma de ação involuntária, que certamente não estava fora de toda cultura, de todo poder e de todo discurso, mas que surgiu, cheia de importância, a partir de seus termos, de seus desvios imprevisíveis, estabelecendo possibilidades culturais que desestabilizaram os objetivos soberanos de todos os regimes institucionais, incluindo estruturas parentais, que procuram conhecer e normalizar o gênero de antemão.

Então, em primeiro lugar e acima de tudo, dizer que o gênero é performativo é dizer que ele é um certo tipo de representação; o "aparecimento" do gênero é frequentemente confundido com um sinal de sua verdade interna ou inerente; o gênero é induzido por normas obrigatórias que exigem que nos tornemos um gênero ou outro (geralmente dentro de um enquadramento estritamente binário); a reprodução do gênero é, portanto, sempre uma negociação com o poder; e, por fim, não existe gênero sem essa reprodução das normas que no curso de suas repetidas representações corre o risco de desfazer ou refazer as normas de maneiras inesperadas, abrindo a possibilidade de reconstruir a realidade de gênero de acordo com novas orientações. A aspiração política desta análise, talvez o seu objetivo normativo, é permitir que a vida das minorias sexuais e de gênero se tornem mais possíveis e mais suportáveis, para que corpos sem conformidade de gênero, assim como aqueles que se conformam bem demais (e a um alto custo), possam respirar e se mover mais livremente nos espaços públicos e privados, assim como em todas as zonas nas quais esses espaços se cruzam e se confundem. É claro que a teoria da performatividade de gênero que formulei nunca prescreveu quais performatividades de gênero seriam certas, ou mais subversivas, e quais seriam erradas, e reacionárias, mesmo quando estava claro que eu valorizava o avanço de determinados tipos de performances de gênero no espaço público, livres da brutalidade da polícia, do assédio, da criminalização e da patologização. O objetivo era precisamente relaxar o domínio coercitivo das normas sobre a vida generificada – o que não é o mesmo que transcender ou abolir todas as normas – com a finalidade de viver uma vida mais vivível. Esta última é uma visão normativa não no sentido de ser uma forma da normalidade, mas apenas no sentido de que ela representa uma visão do mundo como ele deveria ser. Na verdade, o mundo como deveria ser teria que salvaguardar os rompimentos com a normalidade e oferecer apoio e afirmação para os que realizam essas rupturas.

Talvez seja possível ver como a precariedade sempre esteve nesse enquadramento, uma vez que a performatividade de gênero era uma teoria e uma prática, por assim dizer, que se opunham às condições insuportáveis nas quais as minorias sexuais e de gênero vivem (e algumas vezes também as maiorias de gênero que "passavam" como normativas a custos psíquicos e somáticos muito altos). A "precariedade" designa a situação politicamente induzida na qual determinadas populações sofrem as consequências da deterioração de redes de apoio sociais e econômicas mais do que outras, e ficam diferencialmente expostas ao dano, à violência e à morte. Como mencionei

POLÍTICA DE GÊNERO E O DIREITO DE APARECER

antes, a precariedade é, portanto, a distribuição diferencial da condição precária. Populações diferencialmente expostas sofrem um risco mais alto de doenças, pobreza, fome, remoção e vulnerabilidade à violência sem proteção ou reparações adequadas. A precariedade também caracteriza a condição politicamente induzida de vulnerabilidade e exposição maximizadas de populações expostas à violência arbitrária do Estado, à violência urbana ou doméstica, ou a outras formas de violência não representadas pelo Estado, mas contra as quais os instrumentos judiciais do Estado não proporcionam proteção e reparação suficientes. Por isso, ao usar o termo precariedade, podemos estar nos referindo a populações que morrem de fome ou que estão perto de morrer de fome, àquelas cujas fontes de alimento chegam para um dia, mas não para o próximo, ou estão cuidadosamente racionadas – como vemos quando o Estado de Israel decide de quanta comida os palestinos em Gaza precisam para sobreviver –, ou a outros tantos exemplos globais cuja habitação é temporária ou foi perdida. Podemos estar falando também sobre os profissionais do sexo transgêneros que têm que se defender contra a violência nas ruas e o assédio da polícia. E por vezes esses grupos são os mesmos, por outras são diferentes. Mas quando são parte da mesma população, estão ligados por sua repentina ou prolongada sujeição à condição precária, mesmo quando não querem reconhecer essa ligação.

Desse modo, a precariedade está, talvez de maneira óbvia, diretamente ligada às normas de gênero, uma vez que sabemos que aqueles que não vivem seu gênero de modos inteligíveis estão expostos a um risco mais elevado de assédio, patologização e violência. As normas de gênero têm tudo a ver com como e de que modo podemos aparecer no espaço público, como e de que modo o público e o privado se distinguem, e como essa distinção é instrumentalizada a serviço da política sexual. Ao perguntar quem vai ser criminalizado com base em sua aparência pública, quero dizer, quem vai ser tratado como um criminoso, e apresentado como um criminoso (o que nem sempre é o mesmo que ser nomeado um criminoso por um código legal que discrimina manifestações de determinadas normas de gênero ou determinadas práticas sexuais); quem não vai ser protegido pela lei ou, mais especificamente, pela polícia, nas ruas, no trabalho ou em casa – em códigos legais ou instituições religiosas? Quem vai se tornar objeto da violência policial? Quem terá as queixas de agressão negadas e quem vai ser estigmatizado e privado de direitos civis ao mesmo tempo que se torna objeto de fascinação e do prazer consumista? Quem vai ter assistência à saúde perante a lei? Quem terá as relações íntimas e de parentesco reconhecidas perante a lei ou criminalizadas pela lei, e quem vai ter que viajar trinta quilômetros para se tornar um novo sujeito de direitos ou um criminoso? O estatuto legal de muitas relações (conjugais, parentais) muda radicalmente dependendo da jurisdição em que se está, se a corte é religiosa ou secular, e se a tensão entre códigos legais conflitantes é resolvida no momento em que uma relação surge.

A questão do reconhecimento é importante porque se dizemos acreditar que todos os sujeitos humanos merecem igual reconhecimento, presumimos que todos os sujeitos humanos são igualmente reconhecíveis. Mas e se o campo altamente regulado da aparência não admite todo mundo, demarcando zonas onde se espera que muitos não apareçam ou sejam legalmente proibidos de fazê-lo? Por que esse campo é regulado de tal modo que apenas determinados tipos de seres podem aparecer como sujeitos reconhecíveis, e outros não podem? Na realidade, a demanda compulsória por aparecer de um modo em vez de outro funciona como uma precondição para aparecer por si só. E isso significa que incorporar a norma ou as normas por meio das quais uma pessoa ganha um estatuto reconhecível é uma forma de ratificar e reproduzir determinadas normas de reconhecimento em detrimento de outras, estreitando o campo do reconhecível.

Esta é certamente uma questão colocada pelos movimentos em defesa dos direitos dos animais: por que apenas os sujeitos humanos

POLÍTICA DE GÊNERO E O DIREITO DE APARECER

são reconhecíveis e os seres vivos não humanos não são? O ato pelo qual os humanos alcançam o reconhecimento seleciona implicitamente apenas aquelas características do humano que poderiam indiscutivelmente separá-lo do restante da vida animal? A arrogância dessa forma de reconhecimento fracassa em si mesma, porque uma criatura tão distintamente humana seria realmente reconhecível se estivesse de algum modo separada de sua existência criatural? Como ela seria? Essa questão está ligada a uma questão relacionada, com a qual se confunde: Quais humanos contam como humanos? Quais humanos são dignos de reconhecimento na esfera do aparecimento, e quais não são? Que normas racistas, por exemplo, operam para distinguir entre aqueles que podem ser reconhecidos como humanos e os que não podem? Perguntas que se tornam ainda mais relevantes quando as formas de racismo historicamente enraizadas contam com construções bestiais da negritude. O próprio fato de que posso perguntar quais humanos são reconhecidos como humanos e quais não são significa que existe um campo distinto do humano que permanece irreconhecível, de acordo com as normas dominantes, mas que é obviamente reconhecível dentro do campo epistêmico aberto pelas formas contra-hegemônicas de conhecimento. Por outro lado, essa é uma contradição clara: um grupo de humanos é reconhecido como humano e outro grupo de humanos, que são humanos, não é reconhecido como humano. Talvez quem escreva essa sentença veja que os dois grupos são igualmente humanos, e outro grupo não veja. Esse outro grupo ainda se atém a algum critério sobre o que constitui o humano, mesmo que seja um critério ainda não explicitamente tematizado. Se esse segundo grupo desejar argumentar em favor da sua versão do humano, vai ficar em um beco sem saída, uma vez que a afirmação de que um grupo é humano, mesmo que humano de modo paradigmático, tem a intenção de introduzir um critério pelo qual qualquer um que pareça ser humano possa ser julgado como tal. E o critério estabelecido pelo segundo grupo não vai conseguir assegurar o tipo de acordo que requer para ser verdade. Esse critério presume o domínio do humano não humano e depende dele para ser diferenciado do paradigma do humano que busca defender. Esse é o tipo de pensamento que deixa as pessoas malucas, é claro, e que parece certo. É preciso usar a linguagem razoável de um modo errado e até mesmo cometer erros de lógica precisamente para trazer à tona essa ruptura induzida pelas normas de reconhecimento que constantemente diferenciam aqueles que devem ser reconhecidos e aqueles que não devem ser reconhecidos. Somos lançados em dilemas cruéis e curiosos: um humano não reconhecido como humano não é humano, sendo assim, não devemos nos referir a ele como se fosse. Podemos encarar isso como uma formulação chave do racismo explícito que exibe sua contradição ao mesmo tempo que impõe a sua norma. Da mesma maneira que precisamos entender que as normas de gênero são transmitidas por meio de fantasias psicossociais que não são originalmente criadas por nós, podemos ver que as normas do humano são formadas por modos de poder que buscam normalizar determinadas versões do humano em detrimento de outras, fazendo distinções entre humanos ou expandindo o campo do não humano conforme a sua vontade. Perguntar como essas normas são instaladas e normalizadas é o começo do processo de não tomar a norma como algo certo, de não deixar de perguntar como ela foi instalada e representada, e à custa de quem. Para aqueles apagados ou rebaixados pela norma que se espera que incorporem, a luta se torna uma batalha corpórea por condição de reconhecimento, uma insistência pública em existir e ter importância. Assim, é apenas por meio de uma abordagem crítica das normas de reconhecimento que podemos começar a desconstruir esses modos mais perversos de lógica que sustentam formas de racismo e antropocentrismo. E é apenas por meio de uma forma insistente de aparecer precisamente quando e onde somos apagados que a esfera da aparência se rompe e se abre de novas maneiras.

POLÍTICA DE GÊNERO E O DIREITO DE APARECER

Uma teoria crítica desse tipo é constantemente assaltada por um conjunto de dilemas linguísticos: Como chamamos aqueles que não aparecem e não podem aparecer como "sujeitos" dentro do discurso hegemônico? Uma resposta óbvia é colocar a questão: Como os excluídos chamam a si mesmos? Como eles aparecem, por intermédio de quais convenções e com que efeito sobre os discursos dominantes que operam por meio de esquemas lógicos tomados como certos? Embora o gênero não possa funcionar como paradigma para todas as formas de existência que lutam contra a construção normativa do humano, ele pode nos oferecer um ponto de partida para pensar sobre poder, atuação e resistência. Se aceitarmos que existem normas sexuais e de gênero que condicionam quem vai ser reconhecível e "legível" e quem não vai, podemos começar a ver como os "ilegíveis" podem se constituir como um grupo, desenvolvendo formas de se tornar legíveis uns para os outros, como eles são expostos a diferentes formas de viver a violência de gênero e como essa exposição comum pode se tornar a base para a resistência.

Para entender, por exemplo, que eles são reconhecidos de maneira equivocada ou que permanecem precisamente irreconhecíveis, pode ser necessário entender como eles existem – e persistem – nos limites das regras estabelecidas para o pensamento, a corporização e até mesmo a pessoalidade. Há formas de sexualidade para as quais não existe um vocabulário adequado precisamente porque as lógicas poderosas que determinam como pensamos sobre desejo, orientação, atos sexuais e prazeres não permitem que elas se tornem legíveis? Não existe uma exigência crítica para repensar nosso vocabulário existente, ou revalorizar nomes desvalorizados e formas de discurso precisamente para abrir as normas que limitam não apenas o que é pensável, mas a possibilidade de pensar as vidas fora da conformidade de gênero?

A performatividade de gênero presume um campo de aparecimento no qual o gênero aparece, e um esquema de condição de re-

CORPOS EM ALIANÇA E A POLÍTICA DAS RUAS

conhecimento dentro do qual o gênero se mostra das maneiras que se mostrar; e uma vez que o campo de aparecimento é regulado por normas de reconhecimento que são hierárquicas e excludentes, a performatividade de gênero está assim ligada às formas diferenciais por meio das quais sujeitos se tornam passíveis de reconhecimento. Reconhecer um gênero depende fundamentalmente da existência de um modo de apresentação para aquele gênero, uma condição para o seu aparecimento; podemos chamar a isso de seu meio ou modo de apresentação. Assim como isso é verdadeiro, também é verdadeiro que o gênero pode algumas vezes aparecer de modos que se baseiam, retrabalham ou mesmo rompem com as condições estabelecidas de aparecimento, rompendo com as normas existentes ou importando normas de legados culturais imprevistos. Assim como normas parecem determinar quais gêneros podem aparecer e quais não podem, elas também falham no controle da esfera do aparecimento, operando mais como uma polícia ausente ou falível do que como poderes totalitários efetivos. Além disso, se pensamos mais cuidadosamente sobre o reconhecimento, temos que perguntar: existe um modo de distinguir entre o reconhecimento completo e parcial, e mesmo um modo de distinguir o reconhecimento do falso reconhecimento? Esta última questão se prova bastante importante tendo em vista que reconhecer um gênero muitas vezes envolve reconhecer uma determinada conformidade corporal com uma norma, e as normas são até certo ponto compostas de ideais que nunca são completamente vivíveis. Então, ao reconhecer um gênero, uma pessoa reconhece a trajetória de determinado esforço para viver um ideal regulado, um ideal cuja corporificação completa sem dúvida sacrificaria alguma dimensão da vida criatural. Se qualquer um de nós se "torna" um ideal normativo de uma vez por todas, isso significa que superamos todo o esforço, todas as inconsistências, todas as complexidades, isto é, perdemos alguma dimensão crucial do que é estar vivo. O gênero hipernormativo pode chutar algumas criaturas vivas para es-

POLÍTICA DE GÊNERO E O DIREITO DE APARECER

canteio. Mas algumas vezes é o "hiper" que funciona com e contra essa falha constitutiva com deliberação, tenacidade e prazer, com um sentido de retidão; ele pode ser um caminho para criar novos modos de vida transgênera dignos de serem apoiados. No entanto, outras vezes, existe uma maneira de fechar essa lacuna, de modo que o gênero que alguém sente ser se torna o gênero pelo qual essa pessoa é reconhecida, e essa retidão é a precondição de uma vida vivível. O ideal de gênero não é uma armadilha, mas um modo desejável de vida, um modo de corporificar um sentido de retidão que requer, e merece, reconhecimento.

Mesmo que algo chamado corporificação completa e reconhecimento completo seja uma fantasia – que ameaça nos aprisionar em determinados ideais que nos privam do caráter vivo da nossa existência – é possível viver bem sem nenhuma fantasia desse tipo? Uma vida possível de ser vivida pode resultar de uma reivindicação por viver o sentido corpóreo de gênero, escapando assim de uma restrição que não permite que esse modo de ser viva livremente no mundo. Ser radicalmente privado de reconhecimento ameaça a própria possibilidade de existir e persistir.[3] Ser um sujeito requer primeiro encontrar o próprio caminho dentro de certas normas que governam o reconhecimento, normas que nunca escolhemos e que encontraram o seu caminho até nós e nos envolveram com seu poder cultural estruturador e incentivador. E então, se não conseguimos encontrar nosso caminho dentro das normas de gênero ou sexualidade que nos foram designadas, ou só conseguimos encontrar nosso caminho com grande dificuldade, ficamos expostos ao que significa estar nos limites da condição de reconhecimento: essa situação pode ser, dependendo da circunstância, tanto terrível quanto emocionante. Existir nesse limite significa que a própria viabilidade da vida de uma pessoa está em questão, o que podemos chamar de condições ontológicas sociais da persistência dessa pessoa. Também significa que podemos estar no limiar de desenvolver os termos que nos permitem viver.

Em alguns discursos liberais, os sujeitos são pensados como o tipo de ser que se coloca perante uma lei existente e exige reconhecimento dentro dos seus termos. Mas o que torna possível se colocar diante da lei (uma questão kafkiana, com certeza)? Aparentemente uma pessoa tem que ter acesso ou importância, ou tem que ser capaz de entrar e aparecer em alguma forma. Preparar um réu para um julgamento significa apresentar um sujeito cuja tentativa de reconhecimento seja possível. Isso muitas vezes significa conformidade com normas raciais, ou se apresentar como "pós-racial". A "lei" já está trabalhando antes mesmo que o réu entre no tribunal; ela toma a forma de uma estruturação regulatória do campo da aparência que estabelece quem pode ser visto, ouvido e reconhecido. O domínio legal se sobrepõe ao campo político. Basta pensar na situação dos trabalhadores sem documentos que pleiteiam vistos de trabalho ou cidadania, cuja própria tentativa de se "legalizar" é considerada uma atividade criminosa. Consultar um advogado é por si só um ato que poderia expor o trabalhador sem documentos à prisão e à deportação. Encontrar as "condições de aparecimento" certas é uma questão complicada, uma vez que não é só uma questão de como o corpo se apresenta diante de um tribunal de justiça, mas como alguém consegue um lugar na fila que pode possivelmente levar a um comparecimento no tribunal.

Pode ser que o aumento das manifestações de massa nos últimos anos pelos sem documentos esteja relacionado às motivações por manifestações daqueles que foram abandonados tanto pelos processos políticos quanto pelos processos econômicos (e o conluio específico entre os governos que se desfazem dos serviços públicos e a economia liberal). A entrada dessas populações na esfera do aparecimento pode muito bem estar fazendo um conjunto de reivindicações sobre o direito de ser reconhecido e de ter uma vida vivível, mas também é uma maneira de reivindicar para si a esfera pública, seja ela uma transmissão de rádio, uma assembleia na praça, uma mar-

POLÍTICA DE GÊNERO E O DIREITO DE APARECER

cha pelas principais ruas dos centros urbanos ou uma insurreição na periferia da metrópole.

Pode muito bem parecer que estou defendendo que as pessoas privadas de direitos civis tenham o seu lugar apropriado dentro de uma concepção em expansão da comunidade humana. De algum modo isso é verdade, embora esse não seja um resumo justo do meu esforço aqui. Se a trajetória normativa deste projeto fosse restrita a essa reivindicação, não seríamos capazes de entender como o humano é diferencialmente produzido, e à custa de quem. Aqueles que arcam com o peso, ou que efetivamente "são" o custo do humano, os seus restos ou detritos, são precisamente aqueles que algumas vezes se veem inesperadamente aliados uns aos outros em uma tentativa de persistir e exercitar formas de liberdade que superem versões estreitas de individualismo sem colapsarem em formas compulsórias de coletivismo.

Pensar criticamente sobre como a norma do humano é construída e mantida requer que assumamos uma posição fora de seus termos, não apenas em nome dos não humanos ou mesmo anti-humanos, mas, em vez disso, em uma forma de sociabilidade e interdependência que não se reduza às formas humanas de vida e que não possa ser adequadamente referida por nenhuma definição obrigatória da natureza humana ou do indivíduo humano. Falar sobre o que é viver uma vida humana já é admitir que modos humanos de viver estão atados a modos de vida não humanos. Na verdade, a conexão com a vida não humana é indispensável para o que chamamos de vida humana. Em termos hegelianos: se o humano não pode ser o humano sem o inumano, então o inumano é não apenas essencial ao humano, mas está instalado como a essência do humano. Essa é uma das razões por que os racistas são tão irremediavelmente dependentes da sua própria aversão àqueles cuja humanidade eles são, no fim das contas, incapazes de negar.

A questão não é simplesmente inverter as relações de modo que todos estejamos unidos sob a bandeira do não humano ou do inumano. E certamente não é aceitar o estatuto dos excluídos como a "vida nua" sem capacidade de se unir ou de resistir. Em vez disso, começamos talvez por ter em mente esse mero paradoxo aparente e um novo pensamento da "vida humana", no qual suas partes componentes, "humano" e "vida", nunca coincidem completamente uma com a outra. Em outras palavras, teremos que persistir nesse termo ainda que, como um termo, ele vá ocasionalmente procurar conter dois termos que repelem um ao outro, ou que funcionam em direções divergentes. A vida humana não é a totalidade da vida, não pode nomear todos os processos da vida dos quais depende, e a vida não pode ser a característica definidora singular do humano – então, o que quer que queiramos chamar de vida humana vai inevitavelmente consistir em uma negociação com essa tensão. Talvez o humano seja o nome que damos a essa própria negociação que surge de ser uma criatura viva entre criaturas e em meio a formas de vida que estão além de nós.

Minha hipótese é que modos de reconhecer e mostrar certas formas de interdependência têm a possibilidade de transformar o próprio campo do aparecimento. Eticamente falando, tem que existir uma maneira de encontrar e forjar um conjunto de ligações e alianças, de ligar a interdependência ao princípio do igual valor, e fazer isso de uma forma que se oponha àqueles poderes que alocam a condição de reconhecimento diferencialmente, ou que interrompa sua operação tida como certa. Uma vez que a vida é entendida como igualmente valiosa e interdependente, certas formulações éticas resultam daí. Em *Quadros de guerra* sugeri que mesmo que a minha vida não seja destruída na guerra, alguma parte da minha vida é destruída na guerra quando outras vidas e processos vivos são destruídos na guerra.[4] Como isso acontece? Uma vez que outras vidas, entendidas como parte da vida que está além de mim, são uma condição de quem eu sou, a minha vida não pode fazer nenhuma reivindicação exclusiva sobre a vida, e a minha própria vida

POLÍTICA DE GÊNERO E O DIREITO DE APARECER

não é todas as outras vidas, nem pode ser. Em outras palavras, estar vivo já é estar conectado com o que é vivo, não apenas além de mim mesmo, mas além da minha humanidade, e nenhum ser e nenhum humano pode viver sem essa conexão com uma rede biológica de vida que ultrapassa o domínio do animal humano. A destruição de valiosos ambientes construídos e da infraestrutura que nos sustenta é a destruição do que idealmente deveria organizar e sustentar a vida de modos que sejam suportáveis. A água corrente seria um caso enfático. Esta é uma das razões por que ao se opor à guerra alguém não se opõe apenas à destruição de outras vidas humanas (embora o faça), mas ao envenenamento do meio ambiente e à agressão mais generalizada ao mundo vivo. Não é apenas porque o humano dependente não pode sobreviver em solo tóxico, mas que o humano que torna o solo tóxico mina sua perspectiva de vida em um mundo comum, no qual as "próprias" perspectivas de vida de alguém estão invariavelmente ligadas às de todos os outros.

É apenas no contexto de um mundo vivo que o humano surge como uma criatura agente, uma criatura cuja dependência dos outros e dos processos vivos dá origem à própria capacidade de ação. Viver e agir estão conectados de tal maneira que as condições que possibilitam a qualquer pessoa viver são parte do próprio objeto da reflexão e da ação política. A questão ética – como devo viver? – e mesmo a questão política – como devemos viver juntos? – dependem de uma organização da vida que torne possível considerar essas questões significativamente. Então a questão sobre em que consiste uma vida possível de ser vivida é anterior à questão sobre o tipo de vida que devo viver, o que significa que o que alguns chamam de biopolítica condiciona as questões normativas que colocamos acerca da vida.

Considero isso uma importante resposta crítica a filósofos políticos como Hannah Arendt, que, em *A condição humana*, distingue de maneira bastante enfática a esfera privada – como uma esfera de

CORPOS EM ALIANÇA E A POLÍTICA DAS RUAS

dependência e inação – da esfera pública, como uma esfera de ação independente. Como devemos pensar sobre a passagem do privado ao público, e algum de nós deixa a esfera da dependência "para trás" mesmo quando aparecemos como atores independentes em esferas públicas estabelecidas? Se a ação é definida como independente, implicando uma diferença fundamental da dependência, então o nosso autoentendimento como atores é afirmado sobre uma negação daquelas relações vivas e interdependentes das quais nossa vida depende. Se somos atores políticos buscando estabelecer a importância da ecologia, das políticas domésticas, da saúde, da moradia, da política alimentar global e da desmilitarização, então é de se esperar que a ideia da vida humana e criatural que sustenta nosso esforço vá superar a cisão entre ação e interdependência. É somente como criatura que reconhece as condições de interdependência que garantem a nossa persistência e o nosso florescimento que qualquer um de nós pode lutar pela realização de qualquer uma dessas importantes metas políticas em tempos nos quais as próprias condições sociais de existência estão sendo ameaçadas pela política e pela economia.

As implicações para a performatividade política parecem importantes. Se a performatividade implica ação, quais são então as condições sociais e de vida para a ação? Não pode ser que a ação seja um poder específico de fala, e que o ato de fala seja o modelo da ação política. Essa pressuposição de Arendt em *A condição humana* presume que o corpo não entra no ato de fala, e que o ato de fala é entendido como um modo de pensar e julgar. A esfera púbica na qual o ato de fala se qualifica como a ação política paradigmática é uma esfera que já está, na visão dela, separada da esfera privada, o domínio das mulheres, dos escravos, das crianças e daqueles muito velhos ou enfermos para trabalhar. Em um sentido, todas essas populações estão associadas com a forma corporal da existência, caracterizada pela "transitoriedade" de seu trabalho, e contrastada com feitos verdadeiros, que incluem a realização de obras culturais

POLÍTICA DE GÊNERO E O DIREITO DE APARECER

e o ato falado. A distinção implícita entre corpo e mente em *A condição humana* conseguiu a atenção crítica das teóricas feministas durante algum tempo.[5] De forma significativa, essa visão do corpo estrangeiro, não qualificado, feminizado que pertence à esfera do privado é a condição de possibilidade para o cidadão masculino falante (que presume-se que seja alimentado por alguém e que se abrigue em algum lugar, e cuja nutrição e cujo abrigo são cuidados de alguns modos regulares por qualquer população privada de direitos).

Para ser justa, Arendt de fato observa em *Sobre a revolução* que a revolução é corporificada. Referindo-se aos "pobres que vieram para as ruas", ela escreve que alguma coisa "irresistível" os motivou, e que essa "qualidade do que é irresistível, que encontramos tão intimamente conectada com o significado original de 'revolução', era corporificada". E ainda assim, ela imediatamente liga esse "elemento de irresistibilidade" à "necessidade que imputamos a processos naturais [...] porque experimentamos a necessidade na medida em que nos descobrimos, como corpos orgânicos, sujeitos a processos necessários e irresistíveis". Quando os pobres vêm para as ruas, eles agem motivados pela necessidade, pela fome e pela falta, e buscam "atingir essa libertação [das necessidades da vida] [...] por meio da violência". Como resultado, ela nos conta, "a necessidade invadiu o domínio político, o único domínio no qual os homens podem ser verdadeiramente livres".[6] O movimento político que é motivado pela fome é entendido como sendo motivado pela necessidade e não pela liberdade, e a forma de libertação que busca não é a liberdade, mas um esforço impossível e violento no sentido de se libertar das necessidades da vida. Aparentemente poderíamos concluir que os movimentos sociais dos pobres não estão buscando libertar os pobres da pobreza, mas sim da necessidade, e que, como ela afirma claramente, a violência entre homens para quem as necessidades da vida já são supridas seria "menos aterrorizante" do que a violência empregada pelos pobres. Na visão dela, "nada, podemos

CORPOS EM ALIANÇA E A POLÍTICA DAS RUAS

dizer hoje, poderia ser mais obsoleto do que tentar libertar a humanidade da pobreza por meios políticos".[7] Não apenas vemos uma operação distintiva entre "libertação" e "liberdade", que claramente sugere que movimentos por libertação operem com um sentido nada "verdadeiro" de liberdade, mas o domínio político é mais uma vez veementemente diferenciado do domínio da necessidade econômica. Para Arendt, ao que parece, aqueles que agem a partir da necessidade agem a partir do corpo, mas a necessidade nunca pode ser uma forma de liberdade (as duas são opostas), e a liberdade só pode ser alcançada por aqueles que estão bem, não famintos. Mas e a possibilidade de que alguém possa estar faminto, com raiva, livre e raciocinando, e de que um movimento político para superar a desigualdade na distribuição de alimentos seja um movimento político justo e razoável? Se o corpo permanece no nível da necessidade, então aparentemente nenhuma consideração política sobre a liberdade pode ser corporificada.

Linda Zerilli construiu um excelente argumento de que a referência de Arendt ao corpo como uma esfera de necessidade tem a intenção de marcar os padrões rítmicos da transitoriedade, o fato de que artefatos humanos vêm ao mundo e desaparecem, e esse fato da mortalidade lança sua sombra tanto sobre as formas humanas de fazer (*poiesis*) quanto sobre as formas humanas de ação (*práxis*).[8] O que podemos entender como a mortalidade repetitiva e inexorável do corpo não pode ser abordado nem aliviado pela ação humana. Não existe "fuga da existência corpórea" entendida como "necessidade" sem a perda da própria liberdade. A liberdade requer essa reconciliação com a necessidade. Essa formulação faz bastante sentido contanto que a "ação corpórea" esteja identificada com a "necessidade", mas se a liberdade é corporificada, a formulação se prova excessivamente ampla. Buscar uma forma da ação humana capaz de superar a morte é impossível e perigoso, afastando-nos ainda mais de um sentido da condição precária da vida. Nessa perspectiva, o corpo impõe um princípio de humildade e um sentido do limite necessário a toda ação humana.

Entretanto, se abordamos essa questão do ponto de vista da distribuição demográfica desigual de precariedade, então temos que perguntar: As vidas de quem são abreviadas mais facilmente? As vidas de quem são mergulhadas em um sentido maior de transitoriedade e mortalidade precoce? Como essa exposição diferencial à mortalidade é gerenciada? Em outras palavras, já estamos no político quando pensamos sobre transitoriedade e mortalidade. Isso não significa que em um mundo justo não existiria mortalidade! De jeito nenhum. Significa apenas que um compromisso com a igualdade e a justiça implicaria abordar em cada nível institucional a exposição diferencial à morte e ao morrer que atualmente caracteriza a vida dos povos subjugados e dos precários, muitas vezes como resultado do racismo sistemático e de formas de abandono calculado. A descrição agora famosa que Ruth Gilmore faz do racismo expõe a questão de forma mais clara: "O racismo, especificamente, é a produção e exploração extralegal ou sancionada pelo Estado da vulnerabilidade dos grupos diferenciados à morte prematura."[9]

A despeito dessas claras limitações, Arendt nos dá uma abertura ao entendimento sobre como a assembleia e a reunião trabalham para estabelecer ou restabelecer o espaço de aparecimento, mesmo as manifestações sob o nome "Black Lives Matter". Porque mesmo que não possamos aceitar que a mortalidade do corpo é uma condição puramente pré-política da vida, ainda podemos encontrar algumas maneiras importantes de entender o caráter corporificado da ação humana plural nos escritos dela. Talvez um dos propósitos aqui seja tentar repensar essas distinções em Arendt, mostrando que o corpo ou, antes, a ação corporal concertada – reunião, gesticulação, permanência, todas as partes componentes da "assembleia" que não são rapidamente assimiladas pelo discurso verbal – pode significar princípios de liberdade e igualdade.

CORPOS EM ALIANÇA E A POLÍTICA DAS RUAS

Embora eu critique algumas dimensões da política do corpo oferecida por Hannah Arendt,[10] quero chamar a atenção para o seu texto intitulado "O declínio do Estado-Nação e o fim dos direitos do homem", que trata da questão dos direitos daqueles que não têm direitos.[11] A afirmação de Arendt de que mesmo os apátridas têm "o direito de ter direitos" é um tipo de exercício performativo, como foi habilmente demonstrado por Bonnie Honig e outros; Arendt está estabelecendo, por meio da sua reivindicação, o direito de ter direitos, e não existe fundamento para essa reivindicação que não a reivindicação em si mesma. E embora algumas vezes essa reivindicação seja entendida como puramente linguística, fica claro que é representada por meio do movimento corporal, da assembleia, da ação e da resistência. Em 2006, trabalhadores mexicanos sem documentos reivindicaram seus direitos cantando o hino dos Estados Unidos em espanhol em público; eles reivindicaram esse direito na e pela própria vocalização. E aqueles que lutaram contra a expulsão dos romani – os ciganos – da França falavam não apenas pelos romani, mas contra o poder arbitrário e violento de um Estado de expulsar como apátridas um segmento da sua população. De modo similar, podemos dizer que a autorização do Estado para que a polícia prenda e deporte mulheres com véu na França é outro exemplo de uma ação discriminatória que visa atingir uma minoria, e que claramente nega o seu direito de aparecer em público como quiser. Feministas francesas que se autodenominam universalistas apoiaram a lei que daria à polícia poder para prender, deter, multar e deportar mulheres usando um véu sobre o rosto nas ruas da França. Que tipo de política é essa que recruta a função policial do Estado para monitorar e restringir mulheres de minorias religiosas na esfera pública? Por que as mesmas universalistas, que defendem abertamente os direitos de pessoas transgêneras aparecerem livremente em público sem sofrer assédio da polícia, apoiariam, ao mesmo tempo, as detenções policiais de mulheres muçulmanas que vestem trajes religiosos em público? Aqueles que apoiaram essa proibição argumentaram em nome de um feminismo universalista, alegando que o véu ofende a sensibilidade do universalismo.[12] Então que tipo de universalismo é esse que se baseia em uma tradição secular muito específica e que é incapaz de respeitar os direitos das minorias religiosas de seguirem códigos de conduta de indumentária? Mesmo que nos ativéssemos ao enquadramento problemático desse universalismo, seria difícil formular um critério coerente e não contraditório para explicar por que pessoas transgêneras deveriam ser protegidas contra a violência policial e ter garantidos todos os direitos de aparecer em público enquanto mulheres muçulmanas, mas não mulheres cristãs nem judias que possam estar usando insígnias religiosas, são privadas do direito de aparecer em público de modos que representem sua afiliação e seu pertencimento religioso. Se direitos podem ser universalizados apenas para os que seguem regras seculares, ou que pertencem a religiões que são consideradas aptas a serem protegidas pela lei, então certamente o "universal" se tornou esvaziado de sentido ou, pior, se tornou um instrumento de discriminação, racismo e exclusão. Se o direito de aparecer tivesse de ser respeitado "universalmente", ele não seria capaz de sobreviver a essa contradição óbvia e insuportável.

O que algumas vezes chamamos de um "direito" de aparecer é tacitamente apoiado por esquemas regulatórios que qualificam apenas certos sujeitos como elegíveis para o exercício desse direito. Então não importa quão "universal" o direito de aparecer reivindique ser, o seu universalismo é minado por formas diferenciais de poder que qualificam quem pode e quem não pode aparecer. Para aqueles considerados "inelegíveis", a luta para formar alianças é fundamental, e envolve uma proposição plural e performativa de elegibilidade onde ela não existia antes. Esse tipo de performatividade plural não busca simplesmente estabelecer o lugar daqueles previamente descontados e ativamente precários em uma esfera de aparecimento existente. Em vez disso, ela busca produzir uma fenda na esfera de aparecimento,

CORPOS EM ALIANÇA E A POLÍTICA DAS RUAS

expondo a contradição por meio da qual a sua reivindicação de universalidade é proposta e anulada. Não pode existir entrada na esfera de aparecimento sem uma crítica das formas diferenciais de poder por meio das quais essa esfera se constitui, e sem uma aliança crítica formada entre os desconsiderados e os inelegíveis – os precários – a fim de estabelecer novas formas de aparecimento que busquem superar essa forma diferencial de poder. Pode muito bem ser que cada forma de aparecimento seja constituída pelo seu "exterior", mas isso não é razão para não dar continuidade à luta. Na verdade, essa é apenas uma razão para insistir na luta como algo contínuo.

POR VEZES, HÁ ATOS COTIDIANOS que com frequência estão em jogo quando procuramos entender a política performativa em sua luta a partir da condição precária e contra ela. Como sabemos, nem todo mundo tem garantido o poder de caminhar nas ruas ou de entrar em um bar sem sofrer assédio. Andar sozinho nas ruas sem o assédio da polícia é precisamente não caminhar com a companhia de outras pessoas e quaisquer que sejam as formas de proteção não policial que isso proporciona. Ainda assim, quando uma pessoa transgênera caminha nas ruas em Ankara ou entra em um McDonald's em Baltimore,[13] existe uma questão sobre se esse direito pode ser exercido pelo indivíduo sozinho. Se a pessoa for extraordinariamente boa em defesa pessoal, talvez possa; se estiver em um espaço cultural onde isso é aceito, com certeza pode. Mas se e quando de fato se torna possível caminhar desprotegido e ainda assim estar seguro, para que a vida diária se torne possível sem medo da violência, então certamente é porque existem muitos que apoiam esse direito mesmo quando ele é exercido por uma pessoa sozinha. Se o direito é exercido e respeitado, é porque existem muitos lá que também o exercem, haja ou não mais alguém em cena. Cada "eu" traz o "nós" junto quando ele ou ela entra ou sai por essa porta, vendo-se em um ambiente fechado desprotegido ou exposto lá fora nas ruas. Podemos dizer que existe um grupo, se não uma aliança, andando ali também, estejam eles ou não à vista. É claro que é uma pessoa singular que caminha, que assume o risco de caminhar ali, mas é também a categoria social que atravessa esse jeito de andar e essa caminhada particular, esse movimento singular no mundo; e se há um ataque, ele visa o indivíduo e a categoria social ao mesmo tempo. Talvez ainda possamos chamar de "performativo" tanto esse exercício de gênero quanto a reivindicação política de igualdade corporificada, a proteção contra a violência e a habilidade de se mover junto e dentro dessa categoria social no espaço público. Caminhar é dizer que esse é um espaço público onde pessoas transgêneras caminham, que esse é um espaço público onde pessoas com várias formas de se vestir, não importa o gênero que lhes seja atribuído ou a religião que eles professem, estão livres para se mover sem ameaça de violência.

Para ser um participante da política, se tornar parte de uma ação concertada e coletiva, uma pessoa precisa não apenas reivindicar a igualdade (direitos iguais, tratamento igual), mas agir e peticionar dentro dos termos da igualdade, como um ator em pé de igualdade com os outros. Dessa maneira as comunidades que se unem em assembleia nas ruas começam a encenar outras ideias de igualdade, liberdade e justiça diferentes daquelas a que se opõem. O "eu" é assim ao mesmo tempo o "nós", sem estar fundido em uma unidade impossível. Ser um ator político é uma função, uma característica de agir em termos de igualdade com outros humanos – essa importante formulação arendtiana permanece relevante para as lutas democráticas contemporâneas. A igualdade é uma condição e uma característica da ação política em si, ao mesmo tempo que é o seu objetivo. O exercício de liberdade é algo que não vem de você ou de mim, mas do que está entre nós, da ligação que estabelecemos no momento em que exercitamos juntos a liberdade, uma ligação sem a qual não existe liberdade.

CORPOS EM ALIANÇA E A POLÍTICA DAS RUAS

Em 2010, em Ankara, na Turquia, participei de uma conferência internacional contra a homofobia e a transfobia. Foi um evento especialmente importante em Ankara, capital do país, onde pessoas transgêneras com frequência são multadas por aparecer em público, muitas vezes são espancadas, em algumas ocasiões pela polícia, e onde os assassinatos de mulheres transgêneras em particular têm acontecido aproximadamente uma vez por mês nos últimos anos. Se ofereço a vocês esse exemplo da Turquia, não é para apontar que a Turquia está "atrasada" – algo que o representante da embaixada da Dinamarca foi rápido em me sugerir, e que declinei em aceitar com a mesma velocidade. Asseguro a vocês que ocorrem assassinatos igualmente brutais no entorno de Los Angeles e Detroit, em Wyoming e na Luisiana, e assédio e espancamentos em Baltimore, como sabemos, e na Penn Station, na cidade de Nova York. Na verdade, o que parece exemplar a respeito das alianças lá é que muitas organizações feministas têm trabalhado com pessoas *queer*, gays/lésbicas e transgêneras contra a violência policial, e também contra o militarismo, o nacionalismo e as formas de machismo que os apoiam. Então, nas ruas, depois da conferência, feministas ficaram lado a lado com *drag queens*, *genderqueers* com ativistas dos direitos humanos, e *lipstick lesbians* com seus amigos bissexuais e heterossexuais; a marcha incluiu leigos e muçulmanos. Eles entoavam "não seremos soldados e não vamos matar". Opor-se à violência policial contra pessoas trans era, portanto, ser abertamente contra a violência militar e a escalada nacionalista do militarismo; também era se opor à agressão militar contra os curdos e ao não reconhecimento de suas reivindicações políticas, mas também agir em memória do genocídio armênio e contra modos de negação por parte de Estados que continuam sua violência de outras formas.

Então, na Turquia, feministas foram para as ruas com ativistas trans, mas em muitos círculos feministas continua a existir uma resistência a fazer esse tipo de aliança. Na França, por exemplo,

POLÍTICA DE GÊNERO E O DIREITO DE APARECER

algumas feministas que se entendem como de esquerda, até mesmo como materialistas, têm convergido em torno da ideia de que a transexualidade é um tipo de patologia. É claro que existe uma diferença entre criminalizar pessoas *queer* e transgêneras que aparecem em público e tratá-las como doentes. A primeira é uma posição moral, geralmente baseada em uma concepção espúria de moralidade pública. Criminalizar uma população não apenas a destitui de proteção contra a polícia e outras formas de violência pública, mas busca minar a luta do movimento político pela descriminalização e pela garantia de direitos. Mudar para o modelo da "doença" – ou, na verdade, o modelo da "psicose" – é lançar mão de uma explicação pseudocientífica com o propósito de desacreditar determinados modos corporificados de existência que não prejudicam outras pessoas. Na realidade, o modelo da patologização também trabalha para minar o movimento político por garantia de direitos, uma vez que a explicação sugere que tais minorias sexuais e de gênero precisam de "tratamento" em vez de direitos. Como resultado, deveríamos desconfiar dos esforços para garantir os direitos dos transexuais – como fez o governo da Espanha – ao mesmo tempo que se adota padrões de saúde mental que patologizam as próprias populações cujos direitos eles defendem. E nos Estados Unidos e em outros países dominados pelo *Manual Diagnóstico e Estatístico de Transtornos Mentais*, devemos desconfiar igualmente dos modos estipulados de "transição" que requerem que as pessoas trans assumam uma condição patológica a fim de estarem aptas a receber apoio financeiro para sua transição e obter reconhecimento legal como trans ou qualquer gênero desejado.

Se as pessoas trans devem algumas vezes passar pela "patologização" como um caminho para entender o caráter não patológico do seu desejo e para estabelecer um modo corporificado de vida que seja possível de ser vivida, então a consequência nesses casos é que o preço da garantia de direitos é viver por meio da patologização.

CORPOS EM ALIANÇA E A POLÍTICA DAS RUAS

Que tipo de garantia de direitos é essa, e como pode ser possível não pagar um preço tão terrível? Os instrumentos que usamos se tornam mais fortes conforme os usamos e quanto maior é a frequência com que atingem os resultados desejados. Mas resultados desejados não são sempre o mesmo que efeitos sociais e políticos mais amplos. Então aparentemente precisamos pensar sobre o tipo de reivindicação que a transexualidade está fazendo, uma reivindicação que está ligada ao direito de aparecer em público, de exercer esse tipo de liberdade e que está implicitamente ligada a todas as outras lutas para aparecer nas ruas sem a ameaça de violência. Nesse sentido, a liberdade de aparecer é central para qualquer luta democrática, o que significa que uma apreciação crítica das formas políticas de aparecimento, incluindo as formas de limitação e mediação por meio das quais qualquer liberdade do tipo pode aparecer, é crucial para entender o que essa liberdade pode ser e quais são as intervenções necessárias.

É claro que tudo isso ainda deixa sem abordagem a questão do que significa aparecer, e se esse direito não privilegia a ideia de presença corporal ou o que alguns poderiam chamar de "metafísica da presença". A mídia não seleciona o que pode aparecer e quem pode aparecer? E quanto àqueles que preferem não aparecer, que estão engajados em seu ativismo democrático de outro modo? Algumas vezes a ação política é mais efetiva quando projetada das sombras ou das margens, e esse é um ponto importante – por exemplo, a associação Palestinian Queers for Boycott, Divestment and Sanctions questionou a ideia de que o ativismo *queer* reivindica a completa exposição pública.[14] Certamente todo ativista precisa negociar quanta exposição, e de que modo, é necessária para alcançar seus objetivos políticos. É uma maneira de negociar, por assim dizer, entre a necessidade de proteção e a exigência de correr um risco público. Algumas vezes essa face pública pode ser um conjunto de palavras, e outras vezes os corpos nas ruas não precisam falar para expor a sua reivindicação.

POLÍTICA DE GÊNERO E O DIREITO DE APARECER

Ninguém deveria ser criminalizado pela sua apresentação de gênero, e ninguém deveria ser ameaçado com uma vida precária em virtude do caráter performativo da sua apresentação de gênero. Ainda assim, a reivindicação de que as pessoas precisam ser protegidas contra o assédio e a intimidação, contra a criminalização quando aparecem como qualquer gênero que sejam, não determina de nenhuma maneira se ou como aparecer. Na realidade, é importante não impor normas de hipervisibilidade baseadas nas normas norte-americanas àqueles que têm outras maneiras de construir uma comunidade política e de lutar por sua liberdade. A questão, na verdade, é expor a injustiça de criminalizar a apresentação de gênero. Um código criminal que justifica a criminalização com base no aparecimento ou na apresentação de gênero é ele mesmo criminoso e ilegítimo. E se minorias sexuais e de gênero são criminalizadas ou patologizadas pelo modo como aparecem, pela forma como reivindicam o espaço público, pela linguagem por meio da qual entendem a si mesmas, pela forma como expressam amor ou desejo, aqueles com quem se aliam abertamente, de quem escolhem estar próximas, ou com quem se envolvem sexualmente, ou como exercitam a sua liberdade corporal, então esses atos de criminalização são violentos; e nesse sentido, são também injustos e criminosos. Policiar o gênero é um ato criminoso, um ato por meio do qual a polícia se torna o criminoso, e aqueles que são expostos à violência ficam sem proteção. Não impedir a violência contra as comunidades de minorias por parte da polícia do Estado é uma negligência criminosa, que permite à polícia cometer um crime e as minorias serem vítimas da precariedade nas ruas.

Quando exercemos o direito de ser o gênero que somos ou quando exercemos o direito de nos envolver em práticas sexuais que não causam dano a ninguém, então estamos certamente exercendo certa liberdade. De forma que mesmo que alguém sinta que não escolhe a sua sexualidade ou o seu gênero, que são dados pela natureza ou

CORPOS EM ALIANÇA E A POLÍTICA DAS RUAS

por outra autoridade externa, a situação permanece a mesma: se essa pessoa reivindicar essa sexualidade como um direito acima e contra um conjunto de leis ou códigos que a consideram criminosa ou desonrosa, então a reivindicação em si é performativa. Essa é uma maneira de nomear o exercício do direito precisamente quando não existe lei local para protegê-lo. É claro que pode existir uma comunidade local e um conjunto internacional de precedentes, mas isso nem sempre protege aquele que faz a reivindicação no âmbito local, como vocês sabem. Mas o que é, na minha opinião, mais importante é que alguém reivindique essa posição em público, que ande nas ruas, encontre emprego e moradia sem discriminação, que seja protegido da violência nas ruas e da tortura policial.

Até mesmo quando alguém escolhe ser quem é, e quem esse alguém "é" é considerado como algo não escolhido, esse alguém torna a liberdade parte desse projeto social. Uma pessoa não começa como o gênero dela e depois decide como e quando representá-lo. A representação, que começa antes de qualquer ação do "eu", é parte do próprio modo ontológico de gênero, e então importa como e quando e com que consequências essa representação tem lugar, porque tudo isso muda o próprio gênero que alguém "é". Então, não é possível separar o gênero que somos e a sexualidade na qual tomamos parte do direito que cada um de nós tem de afirmar essas realidades em público, livremente e protegido da violência. De certo modo, a sexualidade não precede o direito; o exercício da sexualidade é um exercício do direito de fazer precisamente isso. É um momento social no espaço da nossa vida íntima, e um momento que reivindica igualdade; não são apenas o gênero e a sexualidade que são em algum sentido performativos, mas também suas articulações políticas e as reivindicações feitas em seu nome.

Podemos então retornar à questão sobre o que significa reivindicar direitos quando não se tem nenhum. Significa reivindicar o próprio poder que é negado a fim de expor e lutar contra essa nega-

POLÍTICA DE GÊNERO E O DIREITO DE APARECER

ção. Como nos movimentos de ocupação em Buenos Aires nos quais pessoas sem-teto se mudam para prédios a fim de estabelecer as bases para reivindicar direito de residência,[15] algumas vezes não é uma questão de primeiro ter o poder e então ser capaz de agir; algumas vezes é uma questão de agir, e na ação, reivindicar o poder de que se necessita. Isso é a performatividade como eu a entendo e também é uma maneira de agir a partir da precariedade e contra ela.

A precariedade é a rubrica que une as mulheres, os *queers*, as pessoas transgêneras, os pobres, aqueles com habilidades diferenciadas, os apátridas, mas também as minorias raciais e religiosas: é uma condição social e econômica, mas não uma identidade (na verdade, ela atravessa essas categorias e produz alianças potenciais entre aqueles que não reconhecem que pertencem uns aos outros). E acredito que testemunhamos isso nas manifestações do Occupy Wall Street – ninguém nunca é intimado a apresentar uma carteira de identidade antes de ter acesso a uma manifestação como essa. Se você aparece como um corpo na rua, você ajuda a fazer a reivindicação que surge desse conjunto plural de corpos, reunidos e persistindo ali. É claro que isso só pode acontecer se você puder aparecer, se as ruas estiverem acessíveis, e se você não estiver confinado. Retornaremos a esse problema quando considerarmos a "liberdade de assembleia" no Capítulo 5.

A questão sobre como a performatividade se liga à precariedade pode ser resumida nessas questões mais importantes: Como a população sem fala pode falar e fazer as suas reivindicações? Que tipo de rompimento é esse no campo do poder? E como essas populações podem reivindicar aquilo de que necessitam para persistir? Não é apenas uma questão de precisarmos viver para podermos agir, mas de termos que agir, e agir politicamente, a fim de garantir as condições da existência. Algumas vezes, as normas de reconhecimento nos restringem de maneira que põem em risco a nossa capacidade de viver: e se o gênero que estabelece as normas necessárias para que

CORPOS EM ALIANÇA E A POLÍTICA DAS RUAS

sejamos reconhecíveis também nos violenta, colocando em risco a nossa própria sobrevivência? Então as mesmas categorias que parecem nos prometer a vida nos tiram a vida. A questão é não aceitar essa restrição dupla, mas lutar por modos de vida nos quais atos performativos lutem contra a condição precária, uma luta que busca descortinar um futuro no qual possamos viver novos modos sociais de existência, algumas vezes no limite crítico do reconhecível e outras no centro das atenções da mídia dominante – mas em qualquer um dos casos, ou no espectro entre eles, existe um agir coletivo sem um sujeito coletivo previamente estabelecido; em vez disso, o "nós" é representado pela assembleia de corpos, plural, persistente, agente e reivindicadora de uma esfera pública pela qual foi abandonada.

TALVEZ EXISTAM MODALIDADES de violência sobre as quais precisamos pensar para entender as funções policiais em operação aqui. Afinal de contas, aqueles que insistem que o gênero deve sempre aparecer de uma maneira ou com uma versão de vestuário em vez de outra, que buscam criminalizar ou patologizar aqueles que vivem seu gênero ou sua sexualidade de maneiras não normativas, estão agindo como a polícia da esfera do aparecimento, pertençam ou não a uma força policial de fato. Como sabemos, algumas vezes é a força policial do Estado que pratica violência contra as minorias sexuais e de gênero, e algumas vezes é a polícia que deixa de investigar, deixa de processar como crime o assassinato de mulheres transgêneras ou prevenir, deixa de impedir a violência contra membros transgêneros da população.

Em termos arendtianos, podemos dizer que ser excluído do espaço de aparecimento, ser impedido de ser parte da pluralidade que constitui o espaço de aparecimento, é ser privado do direito de ter direitos. A ação plural e pública é o exercício do direito de se ter um lugar e de pertencer, e esse exercício é o meio pelo qual o espaço de aparecimento é pressuposto e constituído.

POLÍTICA DE GÊNERO E O DIREITO DE APARECER

Deixem-me retornar à noção de gênero com a qual comecei, tanto para recorrer ao pensamento de Arendt quanto para esclarecer porque resisto a ela em alguns aspectos. Quando dizemos que o gênero é um exercício de liberdade não queremos dizer que tudo que constitui o gênero é livremente escolhido. Argumentamos apenas que mesmo aquelas dimensões do gênero que parecem bastante "programadas" – sejam constituídas ou adquiridas – devem ser possíveis de reivindicar e exercitar de maneira livre. Tomo, com essa formulação, certa distância da formulação de Arendt. A esse exercício de liberdade deve ser concedido o mesmo tratamento que a qualquer outro exercício de liberdade sob a lei. E, politicamente, devemos exigir a expansão das nossas concepções de igualdade a fim de incluir essa forma de liberdade corporificada. Então o que queremos dizer quando afirmamos que a sexualidade ou o gênero são um exercício de liberdade? Vou repetir: não quero dizer que todos escolhemos o próprio gênero e sexualidade. Somos certamente formados pela linguagem e pela cultura, pela história, pelas lutas sociais das quais participamos, pelas forças psicológicas e históricas – em interação, pelo modo como situações biológicas têm a sua própria história e eficácia. Na verdade, podemos muito bem sentir que o que desejamos e como desejamos está bastante definido, características indeléveis ou irreversíveis de quem somos. Mas independentemente de entendermos nosso gênero ou nossa sexualidade como algo que escolhemos ou que nos foi atribuído, cada um tem o direito de reivindicar esse gênero e essa sexualidade. E faz diferença se podemos reivindicá-los. Quando exercemos o direito de aparecer como o gênero que já somos – mesmo quando sentimos que não temos outra escolha – estamos exercendo certa liberdade, mas também estamos fazendo alguma coisa além disso.

Quando alguém exerce livremente o direito de ser quem já é, e reivindica uma categoria social com o propósito de descrever esse modo de ser, então está, na realidade, tornando a liberdade parte dessa mesma categoria social, mudando discursivamente a própria ontologia em questão. Não é possível separar os gêneros que reivindicamos e as sexualidades das quais tomamos parte do direito que qualquer um tem de afirmar essas realidades em público ou no âmbito privado – ou nos muitos limiares que existem entre os dois – livremente, isto é, sem ameaça de violência. Quando, muito tempo atrás, eu disse que o gênero é performativo, queria dizer que ele é um determinado tipo de representação, o que significa que uma pessoa não é primeiro o seu gênero e então, depois, decide como e quando representá-lo. A representação é parte de sua própria ontologia, é uma maneira de repensar o modo ontológico de gênero, e então importa como e quando e com que consequências essa representação se dá, porque tudo isso muda o gênero que alguém é.

Podemos entender essa mudança, por exemplo, nos importantes atos por meios dos quais a atribuição inicial de gênero é recusada ou revisada. A linguagem exerce um nítido efeito performativo no corpo no ato de ser nomeado como esse, aquele ou outro gênero, como acontece quando nos referimos a alguém, desde o começo, quando a linguagem ainda é incipiente, como de uma determinada cor ou raça ou nacionalidade, ou como deficiente ou pobre. Descobrir como somos considerados em qualquer um desses aspectos é resumido por um nome que não conhecemos nem escolhemos, cercado e infiltrado por um discurso que atua de uma maneira que não podemos de forma alguma entender quando ela começa a atuar sobre nós. Podemos perguntar, e perguntamos: "Eu sou esse nome?"[16] E algumas vezes continuamos perguntando até tomarmos uma decisão sobre se somos ou não esse nome, ou tentamos encontrar um nome melhor para a vida que desejamos viver, ou nos esforçamos para viver nos interstícios entre todos os nomes.

Como pensamos sobre a força e o efeito dos nomes pelos quais somos chamados antes de surgirmos em uma linguagem como seres falantes, antes de qualquer capacidade de um ato de fala próprio? A

POLÍTICA DE GÊNERO E O DIREITO DE APARECER

linguagem atua sobre nós antes da nossa fala, e se não atuasse, poderíamos falar afinal? E talvez não seja simplesmente uma questão de sequência: a linguagem continua a atuar sobre nós no momento mesmo em que falamos, de modo que podemos muito bem pensar que estamos atuando, quando também estamos, ao mesmo tempo, sofrendo uma atuação?

Há muitos anos, Eve Sedgwick sublinhou que os atos de fala se desviam de seus objetivos, produzindo com muita frequência consequências que são completamente não intencionais, e muitas vezes bastante oportunas.[17] Por exemplo, alguém poderia fazer um voto de casamento, e esse ato poderia na verdade abrir uma zona da vida sexual que se dá de forma bastante separada do casamento, muitas vezes explorada secretamente. Então, embora entenda-se que o casamento tenha o objetivo de organizar a sexualidade em termos monogâmicos e conjugais, ele pode estabelecer uma zona desejável para uma sexualidade não exposta ao escrutínio e ao reconhecimento público. Sedgwick sublinhou como um ato de fala ("Eu os declaro marido e mulher") pode se desviar dos seus objetivos aparentes, e esse "desvio" era um sentido muito importante da palavra *queer*, entendida menos como uma identidade do que como um movimento do pensamento, da linguagem e da ação que se moveu em direções bastante contrárias àquelas explicitamente reconhecidas. Ainda que o reconhecimento pareça ser uma condição da vida vivível, ele pode servir ao propósito do escrutínio, da vigilância e da normatização dos quais uma fuga *queer* pode se provar necessária precisamente para atingir a viabilidade da vida fora dos seus termos.

Em meu trabalho anterior, estava interessada em como muitos discursos sobre gênero pareciam criar e fazer circular determinados ideais de gênero, gerando esses ideais, mas tomando-os como essências naturais ou verdades internas que foram subsequentemente expressadas por esses ideais. Então, o efeito de um discurso – nesse caso, um conjunto de ideais de gênero – era largamente mal

CORPOS EM ALIANÇA E A POLÍTICA DAS RUAS

interpretado como a causa interna do desejo e do comportamento de alguém, uma realidade fundamental que era expressa nos seus gestos e ações. Essa causa interna ou realidade fundamental não apenas substituíam a norma social, mas efetivamente mascaravam e facilitavam a operação dessa mesma norma. A formulação de que o "gênero é performativo" deu origem a duas interpretações bastante contrárias: a primeira era de que nós radicalmente escolhemos o nosso gênero; a segunda era a de que somos completamente determinados pelas normas de gênero. Essas respostas largamente divergentes significavam que alguma coisa a respeito das dimensões duais de qualquer consideração sobre a performatividade não tinha sido bem articulada e compreendida. Porque se a linguagem age sobre nós antes de agirmos, e continua a agir a cada instante em que agimos, então temos que pensar sobre a performatividade de gênero primeiro como uma "atribuição de gênero" – todas as formas em que somos, por assim dizer, chamados por um nome e generificados antes de entendermos qualquer coisa sobre como as normas de gênero agem sobre nós e nos moldam e antes de termos a capacidade de reproduzir essas normas de maneira que possamos escolher. A escolha, na verdade, chega tarde nesse processo de performatividade. E então, seguindo Sedgwick, temos que entender como os desvios dessas normas podem acontecer e de fato acontecem, sugerindo que alguma coisa *"queer"* está em funcionamento no cerne da performatividade de gênero, uma qualidade *queer* que não é muito diferente dos desvios de direção tomados pela iteratividade na consideração de Derrida sobre o ato de fala como citacional.

Então vamos assumir que a performatividade descreve tanto o processo de ser objeto de uma ação quanto as condições e possibilidades para a ação, e que não podemos entender sua operação sem essas duas dimensões. O fato de que as normas agem sobre nós implica que somos suscetíveis à sua ação, vulneráveis a uma certa nomeação desde o início. E isso se inscreve em um nível que antecede

POLÍTICA DE GÊNERO E O DIREITO DE APARECER

qualquer possibilidade de volição. Um entendimento da atribuição de gênero tem que ocupar esse campo de uma receptividade, uma suscetibilidade e uma vulnerabilidade indesejadas, uma maneira de ser exposto à linguagem antes de qualquer possibilidade de formar ou representar um ato de fala. Normas como essas ao mesmo tempo requerem e instituem determinadas formas de vulnerabilidade corpórea sem as quais sua operação não seria pensável. É por isso que podemos descrever, e descrevemos, a poderosa força citacional das normas de gênero conforme são instituídas e aplicadas por instituições médicas, legais e psiquiátricas, e nos opomos ao efeito que elas têm sobre a formação e o entendimento do gênero em termos patológicos e criminosos. Ainda assim, esse mesmo domínio de suscetibilidade, essa condição de ser afetado, é também onde alguma coisa *queer* pode acontecer, onde a norma é recusada ou revisada, ou onde novas formulações de gênero começam. Precisamente porque algo inadvertido e inesperado pode acontecer nesse domínio de "ser afetado", o gênero pode surgir de maneira a romper com, ou a desviar de, padrões mecânicos de repetição, ressignificando e, algumas vezes, energicamente quebrando essas correntes citacionais de normatividade de gênero, abrindo espaço para novas formas de vida generificada.

A performatividade de gênero não caracteriza apenas o que fazemos, mas como o discurso e o poder institucional nos afetam, nos restringindo e nos movendo em relação ao que passamos a chamar de a nossa "própria" ação. Para entender que os nomes pelos quais somos chamados são tão importantes para a performatividade quanto os nomes pelos quais nos chamamos, temos que identificar as convenções que operam em um amplo conjunto de estratégias de designação de gênero. Então podemos ver como o ato da fala nos afeta e nos anima de uma maneira corporificada – o campo da suscetibilidade e do afeto já é uma questão de um registro corpóreo de algum tipo. De fato, a corporificação implicada pelo gênero e pela

CORPOS EM ALIANÇA E A POLÍTICA DAS RUAS

performance é dependente das estruturas institucionais e dos mundos sociais mais amplos. Não podemos falar sobre um corpo sem saber o que sustenta esse corpo, e qual pode ser a sua relação com esse apoio – ou falta de apoio. Desse modo, o corpo é menos uma entidade do que um conjunto vivo de relações; o corpo não pode ser completamente dissociado das condições ambientais e de infraestrutura da sua vida e da sua ação. Sua ação é sempre uma ação condicionada, que é um sentido do caráter histórico do corpo. Além disso, humanos e outras criaturas dependem do apoio de infraestruturas, de maneira que isso expõe uma vulnerabilidade específica que temos quando ficamos sem apoio, quando as condições de infraestrutura começam a se decompor, ou quando nos encontramos radicalmente sem apoio em condições de precariedade. Agir em nome desse suporte sem esse suporte é o paradoxo da ação performativa plural em condições de precariedade.[18]

Notas

1. Um exemplo assustador dessa recusa em dar atenção às reivindicações políticas feitas por assembleias aconteceu em Londres, em 2011, e também nos subúrbios de Paris em 2005. Ver "Paul Gilroy Speaks on the Riots", *Dream of Safety* (blog), 16 de agosto de 2011, disponível em: <http://dreamof-safety.blogspot.com.br/2011/08/paul-gilroy-speaks-on-riots-august-2011. html>. Ver também uma série de relatos recentes sobre militares de Israel e do Bahrein sendo chamados para treinar polícias locais em como suprimir e dispersar manifestações: Max Blumenthal, "How Israeli Occupation Forces, Bahraini Monarchy Guards Trained U.S. Police for Coordinated Crackdown on 'Occupy' Protests", *The Exiled*, 2 de dezembro de 2011, disponível em: <http://exiledonline.com/max-blumenthal-how-israeli-occupation-forces--bahraini-monarchy-guards-trained-u-s-police-for-coordinated-crackdown--on-occupy-protests/>.
2. Jacques Derrida, "Signature Event Context", in *Limited Inc*. Trad. de Samuel Weber e Jeffrey Mehlman (Evanston, IL: Northwestern University Press, 1988)

POLÍTICA DE GÊNERO E O DIREITO DE APARECER

[ed. bras: "Assinatura, acontecimento, contexto", in *Limited Inc*. Campinas: Papirus, 1991]; Pierre Bourdieu, *Language and Simbolic Power* (Cambridge, MA: Harvard University Press, 1991); Eve Kosofsky Sedgwick, *Epistemology of the Closet* (Berkeley: University of California Press, 1990).

3. Em um sentido hegeliano, a luta por reconhecimento nunca supera totalmente o esforço de vida e morte.

4. Ver *Frames of War* (Londres, Verso, 2010) [ed. bras.: *Quadros de guerra*, Rio de Janeiro, Civilização Brasileira, 2015].

5. Ver Linda Zerilli, "The Arendtian Body", e Joan Cocks, "On Nationalism", in *Feminist Interpretations of Hannah Arendt*, org. de Bonnie Honig (University Park: Penn State University Press, 1995).

6. Hannah Arendt, *On Revolution* (Nova York, Penguin, 1963), p. 114 [ed. bras.: *Sobre a revolução*, Rio de Janeiro, Civilização Brasileira, 2009.]

7. Ibid.

8. Zerilli, "Arendtian Body", p. 178-179.

9. Ver Ruth Wilson Gilmore, *Golden Gulag: Prisons, Surplus, Crisis, and Opposition in Globalizing California* (Berkeley, University of California Press, 2007), p. 28.

10. Para uma consideração sobre como os direitos de mobilidade corporal são centrais para a política democrática, ver Hagar Kotef, *Movement and the Ordering of Freedom: On Liberal Governances of Mobility* (Durham, NC, Duke University Press, 2015).

11. Hannah Arendt, "The Decline of the Nation-State and the End of the Rights of Man", in *The Origins of Totalitarianism* (San Diego, Harcourt, Brace, Jovanovitch, 1973), p. 267-302 [ed. bras.: *Origens do totalitarismo*, São Paulo, Companhia de Bolso, 2013]. Ver também Judith Butler e Gayatri Chakravorty Spivak, *Who Sings the Nation-State? Language, Politics, Belonging* (Calcutá, Seagull Books, 2007).

12. Joan W. Scott, *Politics of the Veil* (Princeton, NJ, Princeton University Press, 2010).

13. Ver <http://baltimore.cbslocal.com/2011/04/22/video-shows-woman-being--beaten-at-baltimore-co-mcdonalds/>.

14. Palestinian Queers for Boycott, Divestment, and Sanctions, ver: <http://pqbds.com/>.

15. Jorge E. Hardoy e David Satterthwaite, *Squatter Citizen: Life in the Urban Third World* (Londres, Earthscan, 1989).

16. Denise Riley, *"Am I That Name?" Feminism and the Category of Women in History* (Minneapolis, University of Minnesota Press, 1988).

17. Eve Kosofsky Sedgwick, "Queer Performativity: Henry James's *The Art of the Novel*", *GLQ* 1, n. 1 (1993): 1-16.

18. Essa discussão final foi transposta de "Rethinking Vulnerability and Resistance", minha palestra ministrada em Alcalá, na Espanha, em junho de 2014, parte da qual foi publicada no periódico on-line da Modern Language Association, *Profession*, janeiro de 2014, disponível em: <https://profession.commons.mla.org/2014/03/19/vulnerability-and-resistance>.

2. Corpos em aliança e a política das ruas

No Capítulo 1, sugeri que a política de gênero deve fazer alianças com outras populações amplamente caracterizadas como precárias. Apontei certas formas de mobilização de gênero que buscam estabelecer os direitos das minorias de gênero ou de pessoas fora da conformidade de gênero a andar nas ruas livremente, a manter o emprego e a combater o assédio, a patologização e a criminalização. Para que a luta pelos direitos das minorias sexuais e de gênero seja uma luta por justiça social, isto é, para que ela seja caracterizada como um projeto democrático radical, é necessário perceber que somos apenas uma das populações que têm sido, e continuam sendo, expostas a condições precárias e de perda de direitos. Além disso, os direitos pelos quais lutamos são direitos plurais, e essa pluralidade não está circunscrita, de antemão, pela identidade; isto é, não constitui uma luta apenas de determinadas identidades, e certamente é uma luta que procura expandir aquilo a que nos referimos quando falamos de "nós". Assim, o exercício público do gênero, dos direitos ao gênero, pode-se dizer, já é um movimento social, que depende mais fortemente das ligações entre as pessoas do que de qualquer noção de individualismo. O seu objetivo é se opor às forças e aos regimes militares, disciplinadores e reguladores que nos exporiam à condição precária. E, embora as vidas possam ser precárias em decorrência de uma variedade de doenças e desastres naturais, ainda assim é verdade – como vimos tão dramaticamente em New Orleans durante e depois do furacão Katrina, em 2005 – que as doenças podem ou não ser tratadas pelas instituições existentes, que os desastres naturais podem ser prevenidos em certas áreas e para algumas populações, enquanto não o são para outras, e tudo isso conduz a uma distribuição demográfica da condição precária. E essa verdade tem um sentido mais amplo para os pobres e para as pessoas em situação de rua, assim como para aqueles que são expostos à insegurança devastadora e à noção de um futuro destruído na medida em que as condições de infraestrutura desmoronam ou que o neoliberalismo substitui as instituições de sustentação da social-democracia por uma ética empreendedora que exorta até mesmo os mais impotentes a assumir a responsabilidade pela própria vida, sem depender de mais ninguém ou de mais nada. É como se, sob as condições contemporâneas, esteja sendo travada uma guerra contra a ideia de interdependência, contra o que chamei, em outros momentos, de uma rede social de mãos que busca minimizar a impossibilidade de viver uma vida vivível. Assim, esses conjuntos plurais de direitos, direitos que devemos encarar como coletivos e corporificados, não são modos de afirmar o tipo de mundo onde cada um de nós deveria ser capaz de viver; em vez disso, eles emergem de um entendimento de que a condição de precariedade é diferencialmente distribuída, e que tanto a luta contra quanto a resistência à precariedade têm que estar baseadas na reivindicação de que as vidas sejam tratadas igualmente e que sejam igualmente vivíveis. Isso também significa qual forma de resistência em si, isto é, a maneira como as comunidades são organizadas para resistir à condição precária, exemplifica, idealmente, os próprios valores pelos quais essas comunidades lutam. As alianças que têm se formado para exercer os direitos das minorias sexuais e de gênero devem, na minha visão, formar ligações, por mais difícil que seja, com a diversidade da sua própria população e todas as ligações que isso implica com outras populações sujeitas a condições de condição precária induzida no nosso tempo. E esse processo de ligação, não importa quão difícil seja, é necessário, pois a população das minorias sexuais e de gênero é ela mesma diversa – uma palavra que não é precisa o suficiente para expressar o que eu gostaria de dizer; esse grupo se compõe de pessoas oriundas de diversos contextos de classe, raça e religião, atravessando comunidades de formação linguística e cultural.

O que estou chamando de aliança não é apenas uma forma social futura; algumas vezes ela está latente ou, outras vezes, é efetivamente a estrutura da nossa própria formação subjetiva, como quando a aliança acontece dentro de um único sujeito, quando é possível dizer: "Eu mesmo sou uma aliança, ou eu me alinho comigo mesmo e com as minhas várias vicissitudes culturais." O que significa apenas que o "eu" em questão se recusa a tornar secundário um estatuto de minoria ou lugar de condição precária vivido em favor de qualquer outro; é uma maneira de dizer: "Eu sou a complexidade que sou, e isso significa que me relaciono com os outros de maneiras essenciais para qualquer invocação desse 'eu'." Uma visão como essa, que implica uma relacionalidade social no pronome de primeira pessoa, nos desafia a compreender a insuficiência das ontologias identitárias para pensar o problema das alianças. Porque a questão não é que eu sou uma coleção de identidades, mas sim que já sou uma unidade, ou uma montagem, conforme o termo que Jasbir Puar adaptou de Gilles Deleuze.[1] Mas talvez o mais importante sejam as formas de mobilização animadas por uma consciência cada vez maior do grupo de pessoas que correm o risco de perder o emprego e ter sua casa tomada pelo banco; do número de pessoas que correm um risco di-

CORPOS EM ALIANÇA E A POLÍTICA DAS RUAS

ferencial de sofrer assédio nas ruas, criminalização, encarceramento ou patologização; dos contextos raciais e religiosos específicos dessas pessoas cujas vidas são consideradas dispensáveis por aqueles que promovem a guerra. Na minha visão, essa perspectiva implica a necessidade de uma luta mais generalizada contra a precariedade, uma luta que surja de uma sensação experimentada de precariedade, vivida como uma morte lenta, uma noção danificada de tempo ou uma exposição não administrável à perda, ao prejuízo e à indigência arbitrários – essa é uma sensação experimentada ao mesmo tempo singular e plural. A questão não é se reunir por modos de igualdade que nos mergulhariam a todos em condições igualmente não vivíveis. Ao contrário, a ideia é exigir uma vida igualmente possível de ser vivida, que também seja posta em prática por aqueles que fazem a reivindicação, e isso requer a distribuição igualitária dos bens públicos. O oposto da precariedade não é a segurança, mas luta por uma ordem social e política igualitária na qual uma interdependência possível de ser vivida se torne possível – esta seria, ao mesmo tempo, a condição do nosso autogoverno como uma democracia, e a sua forma sustentada seria um dos objetivos obrigatórios desse governo.

Se pareço ter me afastado do gênero, asseguro que o gênero ainda está aqui. Porque uma das questões que qualquer grupo que represente os direitos das mulheres e das minorias sexuais ou de gênero deve considerar é a seguinte: o que fazemos quando governos de Estado e organizações internacionais procuram defender os nossos direitos a fim de conduzir campanhas anti-imigração de modo explícito (como temos visto na França e na Holanda), ou quando os Estados chamam atenção para os próprios históricos de direitos humanos relativamente progressistas no que diz respeito às mulheres, às lésbicas, aos gays e às pessoas transgênero com o objetivo de desviar a atenção de um registro atroz dos direitos humanos no que diz respeito às populações cujos direitos básicos à autodeterminação, ao movimento e às assembleias são negados (como acontece no

CORPOS EM ALIANÇA E A POLÍTICA DAS RUAS

caso da campanha de *pinkwashing** em Israel, que desvia a atenção da grande criminalidade da sua ocupação, do confisco de terras e das políticas de remoções forçadas)? Por mais que queiramos que os nossos direitos sejam reconhecidos, devemos nos opor ao uso desse reconhecimento público dos nossos direitos a fim de encobrir ou desviar a atenção da privação massiva de direitos para outros, incluindo mulheres, *queers* e minorias sexuais e de gênero que vivem sem os direitos básicos de cidadania na Palestina. Retornarei a esse assunto no Capítulo 3, no qual faço considerações não apenas sobre o que significa nos aliarmos uns aos outros, mas sobre o que significa vivermos uns com os outros. Como tentarei demonstrar, uma política de alianças se baseia em, e requer, uma ética de coabitação. Mas, por ora, deixem-me dizer que se a atribuição de direitos para um grupo é instrumentalizada para privar outro grupo de prerrogativas básicas, então o grupo que tem essas prerrogativas está certamente obrigado a recusar os termos nos quais o reconhecimento político e legal e os direitos estão sendo dados. Isso não significa que nenhum de nós deva abrir mão dos direitos existentes, mas apenas que devemos reconhecer que os direitos só são significativos no âmbito de uma luta mais ampla por justiça social, e que, se os direitos são distribuídos diferencialmente, então a desigualdade está sendo instituída por meio do emprego e da justificação táticos dos direitos para gays e lésbicas. Como consequência, proponho nos lembrarmos de que o termo *queer* não designa identidade, mas aliança, e é um bom termo para ser invocado quando fazemos alianças difíceis e imprevisíveis na luta por justiça social, política e econômica.

*

---

* Lit., "lavar de rosa". O termo identificava campanhas contra o câncer de mama, visando a melhorar a imagem de determinada marca. Passou a se referir a estratégias que, objetivando ao lucro, constroem uma imagem gay-friendly. No contexto israelense, trata-se da promoção de imagem de "paraíso LGBTQ" para encobrir violações de direitos de palestinos, afirmando "um imaginário no qual as sociedades árabes e/ou muçulmanas seriam retrógradas e tirânicas." Cf. Gabriel Semerene, "Israel lava mais rosa", <revistageni.org/08/israel-lava-mais-rosa/>. [N. da E.]

CORPOS EM ALIANÇA E A POLÍTICA DAS RUAS

REPETIDAS VEZES OCORREM manifestações de massa nas ruas e nas praças e, embora muitas vezes elas sejam motivadas por propósitos políticos diferentes, alguma coisa semelhante, não obstante, acontece: os corpos congregam, eles se movem e falam juntos e reivindicam um determinado espaço como público. Em um primeiro momento, seria mais fácil dizer que essas manifestações ou, na verdade, que esses movimentos são caracterizados por corpos que se unem para fazer uma reivindicação em um espaço público, mas essa formulação presume que o espaço público esteja dado, que já é público e reconhecido como tal. Deixamos de lado parte do objetivo dessas manifestações públicas se deixamos de ver que o próprio caráter público do espaço está sendo questionado, ou até mesmo disputado, quando essas multidões se reúnem. Então, embora esses movimentos dependessem da existência anterior de calçadas, ruas e praças, e que tenham muitas vezes se reunido em praças como a Praça Tahrir, cuja história política é potente, é igualmente verdadeiro que as ações coletivas agregaram o próprio espaço, congregam a calçada, organizam e animam a arquitetura. Do mesmo modo que devemos insistir na existência de condições materiais para a assembleia e a fala públicas, também temos que nos perguntar de que maneira as assembleias e a fala reconfiguram a materialidade do espaço público e produzem, ou reproduzem, o caráter público desse ambiente material. E quando as multidões se movem no entorno das praças, pela rua lateral ou pelo beco, pelos bairros onde as ruas ainda não são pavimentadas, então alguma coisa mais acontece.

Nesse momento, a política não se define por tomar lugar exclusivamente na esfera pública, distinta da esfera privada, mas atravessa essas linhas repetidas vezes, chamando atenção para a maneira como a política já está nas casas, nas ruas, na vizinhança ou, de

CORPOS EM ALIANÇA E A POLÍTICA DAS RUAS

fato, nos espaços virtuais que estão igualmente livres da arquitetura da casa e da praça. Então, quando pensamos sobre o que significa se unir em assembleia em uma multidão – uma multidão crescente –, e sobre o que significa se mover pelo espaço público de maneira a contestar a distinção entre o público e o privado, vemos algumas maneiras por meio das quais os corpos, na sua pluralidade, reivindicam o público, encontrando-o e produzindo-o por meio da apreensão e da reconfiguração da questão dos ambientes materiais. Ao mesmo tempo, esses ambientes materiais são parte da ação, e eles mesmos agem quando se tornam a base para a ação. Da mesma maneira, quando tanques ou caminhões se tornam inoperantes e, de repente, oradores sobem neles para se dirigir à multidão, o instrumento militar se torna uma base, ou plataforma, para uma resistência não militar, quando não para uma resistência aos próprios militares. Nesses momentos, o ambiente material é ativamente reconfigurado e refuncionalizado, para usar o termo brechtiano. E as nossas ideias sobre ação precisam então ser repensadas.

Em primeiro lugar, ninguém mobiliza uma reivindicação para se movimentar e se reunir livremente em assembleia sem se mover e se reunir em assembleia com outras pessoas. Em segundo lugar, as praças e as ruas não são apenas o suporte material para a ação, mas são, em si mesmos, parte de qualquer consideração sobre uma ação pública corporal que possamos propor. A ação humana depende de todos os tipos de apoio – ela é sempre uma ação apoiada. Sabemos, pelos estudos sobre as deficiências, que a capacidade de se mover depende de instrumentos e superfícies que tornem o movimento possível, e esse movimento corporal é apoiado e facilitado por objetos não humanos e sua capacidade particular de atuação. No caso das assembleias públicas, vemos com bastante clareza a luta sobre o que vai ser o espaço público, mas também uma luta, igualmente fundamental, sobre como os corpos vão ser suportados no mundo – uma luta por emprego e educação, por

CORPOS EM ALIANÇA E A POLÍTICA DAS RUAS

uma distribuição equitativa de alimento, por moradias habitáveis e pela liberdade de movimento e expressão, para nomear apenas algumas coisas.

É claro que isso produz um dilema. Não podemos agir sem suportes, contudo, precisamos lutar pelos suportes que nos permitem agir ou, na verdade, que são componentes essenciais da nossa ação. Foi a ideia romana de praça pública que formou o contexto para o entendimento de Hannah Arendt sobre os direitos de assembleia e de liberdade de fala, da ação e do exercício dos direitos. Hannah Arendt certamente tinha tanto a *polis* grega clássica quanto o fórum romano em mente quando afirmou que toda ação política requer o "espaço de aparecimento". Ela escreve, por exemplo, que "a *polis*, propriamente dita, não é a cidade-Estado em sua localização física; é a organização das pessoas, conforme ela surge da ação e da fala conjuntas, e o seu verdadeiro espaço está entre as pessoas que vivem juntas com esse propósito, não importa onde elas estejam".[2] O "verdadeiro" espaço está, então, "entre as pessoas", o que significa que assim como qualquer ação acontece em um lugar localizado, ela também estabelece um espaço que pertence à aliança propriamente dita. Para Arendt, essa aliança não está amarrada à sua localização. Na verdade, a aliança faz surgir essa própria localização, altamente transponível. Ela escreve: "ação e fala criam um espaço entre os participantes que podem encontrar a sua localização adequada praticamente em qualquer lugar e a qualquer tempo".[3]

Então, como podemos entender essa altamente, se não infinitamente transponível, noção de espaço político? Enquanto sustenta que a política exige o espaço de aparecimento, Arendt também afirma que o espaço faz surgir a política: "trata-se do espaço de aparecimento, no mais amplo sentido da palavra, ou seja, o espaço onde apareço para os outros e onde os outros aparecem para mim; onde o homem existe não apenas como outras coisas vivas ou inanimadas, mas assume uma aparência explícita".[4] Alguma coisa do que ela diz

CORPOS EM ALIANÇA E A POLÍTICA DAS RUAS

aqui é claramente verdadeira. O espaço e a localização são criados pela ação plural. Ainda assim, na visão dela, a ação, em sua liberdade e seu poder, tem a capacidade exclusiva de criar localização. Essa visão esquece ou nega que a ação é sempre apoiada e de que é invariavelmente corporal, até mesmo, como argumentarei, em suas formas virtuais. Os suportes materiais para a ação não são apenas parte da ação, mas são também aquilo pelo que lutamos, especialmente nos casos em que a luta política é por alimento, empregabilidade, mobilidade e acesso às instituições. Para repensar o espaço de aparecimento a fim de entender o poder e o efeito das manifestações públicas do nosso tempo, precisamos considerar mais de perto as dimensões corporais da ação, o que o corpo requer, e o que o corpo pode fazer,[5] especialmente quando devemos pensar sobre os corpos juntos em um espaço histórico que sofre uma transformação histórica em virtude de sua ação coletiva: O que os mantém unidos ali? E quais são as suas condições de persistência e de poder em relação à sua condição precária e exposição?

Gostaria de pensar sobre esse itinerário por meio do qual viajamos do espaço de aparecimento para a política contemporânea das ruas. Mesmo no momento em que digo isso, não posso esperar reunir todas as formas de manifestação que vimos, algumas das quais foram episódicas, algumas das quais fazem parte de movimentos sociais e políticos correntes e recorrentes, e algumas das quais são revolucionárias. Desejo pensar sobre o que pode congregar essas reuniões, essas manifestações públicas. Durante o inverno de 2011, elas incluíram as manifestações contra os regimes tirânicos no Norte da África e no Oriente Médio, mas também contra a precarização crescente dos trabalhadores na Europa e no Hemisfério Sul, assim como as lutas pela educação pública nos Estados Unidos e na Europa e, mais recentemente, no Chile, e as lutas para tornar as ruas seguras para mulheres e para as minorias sexuais e de gênero, incluindo as pessoas trans, cujo aparecimento público é, muitas vezes, passível de punição por meio de violência legal e ilegal. Nas assembleias públicas de pessoas trans ou *queer*, com frequência se reivindica que as ruas precisam estar a salvo dos policiais que são cúmplices da criminalidade; especialmente nas ocasiões em que a polícia apoia regimes criminosos ou quando, por exemplo, a polícia comete contra as minorias sexuais e de gênero os mesmos crimes que deveriam coibir. As manifestações são uma das poucas maneiras de superar o poder da polícia, especialmente quando essas assembleias se tornam, ao mesmo tempo, muito grandes e muito móveis, muito condensadas e muito difusas para serem contidas pelo poder policial e quando têm os recursos para se regenerar no próprio local.

Talvez esses sejam momentos anarquistas, ou passagens anarquistas, quando a legitimidade de um regime ou das suas leis é colocada em questão, mas enquanto ainda não há nenhum outro regime para ocupar o seu lugar. Esse momento de intervalo é um momento em que os corpos reunidos em assembleia articulam um novo tempo e um novo espaço para a vontade popular, não uma única vontade idêntica, nem uma vontade unitária, mas uma que se caracteriza como uma aliança de corpos distintos e adjacentes, cuja ação e cuja inação reivindicam um futuro diferente. Juntos eles exercem o poder performativo de reivindicar o público de uma maneira que ainda não foi codificada em lei e que nunca poderá ser completamente codificada em lei. E essa performatividade não é apenas a fala, mas também as reivindicações da ação corporal, do gesto, do movimento, da congregação, da persistência e da exposição à possível violência. Como entendemos essa ação conjunta que abre tempo e espaço fora e contra a arquitetura e a temporalidade estabelecidas pelo regime, uma ação que reivindica a materialidade, apoia-se nos seus suportes e recorre às suas dimensões materiais e técnicas para retrabalhar suas funções? Essas ações reconfiguram o que vai ser público e o que vai ser o espaço da política.

Questiono Hannah Arendt mesmo quando me sirvo dos seus re-

CORPOS EM ALIANÇA E A POLÍTICA DAS RUAS

cursos para esclarecer a minha própria posição. O trabalho dela apoia a minha ação aqui, mas também o recuso de certas maneiras. A visão de Arendt é embaçada pela sua própria política de gênero, uma vez que ela depende de uma distinção entre os domínios público e privado que deixa a esfera do político para os homens e o trabalho reprodutivo para as mulheres. Se existe um corpo na esfera pública, presume-se que seja masculino e que não esteja apoiado em nada, sendo, presumivelmente, livre para criar, mas sem ter sido criado. E o corpo na esfera privada é feminino, envelhecido, estrangeiro ou infantil, e sempre pré-político. Embora ela fosse uma filósofa da natalidade,[6] como sabemos por meio do importante trabalho de Adriana Cavarero, Arendt entendia essa capacidade de trazer alguma coisa à vida como uma função da fala e da ação políticas. De fato, quando os cidadãos do sexo masculino adentram a praça pública para debater questões de justiça, vingança, guerra e emancipação, eles tomam a praça iluminada naturalmente como o teatro arquitetonicamente delimitado de sua fala. E a sua fala se torna a forma paradigmática da ação, fisicamente isolada do domicílio privado, que é, por sua vez, envolto em escuridão e reproduzido por meio de atividades que não constituem propriamente ações nos sentidos próprio e público. Os homens fazem a passagem dessa escuridão privada para a luminosidade pública e, uma vez iluminados, eles falam, e a sua fala interroga sobre os princípios de justiça que articula, tornando-se uma forma de investigação crítica e de participação democrática. Para Arendt, repensando essa cena clássica na modernidade política, a fala é entendida como o exercício corporal e linguístico dos direitos. Corporal e linguístico – como vamos reconceber esses termos e seus entrelaçamentos aqui contra e para além da presunção de uma divisão de trabalho generificada?

Para Arendt, a ação política acontece na condição de aparecimento do corpo. Eu apareço para os outros e eles aparecem para mim, o que significa que algum espaço entre nós nos permite aparecer. Pode-se chegar à conclusão de que aparecemos em um espaço ou que somos apoiados pela organização material do espaço. Mas esse não é o argumento dela. A esfera de aparecimento não é simples, uma vez que parece surgir apenas na condição de um certo enfrentamento subjetivo. Não somos simplesmente fenômenos visuais uns para os outros – nossas vozes precisam ser registradas e, então, precisamos ser ouvidos; ou melhor, quem somos, corporalmente, já é uma maneira de ser "para" o outro, aparecendo de formas diversas, que não podemos ver nem ouvir; isto é, nos tornamos disponíveis, corporalmente, para um outro cujas perspectivas não podemos antecipar nem controlar completamente. Dessa maneira, eu sou, como um corpo, e não apenas para mim mesma, e nem mesmo primariamente para mim mesma, mas eu me encontro, se me encontrar de todo, constituída e desalojada pela perspectiva dos outros. Então, para a ação política, devo aparecer diante dos outros de modos que não posso conhecer, e, desse modo, meu corpo é estabelecido por perspectivas que não posso viver, mas que, certamente, vivem em mim. Esse é um ponto importante porque não se trata do caso de o corpo estabelecer apenas a minha própria perspectiva, ele é também o que desloca essa perspectiva e transforma esse deslocamento em uma necessidade. Isso acontece mais claramente quando pensamos sobre corpos que agem juntos. Nenhum corpo estabelece o espaço de aparecimento, mas essa ação, esse exercício performativo, acontece apenas "entre" corpos, em um espaço que constitui o hiato entre o meu próprio corpo e o do outro. Na realidade, a ação emerge do "entre", uma figura espacial para uma relação que tanto vincula quanto diferencia.

É ao mesmo tempo interessante e problemático que, para Arendt, o espaço de aparecimento não seja apenas um dado adquirido pela arquitetura: "o espaço do aparecimento surge", ela escreve, "sempre que os homens se reúnem na modalidade da fala e da ação, e, portanto, precede toda e qualquer constituição formal do domínio

CORPOS EM ALIANÇA E A POLÍTICA DAS RUAS

público e as várias formas de governo, isto é, as várias formas possíveis de organizar o domínio público".[7] Em outras palavras, esse espaço de aparecimento não é um local que pode ser separado da ação plural que leva a ele; não está fora da ação que o invoca e o constitui. Ainda assim, se aceitarmos essa visão, temos que entender como a pluralidade que age é constituída. Como uma pluralidade se forma, e quais são os suportes materiais necessários para essa formação? Quem entra nessa pluralidade, e quem não entra, e como essas questões são decididas?

Como descrevemos a ação e o estatuto dos seres desagregados do plural? Que linguagem política temos reservada para descrever essa exclusão e as formas de resistência que revelam a esfera de aparecimento conforme ela é atualmente delimitada? Aqueles que vivem fora da esfera de aparecimento são os "dados" destituídos de vida da vida política? Eles são a vida genuína ou a vida nua? Devemos dizer que aqueles que são excluídos são simplesmente irreais, que estão desaparecidos ou que não têm existência – que devem ser abandonados, teoricamente, como os socialmente mortos e os meramente espectrais? Se fazemos isso, não apenas adotamos a posição de um regime específico de aparecimento, mas ratificamos essa perspectiva, mesmo que o nosso desejo seja colocá-la em xeque. Essas formulações descrevem o estado de ter se tornado desamparado por meio de arranjos políticos existentes ou esse desamparo é involuntariamente ratificado por uma teoria que adota a perspectiva dos que regulam e policiam a esfera do aparecimento?

O que está em jogo é a questão sobre se os desamparados estão fora da política e do poder ou se, na verdade, estão vivendo uma forma específica de desamparo político junto com formas específicas de ação e resistência política que expõem o policiamento das fronteiras da esfera do aparecimento em si. Se afirmamos que os desamparados estão fora da esfera da política – reduzidos a formas de ser despolitizadas – então aceitamos implicitamente como cer-

CORPOS EM ALIANÇA E A POLÍTICA DAS RUAS

tas as maneiras dominantes de estabelecer os limites do político. De algumas formas, isso deriva da posição de Arendt que adota o ponto de vista interno da *polis* grega a respeito do que a política deveria ser, quem deveria ter acesso à praça pública e quem deveria permanecer na esfera privada. Essa visão ignora e desvaloriza formas de ação política que emergem precisamente nesses domínios considerados pré-políticos ou extrapolíticos e que irrompem na esfera do aparecimento vindo do lado de fora, como o lado de fora dela, confundindo a distinção entre dentro e fora. Pois em momentos revolucionários ou insurrecionais, não temos mais certeza sobre o que opera como o espaço político, assim como muitas vezes não temos certeza sobre em que tempo estamos vivendo exatamente, uma vez que os regimes estabelecidos de espaço e tempo são subvertidos de diferentes maneiras, que expõem a sua violência e os seus limites contingentes. Vemos isso, como mencionado anteriormente, quando trabalhadores sem documentos se reúnem na cidade de Los Angeles para reivindicar os seus direitos de se reunir em assembleia e de ter cidadania sem serem cidadãos, sem ter nenhum direito legal de fazê-lo. O seu trabalho deve permanecer necessário e longe das vistas, então quando esses corpos trabalhadores surgem nas ruas, agindo como cidadãos, eles fazem uma reivindicação mimética por cidadania que altera não apenas como eles aparecem, mas como a esfera do aparecimento funciona. Na realidade, a esfera do aparecimento é tanto mobilizada quanto incapacitada quando uma classe trabalhadora e explorada surge nas ruas para se anunciar e expressar a sua oposição a constituir a condição não vista do que aparece como político.

O impulso para o conceito de Giorgio Agamben de "vida nua"[8] deriva dessa concepção de *polis* na filosofia política de Hannah Arendt e, como eu sugeriria, corre o risco de incorrer no mesmo problema: se buscarmos dar conta da exclusão propriamente dita como um problema político, como uma parte da própria política,

CORPOS EM ALIANÇA E A POLÍTICA DAS RUAS

então não será possível dizer que, uma vez excluídos, esses seres perdem aparência ou "realidade" em termos políticos, que eles não têm posição social ou política ou foram expulsos e reduzidos a meros seres (formas de "ser dado" excluídas da esfera da ação). Nada tão metafisicamente extravagante tem que acontecer se concordarmos que uma razão pela qual a esfera do político não pode ser definida pela concepção clássica da *polis* é que desse modo ficamos privados de ter e usar uma linguagem para essas formas de atuação e resistência empreendidas pelos desamparados. Aqueles que se encontram em posição de exposição radical à violência, sem as proteções políticas básicas na forma da lei, não estão por essa razão fora da política ou privados de todas as formas de atuação. É claro que precisamos de uma linguagem para descrever esse estatuto de exposição inaceitável, mas temos que ser cuidadosos para que a linguagem que utilizarmos não destitua ainda mais essas populações de todas as formas de ação e resistência, todas as maneiras de se importar uns com os outros ou de estabelecer redes de suporte.

Embora Agamben recorra a Foucault para articular uma concepção do biopolítico, a tese de uma "vida nua" permanece intocada por essa concepção. O resultado é que não podemos descrever dentro desse vocabulário os modos de atuação e de ação empreendidos pelos apátridas, pelos que participam de ocupações e pelos privados de direitos, uma vez que mesmo a vida destituída de direitos ainda está dentro da esfera do político e, portanto, não está reduzida à mera existência, mas está, com frequência, enraivecida, indignada, revoltada e opondo resistência. Estar do lado de fora de estruturas políticas legítimas e estabelecidas é ainda estar saturado nas relações de poder, e essa saturação é o ponto de partida para uma teoria do político que inclui formas dominantes e subjugadas, modos de inclusão e de legitimação, bem como modos de deslegitimação e de supressão.

Por sorte, penso que Arendt não seguiu de maneira consistente

CORPOS EM ALIANÇA E A POLÍTICA DAS RUAS

esse modelo de *A condição humana*, motivo pelo qual, por exemplo, no início da década de 1960, ela se voltou mais uma vez para o destino dos refugiados e dos apátridas, e acabou afirmando de um modo novo o direito de ter direitos.[9] O direito de ter direitos não depende de nenhuma organização política particular para a sua legitimação. Como o espaço de aparecimento, o direito a ter direitos antecede e precede qualquer instituição política que possa codificar ou buscar garantir esse direito. Ao mesmo tempo, ele não deriva de nenhum conjunto de leis naturais. O direito passa a existir quando é exercido, e exercido por aqueles que agem unidos em aliança. Aqueles que estão excluídos dos regimes existentes, que não pertencem a um Estado nacional ou a outra forma contemporânea de Estado, só podem ser considerados "irreais" pelos que buscam monopolizar os termos da realidade. Ainda assim, mesmo depois que a esfera pública foi definida por meio da sua exclusão, eles agem. Se eles são relegados à precariedade ou deixados para morrer pela negligência sistemática, a ação concertada ainda emerge da sua ação conjunta. E isso é o que vemos, por exemplo, quando trabalhadores sem documentos se juntam nas ruas sem ter o direito legal de fazê-lo; quando ocupantes reivindicam prédios na Argentina como uma maneira de exercer o direito a uma moradia habitável; quando populações reclamam para si uma praça pública que pertenceu aos militares; quando refugiados participam de revoltas coletivas por habitação, alimento e direito a asilo; quando populações se unem, sem a proteção da lei e sem permissão para se manifestar, com o objetivo de derrubar um regime legal injusto ou criminoso, ou para protestar contra medidas de austeridade que destroem a possibilidade de emprego e de educação para muitos. Ou quando aqueles cujo aparecimento público é criminoso – pessoas transgênero na Turquia ou mulheres que usam o véu na França – aparecem para contestar esse estatuto criminoso e reafirmar o seu direito de aparecer.

A lei francesa que proíbe a exibição "ostensiva" da religiosidade

CORPOS EM ALIANÇA E A POLÍTICA DAS RUAS

em público, assim como o encobrimento da face, busca estabelecer uma esfera pública na qual a vestimenta continue a ser um significante do secularismo e a exposição da face se torne uma norma pública. A proibição contra o velamento da face serve a uma determinada versão do direito de aparecer, entendido como o direito das mulheres de aparecerem sem véu. Ao mesmo tempo, nega o direito de aparecer a um grupo de mulheres, exigindo que elas descumpram as normas religiosas em favor das normas públicas. Esse ato de desfiliação religiosa exigido se torna obrigatório quando a esfera pública é entendida como uma esfera que subjuga ou nega formas religiosas de pertencimento. A ideia, preponderante no debate francês, de que as mulheres que usam o véu não podem fazê-lo com base em nenhuma noção de escolha, opera, no debate, no sentido de velar, por assim dizer, os atos flagrantes de discriminação contra as minorias religiosas que a lei decreta. Pois uma escolha claramente feita entre aquelas que usam o véu é a de não compactuar com essas formas de desfiliação compulsória que condicionam a entrada na esfera pública. Aqui, como em outros lugares, a esfera do aparecimento é altamente regulada. Que essas mulheres devam se vestir de uma maneira e não de outra constitui uma política de indumentária da esfera pública, mas o mesmo se dá com o "desvelamento" compulsório, que é um sinal de pertencimento em primeiro lugar à esfera pública e apenas de forma secundária, ou privada, à comunidade religiosa. Isso é especialmente pronunciado em relação às mulheres muçulmanas cujas afiliações a várias versões dos domínios público, secular e religioso podem muito bem ser limítrofes ou se sobrepor. E isso mostra, com bastante clareza, que o que é chamado de "a esfera pública" nesses casos é construído por meio de exclusões constitutivas e formas compulsórias de negação. Paradoxalmente, o ato de se submeter a uma lei que exige a retirada do véu é o modo pelo qual uma "liberdade de aparecer" altamente comprometida, e até mesmo violenta, é estabelecida.

De fato, nas manifestações públicas que frequentemente se seguem aos atos públicos de luto – como aconteceu muitas vezes na Síria antes de metade da sua população se tornar refugiada, onde multidões de enlutados se transformaram em alvos da destruição militar –, podemos ver como o espaço público existente é tomado por aqueles que não têm nenhum direito existente de se reunir nele, indivíduos que emergem das zonas de desaparecimento para se transformar em corpos expostos à violência e à morte enquanto se reúnem e persistem como fazem. Na realidade, eles têm o direito de se reunir, livres da intimidação e das ameaças de violência, direito que é sistematicamente atacado pela polícia, pelo exército, por gangues contratadas ou por mercenários. Atacar esses corpos é atacar o próprio direito, uma vez que quando esses corpos aparecem e agem, eles estão exercendo um direito que está fora do regime, contra ele e em face dele.

Embora os corpos na rua estejam vocalizando a sua oposição à legitimidade do Estado, eles também estão, por ocuparem esse espaço e persistirem nele sem proteção, colocando o seu desafio em termos corporais, o que significa que quando o corpo "fala" politicamente não é apenas na linguagem vocal ou escrita. A persistência do corpo na sua exposição coloca essa legitimidade em questão, e o faz precisamente por meio de uma performatividade específica do corpo.[10] Tanto a ação quanto o gesto significam e falam, tanto como ação quanto como reivindicação; um não pode ser finalmente separado do outro. Onde a legitimidade do Estado é colocada em questão precisamente por essa maneira de aparecer em público, o próprio corpo exerce um direito que não é um direito. Em outras palavras, ele exerce um direito que está sendo ativamente contestado e destruído pela força militar e que, na sua resistência a essa força, articula a sua maneira de viver, mostrando tanto a sua precariedade quanto o seu direito de persistir. Esse direito não está codificado em lugar nenhum. Ele não é garantido de outro lugar ou por uma lei

CORPOS EM ALIANÇA E A POLÍTICA DAS RUAS

existente, mesmo que algumas vezes encontre suporte precisamente aí. Trata-se, na verdade, do direito de ter direitos, não como uma lei natural ou estipulação metafísica, mas como a persistência do corpo contra as forças que buscam a sua debilitação ou erradicação. Essa persistência exige que se invada o regime de espaço estabelecido com um conjunto de suportes materiais que sejam tanto mobilizados quanto mobilizadores.

Apenas para ser clara: não estou me referindo a um vitalismo ou a um direito à vida como tal. Na verdade, estou sugerindo que as reivindicações políticas são feitas pelos corpos quando eles aparecem e agem, quando recusam e persistem, em condições nas quais esse fato por si só ameaça o Estado com a deslegitimação. Da mesma maneira que os corpos estão expostos aos poderes políticos, eles também respondem a essa exposição, exceto nos casos em que as próprias condições para a capacidade de resposta foram dizimadas. Ainda que eu não duvide de maneira nenhuma de que seja possível assassinar a capacidade de resposta em outra pessoa, eu alertaria sobre tomar a figura da dizimação completa como uma maneira de descrever a luta dos desamparados. Ainda que sempre seja possível desviar para a outra direção, afirmando que onde existe poder existe resistência, seria um erro recusar a possibilidade de que o poder nem sempre trabalhe de acordo com os seus objetivos, e que formas viscerais de rejeição irrompem em formas coletivas consequentes. Nesses exemplos, os corpos são eles mesmos vetores de poder por meio dos quais o direcionamento da força pode ser revertido. Eles são interpretações corporificadas, engajadas em uma ação aliada, para combater a força com outro tipo e outra qualidade de força. Por um lado, esses corpos são produtivos e performativos. Por outro, eles só podem persistir e agir quando estão apoiados, pelos ambientes, pela nutrição, pelo trabalho, por modos de sociabilidade e de pertencimento. E quando esses apoios desmoronam e são expostos à precariedade, eles são mobilizados de outra maneira, apro-

CORPOS EM ALIANÇA E A POLÍTICA DAS RUAS

veitando os suportes que existem para afirmar que não pode haver vida corporificada sem suporte social e institucional, sem empregos permanentes, sem redes de interdependência e cuidado, sem direitos coletivos a abrigo e mobilidade. Eles não apenas lutam pela ideia de apoio social e emancipação política, mas a sua luta constituiu a sua própria forma social. Assim, nos exemplos mais ideais, uma aliança começa a representar a ordem social que busca fazer surgir ao estabelecer seus próprios modos de sociabilidade. Ainda assim, essa aliança não pode ser reduzida a uma coleção de indivíduos, e não são, estritamente falando, os indivíduos que agem. Além disso, a ação em aliança acontece precisamente entre aqueles que participam, e esse não é um espaço vazio ou ideal. Esse intervalo é o espaço de sociabilidade e de apoio, de ser constituído em uma sociabilidade que nunca pode ser reduzida à perspectiva de alguém nem à dependência em relação às estruturas sem as quais não existe vida durável ou possível de ser vivida.

Muitas das manifestações maciças e dos modos de resistência que vimos nos últimos meses não se limitam a produzir um espaço de aparecimento. Eles se apoderam de um espaço já estabelecido permeado pelo poder existente, buscando romper com as relações entre o espaço público, a praça pública e o regime existente. Assim, os limites do político são expostos e a ligação entre o teatro da legitimidade e o espaço público é rompida. Esse teatro não é mais abrigado no espaço público de forma não problemática, uma vez que agora o espaço público acontece no meio de outra ação, uma ação que tira o poder afirmador do lugar da legitimidade precisamente ao assumir o controle do campo dos seus efeitos. Colocando de forma simples, os corpos nas ruas transferem o espaço de aparecimento a fim de contestar e negar as formas existentes de legitimidade política – e assim como algumas vezes preenchem ou assumem o controle do espaço público, a história material dessas estruturas também atua sobre elas, tornando-se parte da sua ação, refazendo uma história

CORPOS EM ALIANÇA E A POLÍTICA DAS RUAS

no meio dos seus mais concretos e sedimentados artifícios. Trata-se de atores subjugados e empoderados que buscam tirar a legitimidade de um aparato estatal existente que depende da regulação do espaço público de aparecimento para a sua autoconstituição teatral. Ao tirar esse poder, um novo espaço é criado, um novo "entre" corpos, por assim dizer, que reivindica o espaço existente por meio da ação de uma nova aliança, e esses corpos são tomados e animados por esses espaços existentes nos próprios atos por meio dos quais reivindicam e reconstituem seus significados.

Uma luta como essa intervém na organização espacial do poder, que inclui a alocação e a restrição de localizações espaciais nas quais – e por meio das quais – qualquer população pode aparecer, o que implica uma regulação espacial de quando e como a "vontade popular" pode aparecer. Essa visão da restrição e da alocação espacial de quem pode aparecer – na realidade, de quem pode se tornar um objeto de aparecimento – sugere uma operação de poder que opera tanto por meio de embargos e de alocações diferenciadas.

O que significa, então, aparecer na política contemporânea? E podemos considerar essa questão de alguma forma sem recorrer à mídia? Quando fazemos uma consideração sobre o que é aparecer, concluímos que aparecemos para alguém e que o nosso aparecimento tem que ser registrado pelos sentidos, não apenas os nossos, mas os de alguém mais. Se aparecemos, devemos ser vistos, o que significa que nosso corpo deve ser enxergado, e seu som vocalizado deve ser ouvido: o corpo deve entrar no campo visual e audível. Mas este não é, necessariamente, um corpo que trabalha e um corpo sexual, assim como um corpo generificado e racializado de alguma forma? A visão de Arendt claramente encontra seus limites aqui, porque o próprio corpo é dividido entre um que aparece publicamente para falar e agir e outro, sexual, pulsante, feminino, estrangeiro e mudo, que geralmente é relegado à esfera do privado e do pré-político. Essa divisão de trabalho é precisamente que se questiona quando as vidas

CORPOS EM ALIANÇA E A POLÍTICA DAS RUAS

precárias se reúnem nas ruas na forma de alianças que precisam lutar para alcançar um espaço de aparecimento. Quando algum domínio da vida corporal opera como a condição sequestrada ou repudiada para a esfera do aparecimento, ele se torna a ausência estruturante que governa e torna possível a esfera pública.

Se somos organismos vivos que falam e agem, então estamos claramente relacionados com um vasto contínuo ou rede de seres vivos; não apenas vivemos entre eles, mas a nossa persistência enquanto organismos vivos depende dessa matriz de relações interdependentes sustentáveis. Entretanto, a nossa fala e a nossa ação nos distinguem como alguma coisa apartada dos outros seres vivos. De fato, não precisamos saber o que é distintivamente humano sobre a ação política, mas apenas finalmente ver como a entrada do corpo repudiado na esfera pública estabelece, ao mesmo tempo, a ligação entre os humanos e os outros seres vivos. O corpo privado condiciona, assim, o corpo público, não apenas em teorias como a de Arendt, mas também em organizações políticas do espaço que continuam de muitas formas (e que são, em algum sentido, naturalizadas em sua teoria). E apesar de o corpo público e o corpo privado não serem completamente distintos (corpos privados algumas vezes "se mostram" em público, e cada corpo exposto publicamente tem os seus momentos privados), a bifurcação é crucial para manter a distinção entre o público e o privado e os seus modos de repúdio e de privação de direitos.

Talvez seja um tipo de fantasia que uma dimensão da vida corporal possa e deva permanecer longe da vista ao mesmo tempo que outra, completamente distinta, aparece em público. Não existe nenhum traço do biológico na esfera do aparecimento? Não poderíamos argumentar, com Bruno Latour e Isabelle Stengers, que negociar a esfera de aparecimento é, na verdade, uma coisa biológica a se fazer, uma das capacidades investigativas do organismo? Afinal de contas, não existe maneira de navegar por um ambiente ou conseguir co-

CORPOS EM ALIANÇA E A POLÍTICA DAS RUAS

mida sem aparecer corporalmente no mundo, e não há como escapar da vulnerabilidade e da mobilidade que aparecer no mundo implica, o que explica as formas de camuflagem e autoproteção no mundo animal. Em outras palavras, o aparecimento não é um momento necessariamente morfológico quando o corpo se arrisca a aparecer não apenas para falar e para agir, mas também para sofrer e comover, para engajar outros corpos, para negociar um ambiente do qual se depende, para estabelecer uma organização social com o objetivo de satisfazer as necessidades? Na verdade, o corpo pode aparecer e significar de maneiras que contestam a maneira como ele fala ou mesmo contestam a fala como seu exemplo paradigmático. Será que ainda poderíamos entender a ação, o gesto, a permanência, o toque e a movimentação em conjunto caso fossem redutíveis à vocalização do pensamento por meio da fala?

Esse ato de falar em público, mesmo dentro dessa problemática divisão de trabalho, depende de uma dimensão de vida corporal que é dada, passiva, opaca e, portanto, excluída da definição convencional do político. Consequentemente, podemos perguntar: Que regulação impede que o corpo dado ou passivo invada o corpo ativo? Trata-se de corpos diferentes? Em caso afirmativo, qual política é necessária para mantê-los separados? Trata-se de duas dimensões diferentes do mesmo corpo, ou, na verdade, do efeito de uma determinada regulação do aparecimento corporal que é ativamente contestada pelos novos movimentos sociais, pelas lutas contra a violência sexual, pela liberdade reprodutiva, contra a precariedade, pela liberdade de mobilidade? Aqui podemos ver que uma certa regulação topográfica ou mesmo arquitetônica do corpo acontece no nível da teoria. De maneira significativa, é precisamente essa operação de poder – o embargo e a alocação diferencial sobre se e como o corpo pode aparecer – que é excluída da consideração explícita de Arendt sobre o político. Na verdade, sua consideração explícita sobre o político depende da própria operação de poder que deixa de considerar como parte da política.

CORPOS EM ALIANÇA E A POLÍTICA DAS RUAS

Então, o que aceito de Arendt é o seguinte: A liberdade não vem de mim ou de você. Ela pode acontecer, e acontece, como uma relação entre nós ou, na verdade, misturada conosco. Então, a questão não é encontrar a dignidade humana em cada pessoa, mas sim entender o humano como um ser relacional e social, um ser cuja ação depende da igualdade e um ser que articula o princípio da igualdade. Na verdade, não existe humano, na visão dela, se não existe igualdade. Nenhum humano pode ser humano sozinho. E nenhum humano pode ser humano sem agir junto com outros e em condições de igualdade. Eu acrescentaria o seguinte: A reivindicação da igualdade não é apenas falada ou escrita, mas é feita precisamente quando os corpos aparecem juntos, ou melhor, quando por meio da sua ação eles fazem o espaço de aparecimento surgir. Esse espaço é uma parte essencial e um efeito da ação e opera, de acordo com Arendt, apenas quando as relações de igualdade são mantidas.

É claro que há muitas razões para suspeitar dos momentos idealizados, mas também há razões para desconfiar de qualquer análise que evite completamente a idealização. Há dois aspectos das manifestações revolucionárias na Praça Tahrir que gostaria de destacar. O primeiro tem a ver com a maneira como certa sociabilidade foi estabelecida dentro da praça, uma divisão de trabalho que derrubou a diferença de gênero, que envolveu um rodízio de quem iria falar e quem iria limpar as áreas onde as pessoas dormiam e comiam, desenvolvendo um planejamento de trabalho para que todos mantivessem o ambiente e limpassem os banheiros. Em resumo, o que alguns chamariam de "relações horizontais" entre os manifestantes se formou de maneira fácil e metódica, alianças lutando para incorporar a igualdade, o que incluiu uma divisão igualitária de trabalho entre os sexos – que se tornou parte da própria resistência ao regime de Mubarak e às suas hierarquias arraigadas, incluindo a diferença notável de riqueza entre militares e patrocinadores corporativos do

CORPOS EM ALIANÇA E A POLÍTICA DAS RUAS

regime e a classe trabalhadora. Assim a forma social da resistência começou a incorporar princípios de igualdade que governavam não apenas como e quando as pessoas falavam e agiam para a mídia e contra o regime, mas como as pessoas cuidavam dos seus vários alojamentos na praça, as camas no calçamento, os postos médicos e os banheiros improvisados, os lugares onde as pessoas comiam, e os lugares onde estavam expostas à violência que vinha de fora. Não estamos falando apenas de ações heroicas que exigiram uma enorme força física e o exercício de uma retórica política atraente. Algumas vezes, o simples ato de dormir ali, na praça, foi a mais eloquente declaração política – e deve até mesmo contar como uma ação. Essas ações foram todas políticas no sentido simples de estarem derrubando uma distinção convencional entre o público e o privado a fim de estabelecer novas relações de igualdade. Nesse sentido, elas estavam incorporando à própria forma social de resistência os princípios que estavam lutando para realizar dentro de formas políticas mais amplas.

Em segundo lugar, diante de ataques violentos ou ameaças extremas, muitas pessoas, durante a primeira revolução egípcia de 2009, entoaram a palavra *silmiyya*, que vem do verbo raiz *salima*, que significa "estar são e salvo", "ileso", "intacto" e "seguro"; mas também "ser irrepreensível", "inocente", "sem faltas"; e ainda "estar certo", "estabelecido", "claramente provado".[11] O termo vem do substantivo *silm*, que significa "paz" e também, de modo intercambiável e significativo, "a religião do Islã". Uma variação do termo é *hubb as-silm*, que significa "pacifismo" em árabe. De maneira geral, a entoação da *silmiyya* soa como uma exortação suave: "pacífica, pacífica". Embora a revolução tenha sido, em sua maior parte, não violenta, ela não foi necessariamente conduzida por um princípio de oposição à violência. Na verdade, a entoação coletiva era uma maneira de encorajar as pessoas a resistir à atração mimética da agressão militar – e da agressão das gangues – ao manter em mente o

CORPOS EM ALIANÇA E A POLÍTICA DAS RUAS

objetivo maior: uma mudança democrática radical. Ser varrido para uma mudança violenta do momento era perder a paciência necessária para realizar a revolução. O que me interessa aqui é a entoação, a maneira como a linguagem trabalhou não para incitar uma ação, mas para conter uma ação: uma contenção em nome de uma comunidade emergente de iguais cuja maneira primária de fazer política não seria a violência.

Está claro que todas as assembleias e manifestações que produziram uma mudança de regime no Egito contaram com a mídia para produzir um sentido de praça pública e do espaço de aparecimento. Qualquer exemplo provisório da "praça pública" é localizado e transponível: na verdade, parecia ser transponível desde o início, embora nunca completamente. E é claro que não podemos pensar na transponibilidade desses corpos na praça sem a mídia. De algumas maneiras, as imagens da mídia na Tunísia prepararam o caminho para os eventos iniciais da mídia na Tahrir e em seguida dos que aconteceram no Iêmen, no Bahrein, na Síria e na Líbia, todos os quais tomaram, e ainda tomam, trajetórias diferentes. Muitas das manifestações públicas dos últimos anos não foram direcionadas contra ditaduras militares ou regimes tirânicos, e muitas delas produziram novas formações de Estado ou condições de guerra que certamente são tão problemáticas quanto as que substituíram. Mas em algumas das manifestações que se seguiram a esses levantes, especialmente aquelas que tinham como alvo formas de precariedade induzida, os participantes se opuseram de maneira explícita ao capitalismo monopolista, ao neoliberalismo e à supressão dos direitos políticos, e o fizeram em nome daqueles que são abandonados por reformas neoliberais cujo objetivo é desmantelar as formas da social-democracia e do socialismo, erradicar empregos, expor populações à pobreza e minar os direitos básicos à educação e à habitação públicas.

As cenas das ruas se tornam politicamente potentes apenas quando – e se – temos uma versão visual e audível da cena comunicada ao vivo ou em tempo imediato, de modo que a mídia não apenas reporta a cena, mas é parte da cena e da ação; na verdade, a mídia é a cena ou o espaço em suas dimensões visuais e audíveis estendidas e replicáveis. Uma maneira de dizer isso é simplesmente que a mídia estende a cena visual e audivelmente, participando da sua delimitação e transponibilidade. Colocando de forma diferente, a mídia constitui a cena em um tempo e em um lugar que incluem e excedem a sua instanciação local. Apesar de a cena ser segura e enfaticamente local, aqueles que estão em outro lugar têm a sensação de que estão obtendo algum acesso direto por meio das imagens e dos sons que recebem. Isso é verdade, mas eles não sabem como a edição acontece, qual cena comunica e é transmitida e quais cenas permanecem inexoravelmente fora do enquadramento. Quando a cena é transmitida, está ao mesmo tempo lá e aqui, e se não estivesse abrangendo ambas as localizações – na verdade, múltiplas localizações – não seria a cena que é. A sua localidade não é negada pelo fato de que a cena é comunicada para além de si mesma e assim constituída em mídia global; ela depende dessa mediação para acontecer como o evento que é. Isso significa que o local tem que ser reformulado para fora de si mesmo a fim de ser estabelecido como local, o que significa que é apenas por meio da mídia globalizante que o local pode ser estabelecido e que alguma coisa pode realmente acontecer ali. É claro que muitas coisas acontecem fora do enquadramento da câmera ou de outros dispositivos de mídia digital, e que a mídia pode implantar a censura tão facilmente quanto se opõe a ela. Há muitos eventos locais nunca registrados ou transmitidos, e algumas importantes razões que explicam o porquê. Mas quando o evento viaja e consegue convocar e sustentar indignação e pressão globais, o que inclui o poder de parar mercados ou de romper relações diplomáticas, então o local terá que ser estabelecido, repetidas vezes, em um circuito que o ultrapassa a cada instante.

CORPOS EM ALIANÇA E A POLÍTICA DAS RUAS

Ainda assim, resta algo localizado que não pode ser e não é transportado dessa maneira; e a cena não poderia ser a cena se não entendêssemos que algumas pessoas estão em risco, e que quem corre risco são precisamente esses corpos na rua. Se eles são transportados de alguma maneira, certamente são deixados no lugar de outra, segurando a câmera ou o telefone celular, cara a cara com aqueles a quem se opõem, desprotegidos, expostos a lesões, lesionados, persistentes, quando não insurgentes. Importa que esses corpos carreguem telefones celulares, transmitindo mensagens e imagens, e então, quando são atacados, isso acontece com frequência devido a algo relacionado com a câmera ou com o gravador de vídeo. Pode ser um esforço destruir a câmera e o seu usuário, ou pode ser um espetáculo para a mídia, produzido como um aviso ou uma ameaça. Ou pode ser uma maneira de impedir qualquer organização além. A ação do corpo é separável de sua tecnologia? E a tecnologia não está ajudando a estabelecer novas formas de ação política? E quando a censura ou a violência são dirigidas contra esses corpos, também não estão sendo dirigidas também ao seu acesso a mídias, a fim de estabelecer um controle hegemônico sobre quais imagens são transmitidas e quais não são?

É claro que a mídia dominante é controlada por grandes corporações, que exercitam os seus próprios tipos de censura e incitamento. No entanto, ainda parece importante assegurar que a liberdade dos meios de comunicação para transmitir a partir destes locais é por si só um exercício de liberdade e, portanto, um modo de exercer direitos, especialmente quando se trata de uma mídia independente, das ruas, que foge do censor, em que a ativação do instrumento é parte da ação corporificada em si. Foi por isso, sem dúvida, que tanto Hosni Mubarak quanto David Cameron, com oito meses de intervalo, defenderam a censura das redes de mídias sociais. Pelo menos em alguns casos, os meios de comunicação não apenas informam sobre movimentos sociais e políticos que estão reivindicando

CORPOS EM ALIANÇA E A POLÍTICA DAS RUAS

liberdade e justiça de diversas maneiras; os meios de comunicação também estão exercendo uma dessas liberdades pelas quais os movimentos sociais lutam. Não quero sugerir com esta afirmação que toda a mídia esteja envolvida na luta pela liberdade política e pela justiça social (nós sabemos, obviamente, que não é assim). É claro que importa qual mídia global faz a reportagem, e como. Meu argumento é que algumas vezes dispositivos de mídia privada se tornam globais precisamente no momento em que superam modos de censura para relatar os protestos, tornando-se, dessa maneira, parte do próprio protesto.

O que os corpos estão fazendo nas ruas quando estão se manifestando está fundamentalmente ligado ao que os dispositivos e as tecnologias de comunicação estão fazendo ao "relatar" o que está acontecendo nas ruas. São ações diferentes, mas ambas exigem o corpo. Um exercício de liberdade está ligado ao outro, o que significa que ambos são maneiras de exercer direitos e que, em conjunto, fazem surgir um espaço de aparecimento, assegurando a sua transponibilidade. Embora alguns possam apostar que o exercício dos direitos agora se dá à custa dos corpos na rua, afirmando que o Twitter e outras tecnologias virtuais levaram a uma desincorporação da esfera pública, eu discordaria em parte. Temos que pensar sobre a importância da mídia que é "portátil" ou dos telefones celulares que são "erguidos", produzindo uma espécie de contravigilância da ação militar e policial. A mídia precisa desses corpos na rua para ter um evento precisamente quando esses corpos na rua precisam da mídia para existir em uma arena global. Mas em condições nas quais aqueles que têm câmeras ou acesso à internet são presos, torturados ou deportados, o uso da tecnologia implica efetivamente o corpo. Não apenas a mão de alguém deve teclar e enviar, mas o corpo de alguém passa a estar em risco quando essa mensagem e esse envio são rastreados. Em outras palavras, a localização dificilmente é superada pelo uso da mídia que tem a capacidade de transmitir glo-

CORPOS EM ALIANÇA E A POLÍTICA DAS RUAS

balmente. E se essa combinação de rua e mídia constitui uma versão muito contemporânea da esfera pública, então corpos que estão em risco devem ser pensados como estando tanto lá quanto aqui, agora e depois, transportados e estacionários, com consequências políticas muito diferentes se seguindo a essas duas modalidades de espaço e tempo.

Importa quando as praças públicas estão cheias até o limite, quando as pessoas comem e dormem ali, cantam e se recusam a abandonar aquele espaço, como vimos nas primeiras reuniões na Praça Tahrir e continuamos a ver em outras partes do mundo. Importa, do mesmo modo, que os prédios ocupados em Atenas, Londres e Berkeley tenham sido os da educação pública. No campus de Berkeley, prédios foram ocupados, e houve sanções legais em resposta. Em alguns casos, os estudantes foram acusados de destruir propriedade privada. Mas essas alegações levantaram a questão sobre se a universidade é pública ou privada. O objetivo declarado do protesto – para que os estudantes ocupassem o prédio e ficassem presos ali – era uma forma de ganhar uma plataforma, na verdade, uma forma de garantir as condições materiais para aparecer em público. Essas ações em geral não ocorrem quando plataformas eficazes já estão disponíveis. Os estudantes de lá, e mais recentemente também do Reino Unido, ocuparam prédios como uma forma de reivindicar prédios que por direito, agora e no futuro, deveriam pertencer à educação pública. Isso não significa que todas as vezes que esses prédios são ocupados se justifiquem, mas vamos prestar atenção ao que está em jogo aqui: o significado simbólico de ocupar esses prédios é que eles pertencem ao público, à educação pública, e é precisamente o acesso à educação pública que está sendo minado pelo aumento das taxas e anuidades e pelos cortes no orçamento. Não deveríamos nos surpreender que os protestos tenham tomado a forma de ocupação dos prédios, rei-

CORPOS EM ALIANÇA E A POLÍTICA DAS RUAS

vindicando performativamente a educação pública, insistindo no acesso literal aos prédios da educação pública precisamente no momento histórico em que esse acesso vem sendo minado. Em outras palavras, nenhuma lei positiva justifica essas ações que se opõem à institucionalização de formas injustas ou excludentes de poder. Podemos dizer então que essas ações são, não obstante, o exercício de um direito, um exercício sem lei que ocorre precisamente quando a lei está errada ou quando a lei falhou?

O corpo nas ruas persiste, mas também busca encontrar as condições de sua própria preservação. Invariavelmente, essas condições são sociais e exigem uma reorganização radical da vida social para aqueles que experimentam sua existência em perigo. Se estamos pensando bem, e nosso pensamento nos compromete com a preservação da vida de alguma forma, então a vida a ser preservada toma uma forma corporal. Por sua vez, isso significa que a vida do corpo – sua fome, sua necessidade de abrigo e proteção contra a violência – se torna uma importante questão de política. Mesmo os aspectos mais determinados ou não escolhidos da nossa vida não são simplesmente determinados. Eles são determinados na história e na linguagem, por meio de vetores de poder que nenhum de nós escolheu. Do mesmo modo é verdadeiro que uma determinada propriedade do corpo ou um conjunto de características definidoras dependem da persistência contínua do corpo. As categorias sociais que nunca escolhemos atravessam esse corpo determinado de algumas maneiras mais do que de outras, e o gênero, por exemplo, nomeia esse atravessamento, bem como as suas transformações. Nesse sentido, as dimensões mais urgentes e em grande parte involuntárias da nossa vida, que incluem a fome e a necessidade de abrigo, cuidados médicos e proteção contra a violência, tanto a natural quanto a humana, são cruciais para a política. Não podemos presumir o espaço fechado e bem alimentado da *polis*, onde todas as necessidades materiais estão sendo de alguma forma supridas, em outro lugar, por seres cujo gênero, raça ou classe social os tornam inelegíveis ao reconhecimento público. Em vez disso, temos não apenas que levar as urgências materiais do corpo para a praça, mas torná-las centrais para as exigências da política.

No meu modo de ver, uma condição compartilhada de precariedade situa nossa vida política, precisamente quando a precariedade é diferencialmente distribuída. E alguns de nós, como Ruth Gilmore deixou bastante claro, estamos desproporcionalmente mais expostos a danos e à morte precoce do que outros.[12] A diferença racial pode ser rastreada precisamente ao examinarmos as estatísticas sobre mortalidade infantil, por exemplo. Isso significa, em resumo, que a precariedade é distribuída de maneira desigual e que as vidas não são consideradas igualmente passíveis de luto ou igualmente valiosas. Se, como Adriana Cavarero argumentou, a exposição do nosso corpo no espaço público nos constitui fundamentalmente, estabelecendo nosso pensamento como social e corporificado, vulnerável e passional, então o nosso pensamento não chega a lugar nenhum sem o pressuposto dessa interdependência e desse entrelaçamento corpóreos. O corpo é constituído por meio de perspectivas que não pode habitar. Outra pessoa vê o nosso rosto de uma maneira que não podemos ver e ouve a nossa voz de uma maneira que não podemos ouvir. Estamos nesse sentido – corporalmente – sempre lá, e ao mesmo tempo aqui, e essa despossessão marca a sociabilidade à qual pertencemos. Mesmo como seres localizados, estamos sempre em outro lugar, constituídos em uma sociabilidade que vai além de nós. Isso estabelece a nossa exposição e a nossa precariedade, as maneiras pelas quais dependemos das instituições políticas e sociais para persistir.

*

NAS MANIFESTAÇÕES NAS QUAIS as pessoas cantam e falam, mas também providenciam assistência médica e prestam serviços sociais de forma provisória, podemos distinguir as vocalizações que emanam do corpo das outras expressões das necessidades e urgências materiais? Nos casos em que as manifestações consistiam, no fim das contas, em dormir e comer na praça pública, construindo banheiros e vários sistemas de compartilhamento do espaço, as pessoas não estavam apenas se recusando a desaparecer, a ir para casa ou ficar em casa, e não estavam apenas reivindicando o espaço público para si mesmas – agindo juntos e em condições de igualdade –, mas também se mantendo como corpos persistentes com necessidades, desejos e exigências: arendtianos e contra-arendtianos, com certeza, uma vez que esses corpos que estavam organizando as suas necessidades básicas em público também estavam exigindo que o mundo registrasse o que estava acontecendo ali, fizesse o seu apoio conhecido e, dessa maneira, entrasse na ação revolucionária propriamente dita. Os corpos agiam juntos, mas também dormiam em público, e em ambas essas modalidades estavam tanto vulneráveis quanto fazendo exigências, conferindo uma organização política e espacial a necessidades corporais elementares. Nesse sentido, eles se formavam como imagens a serem projetadas para todos os que assistiam, exigindo de nós que as recebêssemos e reagíssemos, assegurando assim uma cobertura de mídia que se recusasse a deixar que o evento fosse encoberto ou eclipsado. Dormir sobre a calçada não era apenas uma maneira de reivindicar o público, contestando a legitimidade do Estado, mas era também, e muito claramente, uma maneira de colocar o corpo em risco em sua insistência, obstinação e precariedade, superando a distinção entre público e privado durante o tempo de revolução. Em outras palavras, foi somente quando essas necessidades que supostamente devem permanecer privadas foram expostas no dia e na noite da praça, na forma de imagem e discurso para a mídia, que finalmente se tornou possível estender o espaço e o tempo do evento com uma tenacidade capaz de derrubar o regime. Afinal de contas, as câmeras nunca paravam; os corpos estavam lá e aqui; eles nunca paravam de falar, nem mesmo enquanto dormiam e, por isso, não podiam ser silenciados, sequestrados ou negados – a revolução algumas vezes acontece porque todo mundo se recusa a ir para casa, aderindo às ruas como o lugar de sua coabitação temporária e convergente.

Notas

1. Jasbir Puar, *Terrorist Assemblages: Homonationalism in Queer Times* (Durham, NC, Duke University Press, 2007).
2. Hannah Arendt, *The Human Condition* (Chicago, University of Chicago Press, 1958), p. 198 [ed. bras.: *A condição humana*, São Paulo, Forense Universitária, 2016].
3. Ibid.
4. Ibid., p. 199.
5. "O ponto de vista de uma ética é: entre aquilo do que você é capaz, o que você pode fazer? Daí um retorno a esse tipo de clamor em Spinoza: o que um corpo pode fazer? Nunca sabemos, de antemão, o que um corpo pode fazer. Nunca sabemos como estamos organizados e como os modos de existência se desenvolvem em alguém." Gilles Deleuze, *Expressionism in Philosophy: Spinoza*, trad. de Martin Joughin (Nova York, Zone Books, 1992), p. 217-234. Essa consideração difere das dele em vários aspectos, principalmente em virtude da sua consideração sobre os corpos em sua pluralidade, mas também por perguntar quais são as condições nas quais um corpo pode realmente fazer de tudo.
6. Adriana Cavarero, *For More than One Voice: Toward a Philosophy of Vocal Expression*, trad. de Paul Kottman (Palo Alto, CA, Stanford University Press, 2005) [ed. bras.: *Vozes plurais. Filosofia da expressão vocal*, Belo Horizonte, Editora UFMG, 2011].
7. Arendt, *Human Condition*, p. 199.
8. Giorgio Agamben, *Homo Sacer: Sovereign Power and Bare Life*, trad. de Daniel Heller-Roazen (Palo Alto, CA, Stanford University Press, 1998) [ed. bras.: *Homo sacer. O poder soberano e a vida nua I*, Belo Horizonte, Editora UFMG, 2010].

CORPOS EM ALIANÇA E A POLÍTICA DAS RUAS

9. A primeira especulação de Arendt sobre o direito a ter direitos no contexto dos refugiados foi em 1943, quando escreveu "Nós, refugiados" no *The Menorah Journal*. Ver também o breve comentário feito por Giorgio Agamben neste ensaio: <http://roundtable. Kein.org/node/399>.

10. Zeynep Gambetti, "Occupy Gezi as Politics of the Body", in *The Making of a Protest Movement in Turkey*, org. de Umut Özkirimli (Houndmills, Basingstoke, Palgrave Pivot, 2014).

11. Hans Wehr, *Dictionary of Modern Written Arabic*, 4. ed., org. de J. Milton Cowan (Ithaca, NY, Spoken Language Services, 1994), s.v. "salima".

12. Ruth Wilson Gilmore, *Golden Gulag: Prision, Surplus, Crisis, and Opposition in Globalizing California* (Berkeley, University of California Press, 2007).

3. A vida precária e a ética da convivência

Espero abordar aqui obrigações éticas de caráter global que emergem tanto a distância como nas relações de proximidade. As duas questões que me preocupam são a princípio muito diferentes uma da outra. A primeira é se qualquer um de nós tem a capacidade ou a inclinação para responder eticamente ao sofrimento distante, e o que possibilita esse encontro ético quando ele acontece. A segunda é o que significa, para as nossas obrigações éticas, quando estamos contra outra pessoa ou outro grupo, nos descobrindo invariavelmente unidos a pessoas que nunca escolhemos e tendo que responder a solicitações em línguas que podemos não entender ou até mesmo que não desejamos entender. Isso acontece, por exemplo, na fronteira de vários Estados não reconhecidos, mas também em momentos variados de proximidade geográfica – o que podemos chamar de "enfrentamento", o resultado de populações vivendo em condições de proximidade indesejada devido à emigração forçada ou à redefinição das fronteiras de um Estado-Nação. É claro que as presunções sobre distanciamento e proximidade já estão presentes na maioria das considerações sobre ética que conhecemos. Existem comunitaristas que não se importam com o caráter local, provisório e algumas

CORPOS EM ALIANÇA E A POLÍTICA DAS RUAS

vezes nacionalista das comunidades às quais se consideram eticamente ligados e cujas normas comunitárias específicas são tratadas
como eticamente vinculantes. Eles valorizam a proximidade como
uma condição para encontrar e conhecer o outro e assim tendem a
considerar as relações éticas como vinculantes àqueles cujos rostos
podemos ver, cujos nomes podemos conhecer e pronunciar, aqueles
que já podemos reconhecer, cujas formas e cujo rosto são familiares.
Muitas vezes se supõe que a proximidade impõe certas reivindicações imediatas no sentido de honrar os princípios da integridade
corporal e da não violência, e as reivindicações territoriais ou de
direito de propriedade. No entanto, me parece que alguma coisa
diferente está acontecendo quando uma parte do globo, moralmente ultrajada, se insurge contra as ações e os eventos que acontecem
em outra parte do globo, uma forma de indignação moral que não
depende do compartilhamento de uma língua ou de uma vida em
comum baseada na proximidade física. Nesses casos, estamos tes-
temunhando e colocando em prática a própria atividade de laços de
solidariedade que emergem através do espaço e do tempo.

Trata-se de momentos em que, a despeito de nós mesmos e para
além de qualquer ato intencional, somos instados por imagens do
sofrimento distante de formas que despertam a nossa preocupação
e nos movem para a ação, ou seja, a expressar a nossa objeção e a
registrar a nossa resistência a tal violência através de meios políticos
concretos. Dessa maneira, podemos dizer que não apenas recebe-
mos informações da mídia com base nas quais nós como indivíduos
decidimos então fazer ou não fazer alguma coisa. Não apenas con-
sumimos, nem ficamos apenas paralisados pelo excesso de imagens.
Algumas vezes, não sempre, as imagens que nos são impostas operam como uma solicitação ética. Quero, por ora, chamar a atenção
para essa formulação, já que estou tentando sublinhar que alguma
coisa está colidindo conosco, sem que possamos antecipá-la ou nos
preparar, e isso significa que somos, nesses momentos, afrontados

A VIDA PRECÁRIA E A ÉTICA DA CONVIVÊNCIA

por alguma coisa que está além da nossa vontade, que não foi criada por nós, que nos chega de fora, como uma imposição, mas também como uma reivindicação ética. Quero sugerir que se trata de obrigações éticas que não exigem o nosso consentimento, tampouco resultam de contratos ou acordos que qualquer um tenha aceitado deliberadamente.

Para deixar as coisas claras, quero sugerir, como ponto de partida, que imagens e descrições do sofrimento na guerra são uma forma particular de solicitação ética, que nos leva a negociar questões de proximidade e distância. Elas formulam de modo implícito alguns dilemas éticos: O que está acontecendo está tão longe de mim que não posso ter nenhuma responsabilidade por isso? O que está acontecendo está tão perto de mim que não suporto ter que assumir responsabilidade por isso? Se não fui a causa daquele sofrimento, ainda assim sou responsável por ele de algum modo? Como abordamos essas questões? Embora o que eu tenha a oferecer aqui não vá se concentrar em fotografias e imagens, gostaria de sugerir que a solicitação ética que encontramos, por exemplo, na fotografia do sofrimento de guerra, levanta questões maiores sobre a obrigação ética. Afinal, nem sempre escolhemos ver imagens de guerra, violência e morte, podendo rejeitá-las veementemente. Afinal, quem pôs essa imagem diante de mim e o que estão tentando me fazer sentir, ou o que estão tentando fazer comigo? Na verdade, devemos entender isso como a paranoia estrutural da imagem: o modo como está ligada a uma forma indefinida de endereçamento. Mas mesmo o paranoico está sendo chamado de alguma forma ou atesta o fato de que a ele ou ela está sendo de alguma forma endereçado. Existe uma tendência levinasiana nesse momento de ter que ouvir a voz de alguém que não escolhemos ouvir ou ver uma imagem que não decidimos ver?

Essas imagens podem aparecer na nossa tela, ou podemos nos deparar com elas (ou elas podem surgir diante de nós) enquanto

CORPOS EM ALIANÇA E A POLÍTICA DAS RUAS

caminhamos pela rua e passamos pelas bancas de jornal. Podemos clicar deliberadamente em um site com a intenção de ter acesso às notícias, mas isso não significa que estejamos realmente preparados para o que vamos ver, nem quer dizer que escolhemos nos expor ao que colide conosco visual ou sonoramente. Entendemos o que significa estar sobrecarregado ou esmagado por imagens sensoriais, mas, nesses casos, também estamos eticamente sobrecarregados, e seria um problema se não estivéssemos? Susan Sontag argumentou que a fotografia de guerra nos oprime ao mesmo tempo que nos paralisa, e efetivamente colocou a pergunta sobre se ainda podemos confiar na imagem para incitar uma deliberação política sobre – e uma resistência ao – caráter injusto da violência de Estado e da guerra.[1] Mas é possível estar oprimido sem estar paralisado – e é possível entender isso como a atuação de uma obrigação ética sobre a nossa sensibilidade? Na verdade, essa palavra, sensibilidade, é a que Lévinas reserva à região da capacidade de reação que precede o ego. Trata-se, portanto, de um tipo de reação que é e não é a minha reação. Dizer que é a minha reação consiste em apresentar o ego como a sua fonte, quando estamos tentando falar sobre uma forma de capacidade de reação que implica uma expropriação egológica. Com isso em mente, volto à minha questão: devemos, na verdade, ser sobrecarregados em algum grau para ter motivos para agir? Só agimos quando somos levados a agir, e somos movidos por alguma coisa que nos afeta vindo de fora, a partir de outro lugar, das vidas dos outros, nos impondo um excesso a partir do qual – e sobre o qual – agimos. De acordo com essa visão da obrigação ética, a receptividade não é apenas uma precondição para a ação, mas um dos seus aspectos constitutivos. O termo "mídia" nomeia qualquer forma de apresentação que nos mostre uma versão da realidade vinda de fora; ela opera por meio da uma série de embargos que possibilitam o que podemos chamar de sua mensagem, que nos afeta, com o que quero me referir tanto ao embargo – o que é editado, o que

A VIDA PRECÁRIA E A ÉTICA DA CONVIVÊNCIA

fica fora das margens – quanto ao que é apresentado. Quando nos encontramos no meio de algum tipo de ação responsiva, em geral estamos reagindo ao que não escolhemos ver (o que está barrado da nossa visão, mas também o que está dado no domínio da aparência visual). Pode parecer um salto, mas gostaria de sugerir que essa breve consideração sobre o que não é escolhido na força da imagem articula algo sobre as obrigações éticas que se impõem a nós sem o nosso consentimento. Então, se estivermos abertos para esse ponto, ainda que tenhamos razões suficientes para não o aceitar por completo, aparentemente ele nos sugere que o consentimento não é razão suficiente para delimitar as obrigações globais formadoras da nossa responsabilidade. Na verdade, a responsabilidade pode muito bem estar implicada no domínio extenso do não consensual.

O meu segundo ponto, no entanto, consiste em contestar a noção de que as obrigações éticas surgem apenas nos contextos das comunidades estabelecidas que estão reunidas dentro das mesmas fronteiras, são unificadas pela mesma língua e/ou constituem um povo ou uma nação. As obrigações com os mais distantes, assim como com os que estão próximos, atravessam fronteiras linguísticas e nacionais, e são possíveis apenas em virtude de traduções visuais ou linguísticas que incluem deslocamentos espaciais e temporais. Esses tipos de circuito confundem todas as bases comunitárias das quais dispomos para delimitar ações globais. O que proponho, portanto, é que nem o consentimento nem o comunitarismo justificam ou delimitam a gama de obrigações que procuro abordar aqui. Acredito que essa seja provavelmente uma experiência que temos em relação à mídia, que nos aproxima do sofrimento mais distante ao mesmo tempo que faz o mais próximo parecer distante. De acordo com a minha tese, as exigências éticas que surgem por meio dos circuitos globais nos tempos atuais dependem dessa reversibilidade limitada, mas necessária, da proximidade e da distância. Na verdade, quero sugerir que alguns vínculos são, na realidade, forjados por essa

CORPOS EM ALIANÇA E A POLÍTICA DAS RUAS

própria reversibilidade e pelo impasse por meio do qual ela se constitui. A reversibilidade em questão chega a um beco sem saída, por assim dizer, no problema da localidade corpórea, uma vez que não importa quão completamente transportados pela mídia possamos ser, também não o somos de maneira enfática. Então, quando somos filmados na rua, o corpo e a rua são transportados em algum grau, adquirindo dimensões potencialmente globais; no entanto esse relato e esse transporte só podem ser inteligíveis quando se supõe que algumas dimensões do tempo e do espaço daquela localização corporal não podem ser transportadas, sendo deixadas ali ou persistindo no local e sustentando uma posição obstinada. Voltarei ao problema do corpo adiante, uma vez que não tenho escolha, e talvez nenhum de nós realmente tenha.

Por enquanto, quero apenas sugerir, de maneira bastante elementar, que se tenho um vínculo apenas com aqueles que estão próximos de mim, que já me são familiares, então minha ética é invariavelmente paroquial, comunitária e excludente. Se tenho um vínculo apenas com os que são "humanos", de maneira abstrata, então evito todos os esforços de tradução cultural entre a minha situação e a dos outros. Se tenho um vínculo apenas com aqueles que sofrem a distância, e nunca com aqueles próximos de mim, então esvazio a minha situação em um esforço para assegurar uma distância que me permita alimentar um sentimento ético e até mesmo me sentir ética. Mas as relações éticas são mediadas – e uso essa palavra deliberadamente aqui, invocando uma leitura de Hegel em plena era digital. E isso significa que as questões de localização se confundem de tal modo que o que está acontecendo "lá" também acontece, em certo sentido, "aqui". E se o que está acontecendo "lá" depende de o evento ser registrado em vários "outros lugares", pode parecer que a reivindicação ética do evento acontece sempre em um "aqui" e um "lá" que são, de alguma maneira, reversíveis. Mas essa reversibilidade encontra o seu limite no fato de que o corpo não pode ser destituído

A VIDA PRECÁRIA E A ÉTICA DA CONVIVÊNCIA

da sua localidade, da sua exposição, por meio do seu transporte mediado. Em certo sentido, o evento é enfaticamente local, uma vez que são justamente os corpos das pessoas lá presentes que estão em risco. Mas quando esses corpos em risco não são registrados em outros lugares, não há uma resposta global ou uma forma global, tampouco uma forma global de reconhecimento e conexão éticos, e assim algo da realidade do evento se perde. Não se trata apenas de uma população distinta vendo a outra por meio de determinados momentos da mídia, mas do fato de que uma resposta como essa evidencia uma forma de conectividade global, ainda que provisória, com aqueles cuja vida e cujas ações são registradas dessa maneira. Em resumo, estarmos despreparados para uma imagem da mídia que oprime pode nos levar não à paralisia, mas a uma situação (a) de comoção, em que agimos precisamente porque somos afetados, e (b) de estarmos ao mesmo tempo lá e aqui e, de diferentes maneiras, aceitando e negociando a multilocalidade e a temporalidade cruzada das conexões éticas que podemos chamar corretamente de globais.

Podemos, então, nos voltar para algumas versões da filosofia ética a fim de reformular o que significa registrar uma reivindicação ética nestes tempos, que não seja reduzível ao consentimento nem ao acordo e que se dê fora dos vínculos comunitários estabelecidos? Vou considerar brevemente alguns argumentos de Emmanuel Lévinas e Hannah Arendt sobre essas controversas relações entre ética, proximidade e distância. A minha escolha de dois pensadores que são, em parte, formados por tradições intelectuais judaicas (Lévinas) e por situações históricas relacionadas aos judeus (Arendt) não é acidental. Em um outro trabalho,* que projeta aqui a sua sombra, tento articular uma versão da coabitação que se desdobra a partir da consideração sobre a obrigação ética que estou descrevendo. Esses dois pensadores oferecem visões que são ao mesmo tempo

---

* A autora se refere ao livro *Caminhos divergentes* (Boitempo Editorial, 2017). [*N. da R. T.*]

CORPOS EM ALIANÇA E A POLÍTICA DAS RUAS

esclarecedoras e problemáticas para essa tarefa. Espero tornar as coisas mais concretas ao me voltar para a Palestina/Israel ao fim das minhas observações, principalmente para sugerir um conjunto de visões judaicas sobre a coabitação que exige um afastamento do comunitarismo, até mesmo do comunitarismo judaico, e que possa servir como uma alternativa crítica durante esse tempo em que o Estado de Israel procura assegurar seu papel como representante da condição judaica. Afortunadamente para vocês, e talvez para mim também, esta última preocupação não vai ser o centro das minhas observações aqui, apesar de, com toda a justiça, constituir o argumento central do meu trabalho recente.

Lévinas

Há duas dimensões dissonantes da filosofia ética de Lévinas. Por um lado, há a importância da categoria de proximidade para a sua ideia das relações éticas. De fato, parece que as maneiras como os outros nos afetam, independentemente do nosso desejo, constituem a ocasião de um apelo ou solicitação ética. Isso significa que somos afetados, e solicitados, eticamente, antes de qualquer sentido claro de escolha. Ser afetado pelo outro supõe uma proximidade corporal e se é o "rosto" que age sobre nós, somos, até certo ponto, ao mesmo tempo afetados e reivindicados por esse "rosto". Por outro lado, as nossas obrigações éticas se estendem àqueles que não estão próximos em nenhum sentido físico e que não têm que ser parte de uma comunidade reconhecível à qual ambos pertençamos. Na verdade, para Lévinas, aqueles que agem sobre nós são claramente outros para nós; é precisamente não em virtude da sua igualdade que estamos vinculados a eles.

É claro que Lévinas defendeu algumas visões contraditórias sobre essa questão da alteridade do outro que faz uma reivindicação

A VIDA PRECÁRIA E A ÉTICA DA CONVIVÊNCIA

ética sobre mim: ele ratificou de maneira clara algumas formas de nacionalismo, especialmente o nacionalismo israelita, sustentando também a ideia de que as relações éticas só eram possíveis na tradição judaico-cristã. Mas vamos, por ora, lê-lo contra ele mesmo, ou lê-lo pelas possibilidades políticas que ele abre, mesmo aquelas que ele nunca pretendeu abrir. A posição de Lévinas nos permite chegar à conclusão de que o conjunto de valores éticos por meio dos quais uma população está ligada a outra não depende, de maneira nenhuma, de essas populações terem marcas similares de pertencimento nacional, cultural, religioso ou racial. É interessante que Lévinas tenha insistido que estamos vinculados àqueles que não conhecemos, e mesmo àqueles que não escolhemos, nunca poderíamos ter escolhido, e que essas obrigações são, estritamente falando, precontratuais. Ainda assim, foi ele quem afirmou em uma entrevista que os palestinos não tinham rosto e que pretendia estender as obrigações éticas apenas àqueles que estavam vinculados por sua versão da origem judaico-cristã e da Antiguidade grega clássica.[2] De alguma forma, ele nos deu o próprio princípio que traiu. O seu fracasso contradiz diretamente a sua formulação da reivindicação de responder eticamente àqueles que estão além da nossa esfera imediata de pertencimento, mas aos quais pertencemos mesmo assim, independentemente de qualquer questão sobre o que escolhemos ou dos contratos pelos quais estamos ligados ou de quais formas estabelecidas de pertencimento cultural estão disponíveis.

É claro que isso levanta a questão a respeito de como pode existir uma relação ética com aqueles que não podem aparecer dentro do horizonte da ética, que não são pessoas ou não são considerados o tipo de seres com os quais alguém pode ou deve estabelecer uma relação ética. É possível tomar a filosofia ética formulada ali e empregá-la contra as próprias suposições excludentes que algumas vezes a sustentam? Podemos, em outras palavras, usar Lévinas contra ele mesmo para ajudar na articulação de uma ética global que se

CORPOS EM ALIANÇA E A POLÍTICA DAS RUAS

estenderia para além das comunidades religiosas e culturais que ele via como sua condição e seu limite necessários?

Vamos tomar como exemplo o seu argumento de que as relações éticas são assimétricas. Em sua obra, o outro tem prioridade sobre mim. Mas o que isso significa concretamente? O outro não tem a mesma obrigação para comigo? Por que deveria sentir que tenho uma obrigação em relação a outro para quem a recíproca não é verdadeira? Para Lévinas, a reciprocidade não pode ser a base da ética, uma vez que a ética não é uma barganha. A minha relação ética com o outro não pode ser contingente nem depender da relação ética dele ou dela comigo, pois isso faria com que ela não fosse absoluta e obrigatória, estabelecendo a minha autopreservação como um tipo de ser distinto e limitado como algo mais primário do que qualquer relação que eu tenha com o outro. Para Lévinas, nenhuma ética pode derivar do egoísmo. O egoísmo, na verdade, é a derrota da ética.

Aqui me distancio de Lévinas, embora concorde com a refutação da prioridade da autopreservação para o pensamento ético. Quero insistir em um certo entrelaçamento entre essa outra vida, todas essas outras vidas, e a minha própria – um entrelaçamento que não pode ser reduzido ao pertencimento nacional ou à afiliação comunitária. Na minha visão (que com certeza não é só minha), a vida do outro, a vida que não é a nossa, também é nossa, uma vez que, qualquer sentido que a "nossa vida" tenha, deriva precisamente dessa sociabilidade e já é, desde o início, dependente de um mundo de outras vidas, constituídas em – e por – um mundo social. Nesse sentido, com certeza existem outros, distintos de mim, cujas reivindicações éticas sobre mim não podem ser reduzidas a um cálculo egoísta da minha parte. Mas isso acontece porque estamos, ainda que sejamos distintos, ligados um ao outro e a processos vivos que vão além da forma humana. E não se trata sempre de uma experiência feliz e aprazível. Constatar que a vida de alguém também é a vida dos outros, mesmo que essa vida seja distinta e deva ser distinta,

A VIDA PRECÁRIA E A ÉTICA DA CONVIVÊNCIA

significa que a fronteira de um indivíduo é ao mesmo tempo um limite e uma adjacência, um modo de proximidade e até mesmo de demarcação espacial e temporal. Além disso, o aparecimento limitado e vivo do corpo é a condição de estar exposto ao outro; exposto à solicitação, à sedução, à paixão e ao dano; exposto de maneiras que nos sustentam, mas também de maneiras que podem nos destruir. Nesse sentido, a exposição do corpo aponta para a sua precariedade. Ao mesmo tempo, para Lévinas, esse ser precário e corporal é responsável pela vida do outro, o que significa que não importa o quanto alguém tema pela própria vida, preservar a vida do outro é fundamental. Imaginem se o exército de Israel pensasse assim! Na verdade, trata-se de uma forma de responsabilidade que não é fácil de assumir enquanto se está submetido a uma sensação de precariedade. A condição precária nomeia tanto a necessidade quanto a dificuldade da ética.

Qual é a relação entre precariedade e vulnerabilidade? Com certeza é difícil se sentir ao mesmo tempo vulnerável à destruição pelo outro e responsável pelo outro, e os leitores de Lévinas contestam o tempo todo a formulação de que somos, todos nós, em algum sentido responsáveis por aquilo que nos oprime. Ele não quer, de modo nenhum, dizer que causamos a nossa opressão. Ao contrário, "opressão" é o nome estranho e desconcertante que Lévinas dá a uma reivindicação ética que se impõe a nós contra a nossa vontade. Estamos, a despeito da nossa vontade, abertos a essa imposição, que embora se sobreponha à nossa vontade, nos mostra que as reivindicações que os outros fazem em relação a nós são parte da nossa própria sensibilidade, receptividade e capacidade de resposta. Estamos, em outras palavras, sendo chamados, e isso só é possível porque somos, em algum sentido, vulneráveis a reivindicações que não podemos prever e para as quais não existe uma preparação adequada. Para Lévinas, não existe outra maneira de entender a realidade ética – a obrigação ética não apenas depende da nossa vulnerabilidade às reivindicações dos outros, mas também nos estabelece como criaturas definidas, fundamentalmente, por essa relação ética. Essa relação ética não é uma virtude que possuo e exercito; ela antecede qualquer sentido individual de eu. Não é como indivíduos distintos que honramos essa relação ética. Já estou ligada a você, e é isso que significa ser o eu que sou, receptiva a você de modos que não posso prever nem controlar totalmente. Essa também é, claramente, a minha condição de violável, e, desse modo, a minha capacidade de resposta e a minha condição de violável estão ligadas uma à outra. Em outras palavras, você pode me amedrontar e me ameaçar, mas a minha obrigação em relação a você deve permanecer firme.

Essa relação precede a individuação, e quando ajo eticamente não sou mais um ser limitado. Eu me desmonto. Constato que sou a minha relação com esse "você" cuja vida procuro preservar, e sem essa relação, esse "eu" não faz sentido e perde a sua ancoragem nessa ética que sempre antecede a ontologia do ego. Outra maneira de expor o mesmo ponto é dizer que o "eu" se desfaz na sua relação ética com o "você", o que significa que existe um modo muito específico de ser despossuído que torna a relação ética possível. Se possuo a mim mesma com muita firmeza ou com muita rigidez, não posso estar em uma relação ética. A relação ética significa abrir mão de uma perspectiva egológica em favor de uma perspectiva que se estruture, fundamentalmente, por um modo de abordagem: você me solicita, eu respondo. Mas se respondo, é apenas porque já podia responder. Ou seja, essa suscetibilidade e essa vulnerabilidade me constituem no nível mais fundamental e estão presentes, podemos dizer, antes de qualquer decisão deliberada de responder ao chamado. Em outras palavras, a pessoa precisa ser capaz de receber um chamado antes de respondê-lo de fato. Nesse sentido, a responsabilidade ética pressupõe a capacidade de resposta ética.

Arendt

A maioria dos acadêmicos preferiria manter qualquer consideração sobre Emmanuel Lévinas separada de uma análise de Hannah Arendt. Ele é um filósofo da ética, que se vale de tradições religiosas, e enfatiza a importância ética da passividade e da receptividade. Ela é uma filósofa social e política, categoricamente secular, que enfatiza, repetidas vezes, o valor político da ação. Por que trazer uma discussão sobre Lévinas para junto de uma discussão sobre Arendt? Tanto Lévinas quanto Arendt discordam da concepção liberal clássica de individualismo, ou seja, da ideia de que os indivíduos concordam conscientemente com certos contratos, resultando daí a obrigação de terem entrado de maneira deliberada e voluntária em acordos um com o outro. Essa visão pressupõe que somos responsáveis apenas pelas relações, codificadas em acordos, nas quais entramos consciente e voluntariamente. E Arendt contesta essa visão. Na verdade, essa foi a essência da argumentação que ela sustentou contra Adolf Eichmann. Ele achava que podia escolher quais populações deveriam viver e morrer, e nesse sentido pensava que poderia escolher com quem conviver na terra. O que ele não entendia, de acordo com Arendt, é que ninguém goza da prerrogativa de escolher com quem conviver na terra. Podemos escolher de certas maneiras como e onde viver, e de maneiras locais, podemos escolher com quem vamos viver. Mas se pudéssemos decidir com quem conviver na terra, estaríamos decidindo qual porção da humanidade pode viver e qual deve morrer. Se estamos impedidos de fazer essa escolha, isso significa que somos obrigados a conviver com aqueles que já existem e que qualquer escolha sobre quem pode e não pode viver é invariavelmente uma prática genocida; e embora não possamos negar que genocídios aconteceram, e continuam a acontecer, estamos errados em pensar que a liberdade em qualquer sentido ético seja compatível com a liberdade de cometer um genocídio. Para Arendt, o caráter

CORPOS EM ALIANÇA E A POLÍTICA DAS RUAS

compulsório da convivência na terra é a condição da nossa própria existência como seres éticos e políticos. Por isso, exercer a prerrogativa do genocídio é destruir não apenas as condições políticas da individualidade, mas também a própria liberdade, entendida não como um ato individual, e sim como uma ação plural. Sem essa pluralidade, que não podemos não escolher, não temos liberdade e, portanto, não temos escolha. Isso significa que existe uma condição compulsória da liberdade e que, ao sermos livres, afirmamos algo sobre aquilo que não podemos escolher. Se a liberdade procura ultrapassar a falta de liberdade que é sua condição, então destruímos a pluralidade e comprometemos, na visão dela, o nosso estatuto de pessoas, consideradas como *zoon politikon*. Esse foi um dos argumentos que Arendt usou para afirmar que a pena de morte se justificava no caso de Eichmann. Na visão dela, Eichmann já teria destruído a si mesmo ao deixar de perceber que sua própria vida estava ligada à vida daqueles que destruiu, e a vida individual não faz sentido, não tem realidade fora do enquadramento social e político no qual todas as vidas são igualmente valorizadas.[3]

Em *Eichmann em Jerusalém* (1963), Arendt argumenta que Eichmann e seus superiores falharam em perceber que a heterogeneidade da população da terra é uma condição irreversível da vida política e social.[4] Assim, a acusação de Arendt contra Eichmann sugere uma convicção firme de que nenhum de nós pode exercer tal prerrogativa, de que aqueles com quem convivemos na terra nos são dados, precedendo qualquer escolha, e assim quaisquer contratos sociais ou políticos nos quais possamos entrar por deliberação e vontade. No caso de Eichmann, o esforço para escolher com quem conviver na terra era um esforço explícito para aniquilar uma determinada parte da população – judeus, ciganos, homossexuais, comunistas, pessoas com deficiência e doentes, entre outros – e, assim, o exercício de liberdade que ele insistia que era o genocídio. Essa escolha não apenas é um ataque à convivência como uma precondição da vida política

A VIDA PRECÁRIA E A ÉTICA DA CONVIVÊNCIA

na visão de Arendt, mas nos compromete com a seguinte proposição: devemos conceber instituições e políticas que preservem e afirmem, de maneira ativa, o caráter compulsório de uma convivência plural e ilimitada. Não apenas vivemos com aqueles que não escolhemos e em relação aos quais podemos não sentir uma sensação imediata de pertencimento social, mas também somos obrigados a preservar essas vidas e a pluralidade ilimitada que constitui a população global.

Ainda que sem dúvida Arendt fosse discordar da minha visão, acho que o que ela ofereceu foi uma visão ética sobre a convivência que serve como uma diretriz para determinadas formas de política. Nesse sentido, as normas e linhas de conduta políticas concretas surgem do caráter compulsório desses modos de convivência. A necessidade de conviver na terra é um princípio que, na filosofia dela, deve guiar as ações e as políticas de todas as vizinhanças, comunidades ou nações. A decisão de viver em uma comunidade ou outra certamente se justifica enquanto não implica que aqueles que vivem fora da comunidade não merecem viver. Em outras palavras, qualquer fundamentação comunitária para o pertencimento só pode se justificar mediante a condição de subordinação a uma oposição não comunitária ao genocídio. Da maneira como entendo, cada habitante que pertença a uma comunidade também pertence à Terra – uma noção que ela claramente retira de Heidegger –, e isso implica um compromisso não apenas com cada habitante da terra, mas, certamente podemos acrescentar, um compromisso com a preservação da própria terra. E, com essa última disposição, procuro oferecer uma complementação ecológica ao antropocentrismo de Arendt.

Em *Eichmann em Jerusalém,* Arendt fala não apenas pelos judeus, mas por toda e qualquer outra minoria que fosse impedida de habitar a terra por outro grupo. Uma coisa implica a outra, e o "falar por" universaliza a interdição fundamental, mesmo que não se sobreponha à pluralidade cuja vida procura proteger. Uma das razões pelas quais Arendt se recusa a separar os judeus das outras assim chamadas nações perseguidas pelos nazistas é o fato de ela estar argumentando em nome de uma pluralidade coextensiva à vida humana em todas e quaisquer de suas formas culturais. Ao mesmo tempo, o julgamento que ela faz de Eichmann surge precisamente da situação histórica de uma judia diaspórica que era ela mesma, uma refugiada da Alemanha nazista, mas que também se opunha aos tribunais israelitas representando uma nação específica – quando o crime, na visão dela, foi um crime contra a humanidade – e aos tribunais que representavam apenas os judeus que foram vítimas do genocídio, quando houve muitos outros grupos aniquilados e deslocados pela política nazista formulada e aplicada por Eichmann e seu grupo de oficiais.

Essa mesma noção de convivência compulsória implica não apenas o caráter irreversivelmente plural ou heterogêneo da população da terra, e uma obrigação de salvaguardar essa pluralidade, mas também o compromisso com um direito igualitário de habitar a terra e, portanto, um compromisso também com a igualdade. Essas duas dimensões da discussão tomaram uma forma histórica específica no argumento de Arendt contra a ideia de Israel como um Estado baseado nos princípios da soberania judaica e a favor de uma Palestina federada no fim da década de 1940. A concepção política de pluralidade pela qual ela lutou estava, de acordo com a sua própria visão, implícita na Revolução Americana, levando a autora a recusar razões exclusivamente nacionais, raciais ou religiosas para a cidadania. Além disso, ela se opôs à fundação de qualquer Estado que exigisse a expulsão dos seus habitantes e a produção de uma nova classe de refugiados, especialmente quando o Estado em questão usava os direitos dos refugiados para legitimar a sua fundação.

As visões normativas de Arendt são as seguintes: nenhuma parte da população, nenhuma comunidade, Estado nacional ou unidade regional, nenhum clã, nenhuma facção e nenhuma raça pode reivindicar a terra para si. Isso significa que a proximidade involuntária e

A VIDA PRECÁRIA E A ÉTICA DA CONVIVÊNCIA

a convivência compulsória são precondições para a nossa existência política, a base de sua crítica ao nacionalismo, a obrigação de viver na terra e sob um governo que estabeleça a igualdade para uma população necessária e irreversivelmente heterogênea. Na verdade, a proximidade involuntária e a convivência não escolhida também são as bases da nossa obrigação de não destruir nenhuma parte da população humana e de banir o genocídio como um crime contra a humanidade, assim como de atribuir às instituições a obrigação de procurar tornar todas as vidas vivíveis de forma igualitária. Assim, de uma noção de convivência não escolhida, Arendt deriva noções de universalidade e igualdade que nos comprometem com instituições que procurem sustentar vidas humanas sem considerar uma parte da população socialmente morta, supérflua ou intrinsecamente indigna de viver e, portanto, não passível de luto.

As visões de Arendt sobre convivência, autoridade federada, igualdade e universalidade, elaboradas da década de 1940 até a década de 1960, contrastavam fortemente com as visões daqueles que defendiam formas nacionalistas de soberania judaica, classificações diferenciadas para cidadãos judeus e não judeus, políticas militares para arrancar os palestinos das suas terras e esforços para estabelecer uma maioria demográfica de judeus no Estado. Muitas vezes nos ensinam que Israel se tornou uma necessidade histórica e ética para os judeus durante e depois do genocídio nazista e que qualquer um que questione os princípios fundadores do Estado judeu demonstra uma falta de sensibilidade extraordinária em relação ao sofrimento dos judeus. Mas havia pensadores e ativistas políticos judeus naquele tempo, incluindo Arendt, Martin Buber, Hans Kohn e Judah Magnes que pensavam que entre as lições mais importantes do genocídio nazista estava uma oposição à violência ilegítima do Estado e a qualquer formação de Estado que procurasse dar prioridade eleitoral e cidadania para uma raça ou religião. Para esses pensadores, os Estados-nação deveriam ser internacionalmente im-

CORPOS EM ALIANÇA E A POLÍTICA DAS RUAS

pedidos de desalojar populações inteiras que não se adequassem a uma ideia purificada de nação.

Para aqueles que extrapolaram princípios de justiça da experiência histórica de detenção e despossessão, o objetivo político é estender a igualdade independentemente do contexto cultural ou da formação, além das línguas e das religiões, àqueles que nenhum de nós nunca escolheu (ou não reconhecemos que escolhemos) e com os quais temos uma obrigação permanente de encontrar uma maneira de viver. Porque não importa quem "somos", também somos aqueles que nunca foram escolhidos, que surgem nesta terra sem o consentimento de todos e que pertencem, desde o início, a uma população maior e a uma terra sustentável. E essa condição, paradoxalmente, produz o potencial radical para novos modos de sociabilidade e políticas para além dos vínculos ávidos e perversos formados por meio do colonialismo de ocupação e da expulsão. Nesse sentido, somos todos os não escolhidos, mas ainda assim, somos os não escolhidos juntos. Não é desinteressante notar que Arendt, na condição de judia e refugiada, entendeu a sua obrigação de não pertencer ao "povo escolhido", mas, ao contrário, aos não escolhidos, e de formar uma comunidade mista justamente entre aqueles cuja existência implica um direito de existir e de levar uma vida vivível.

Condição judaica alternativa, vida precária

Ofereci duas perspectivas que derivam, de maneiras diferentes, da condição judaica. Lévinas era um pensador judeu autodeclarado e um sionista, derivando suas considerações sobre a responsabilidade de um entendimento dos mandamentos, de como atuam sobre nós e nos obrigam eticamente. E Arendt, ainda que certamente não fosse religiosa, mesmo assim tomou sua posição como uma refugiada judia da Segunda Guerra Mundial como o ponto de partida

A VIDA PRECÁRIA E A ÉTICA DA CONVIVÊNCIA

para pensar sobre o genocídio, a condição de apátrida e as condições plurais da vida política.

É claro que não é fácil trabalhar com Lévinas nem com Arendt no sentido de estabelecer um conjunto de ideais políticos para Israel e a Palestina. Assim como acontece com Lévinas, há partes do posicionamento de Arendt que são claramente racistas (ela se opunha, por exemplo, aos judeus árabes, se identificava como europeia e via a condição judaica estritamente nesses termos). Ainda assim, alguma coisa do que ela escreveu serve como recurso para pensar sobre as obrigações globais atuais de oposição e resistência ao genocídio e à reprodução das populações sem pátria e sobre a importância de lutar por um conceito aberto de pluralidade.[5]

O ENQUADRAMENTO EURO-AMERICANO de Arendt era claramente limitado, e mais uma limitação fica evidente quando tentamos entender a relação da precariedade com as práticas de convivência. Para Arendt, as necessidades do corpo devem ser relegadas à esfera privada. A precariedade só faz sentido quando somos capazes de identificar a dependência e a necessidade corporal; a fome e a necessidade de abrigo; a vulnerabilidade às agressões e à destruição; as formas de confiança social que nos permitem viver e prosperar; e as paixões ligadas à nossa persistência como questões claramente políticas. Se Arendt pensava que tais questões deveriam ser relegadas à esfera privada, Lévinas entendia a importância da vulnerabilidade, mas falhou em realmente relacionar a vulnerabilidade a uma política do corpo. Embora Lévinas pareça pressupor um corpo invadido, ele não confere a esse corpo um lugar explícito em sua filosofia ética. E ainda que Arendt teorize sobre o problema do corpo, do corpo localizado, do corpo falante surgindo no "espaço de aparecimento" como parte de qualquer consideração sobre a ação política, ela não está muito disposta a ratificar uma política empenhada em superar

CORPOS EM ALIANÇA E A POLÍTICA DAS RUAS

as desigualdades na distribuição dos alimentos e assegurar os direitos de habitação e que aponte as desigualdades na esfera do trabalho reprodutivo.

Para mim, algumas reivindicações éticas emergem da vida corporal e talvez todas as reivindicações éticas pressuponham uma vida corporal, entendida como passível de agressão, uma vida que não é estritamente humana. Afinal de contas, a vida digna de ser preservada e salvaguardada, que deve ser protegida do assassinato (Lévinas) e do genocídio (Arendt) está conectada à vida não humana, e depende dela, de maneiras essenciais. Isso resulta da ideia do animal humano, conforme foi articulada por Derrida, que se torna um ponto de partida diferente para pensar a política. Quando tentamos entender, em termos concretos, o que significa nos comprometermos com a preservação da vida do outro, somos invariavelmente confrontados com as condições corporais da vida e, portanto, com um compromisso não apenas com a persistência corpórea do outro, mas com todas as condições ambientais que tornam a vida possível de ser vivida.

Na assim chamada esfera privada delineada por Arendt em *A condição humana*, encontramos a questão das necessidades, a reprodução das condições materiais da vida e os problemas da transitoriedade, da reprodução e também da morte: tudo que é próprio da vida precária. A possibilidade de populações inteiras serem aniquiladas, tanto por políticas genocidas quanto pela negligência sistêmica, não resulta apenas do fato de que existem aqueles que acreditam que podem decidir com quem vão dividir a terra, mas também do fato de que esse pensamento pressupõe a negação de um fato irredutível da política: a vulnerabilidade à destruição pelos outros que decorre de uma condição de precariedade em todos os modos de interdependência política e social. Podemos transformar isso em uma reivindicação existencial mais ampla, a saber, de que todos vivemos em condição precária, o que resulta da nossa existência social como

A VIDA PRECÁRIA E A ÉTICA DA CONVIVÊNCIA

seres corporais que dependem uns dos outros para conseguir abrigo e sustento e que, portanto, correm o risco de ficar sem pátria, sem lar e em situação de indigência em condições políticas desiguais e injustas. Ao mesmo tempo que estou afirmando isso, estou afirmando outra coisa: que a nossa precariedade depende em grande medida da organização das relações econômicas e sociais, da presença ou ausência de infraestruturas e de instituições sociais e políticas de apoio. Então, quando a reivindicação existencial passa a ser articulada na sua especificidade, ela deixa de ser existencial. E como tem que ser articulada na sua especificidade, ela nunca foi existencial. Nesse sentido, a precariedade não pode ser dissociada da dimensão da política que aborda a organização e a proteção das necessidades corporais. A precariedade expõe a nossa sociabilidade, as dimensões frágeis e necessárias da nossa interdependência.

Não importa se isso é colocado de maneira explícita ou não, todo esforço político para gerir populações envolve uma distribuição tática de precariedade, com frequência articulada por meio de uma distribuição desigual de precariedade, distribuição essa que depende das normas dominantes no que diz respeito às vidas que são passíveis de luto e que devem ser protegidas e às vidas que não são passíveis de luto ou que são dignas apenas de um luto marginal e episódico e, nesse sentido, já estão perdidas em parte ou completamente e, portanto, merecem menos proteção e apoio. O meu objetivo não é reabilitar o humanismo, mas, ao contrário, lutar por uma concepção de obrigação ética fundamentada na precariedade. Ninguém escapa da dimensão da condição precária da vida social – ela é, podemos dizer, a articulação da nossa não fundação. E não podemos entender a convivência sem entender que uma condição precária generalizada nos obriga a nos opor ao genocídio e a defender a vida em termos igualitários. Talvez essa característica da nossa vida possa servir como base para o direito a proteção contra o genocídio, seja por meio da deliberação ou da negligência. Afinal de contas, mesmo

CORPOS EM ALIANÇA E A POLÍTICA DAS RUAS

que a nossa interdependência nos constitua como mais do que seres pensantes, na verdade como seres sociais e corporificados, vulneráveis e passionais, o nosso pensamento não chega a lugar nenhum sem a pressuposição das condições interdependentes e de sustentação da vida.

Podemos pensar que a interdependência é uma noção feliz e promissora, mas muitas vezes ela é a condição para as guerras territoriais e para as formas de violência estatal. Na verdade, não estou certa se já fomos capazes de pensar sobre a inexequibilidade da dependência no nível da política – sobre o medo, o pânico, a repulsa, a violência e a dominação a que ela pode levar. É verdade que, até aqui, estou tentando lutar no sentido de uma afirmação da interdependência, mas estou tentando sublinhar como é difícil lutar por formas políticas e sociais comprometidas com a promoção de uma interdependência sustentável em termos igualitários. Quando somos afetados pelo sofrimento dos outros, não é apenas porque nos colocamos em seu lugar ou porque eles usurpam o nosso lugar; talvez se trate de um momento no qual uma determinada ligação nevrálgica é evidenciada e eu me torno de alguma maneira implicado em vidas que claramente não são como a minha. E isso acontece até mesmo quando não sabemos os nomes daqueles que nos fazem um apelo ou quando nos esforçamos para pronunciar um nome ou falar uma língua que nunca aprendemos. Na melhor das hipóteses, algumas representações midiáticas do sofrimento de pessoas distantes nos levam a abrir mão dos nossos laços comunitários mais estreitos e a reagir, algumas vezes a despeito de nós mesmos e às vezes contra a nossa vontade, a uma injustiça da qual tomamos conhecimento. Essas apresentações podem aproximar o destino dos outros ou fazer com que ele pareça muito distante, mas, ainda assim, os tipos de reivindicação ética que surgem por meio da mídia nessas ocasiões dependem dessa reversibilidade da proximidade e da distância. Certas ligações, com efeito, são for-

A VIDA PRECÁRIA E A ÉTICA DA CONVIVÊNCIA

jadas por essa reversibilidade, por mais que ela seja incompleta. E podemos encontrar maneiras de entender a interdependência que caracteriza a convivência exatamente nessas ligações. Porque ao mesmo tempo que aqui e lá, nunca estou completamente lá, e mesmo que esteja aqui, estou sempre mais do que completamente aqui. Existe uma maneira de entender essa reversibilidade como limitada pelo tempo e pelo espaço corporais de tal forma que o outro não seja radicalmente outro, nem eu esteja radicalmente aqui enquanto um eu, mas a ligação, a articulação é nevrálgica e apenas e sempre em parte reversível e em parte não?

Existem, como sabemos, laços antagônicos, dependências perversas, modos raivosos e enlutados de conexidade. Nesses casos, viver com outros em terras adjacentes ou em terras disputadas ou colonizadas produz agressão e hostilidade em meio a essa convivência. O modo de convivência não escolhida próprio dos colonizados certamente não é o mesmo que a noção de uma pluralidade democrática estabelecida com base na igualdade. Mas ambos têm o seu modo de ligação e de proximidade desafortunadas.[6]

Mesmo em situações de modos de convivência antagônicos ou não escolhidos surgem determinadas obrigações éticas. Em primeiro lugar, uma vez que não escolhemos com quem conviver na terra, temos que honrar as obrigações de preservar a vida daqueles que podemos não amar, daqueles que podemos nunca amar, que não conhecemos e não escolhemos. Em segundo lugar, essas obrigações emergem das condições sociais da vida política, e não de um acordo que tenhamos feito nem de uma escolha deliberada. Entretanto, essas condições sociais da vida possível de ser vivida são justamente aquelas que devem ser alcançadas. Não podemos nos basear nelas como pressuposições que vão garantir a nossa boa vida juntos. Ao contrário, elas fornecem os ideais pelos quais devemos lutar, o que envolve uma passagem pelo problema da violência. Porque somos obrigados a concretizar essas condições; também estamos obrigados

CORPOS EM ALIANÇA E A POLÍTICA DAS RUAS

uns para com os outros, em uma aliança apaixonada e temerosa, muitas vezes a despeito de nós mesmos, mas, em última análise, por nós mesmos, por um "nós" que está constantemente sendo elaborado. Em terceiro lugar, essas condições implicam igualdade, como Arendt nos conta, mas também uma exposição à precariedade (uma conclusão que deriva de Lévinas), que nos leva a entender uma obrigação global imposta a nós no sentido de buscar formas políticas e econômicas que minimizem a precariedade e estabeleçam a igualdade política e econômica. As formas de convivência caracterizadas pela igualdade e pela precariedade minimizada se tornam o objetivo a ser alcançado por toda luta contra a sujeição e a exploração, mas também o objetivo que começa a ser alcançado na prática de alianças que se forma a distância, a fim de atingir esse mesmo objetivo. Lutamos na precariedade, a partir dela e contra ela. Portanto, não é por um amor generalizado pela humanidade ou por um puro desejo de paz que nos esforçamos para viver juntos. Vivemos juntos porque não temos escolha, e embora algumas vezes nos insurjamos contra essa condição não escolhida, continuamos obrigados a lutar para ratificar o valor máximo desse mundo social não escolhido, uma ratificação que não é exatamente uma escolha, uma luta que se faz conhecida e sentida precisamente quando exercemos a liberdade de um modo necessariamente comprometido com o igual valor das vidas. Podemos estar vivos ou mortos para os sofrimentos dos outros – eles podem estar vivos ou mortos para nós. Mas é só quando entendemos que o que acontece lá também acontece aqui e que "aqui" já é necessariamente outro lugar, que temos uma chance de compreender as difíceis e instáveis conexões globais de formas que nos permitem conhecer o transporte e a restrição do que ainda podemos chamar de ética.

A VIDA PRECÁRIA E A ÉTICA DA CONVIVÊNCIA

Notas

1. Susan Sontag, "Looking at War: Photography's View of Devastation and Death", in *Regarding the Pain of Others* (Nova York, Picador, 2003) [ed. bras.: *Diante da dor dos outros*, São Paulo, Companhia das Letras, 2003).
2. Ver, de minha autoria, *Parting Ways: Jewishness and the Critique of Zionism* (Nova York, Columbia University Press, 2012), p. 23; e <http://laphilosophie.blog.lemonde.fr/2013/03/21/levinas-trahi-la-reponse-judith-butler/>. Ver também as declarações de Lévinas sobre as "hordas asiáticas" que ameaçam as bases éticas da cultura judaico-cristã em Emmanuel Lévinas, "Jewish Tought Today", em *Difficult Freedom: Essays on Judaism*, trad. de Sean Hand (Baltimore, Johns Hopkins University Press, 1990), p. 165. Isso é discutido de maneira mais completa em meu livro *Giving an Account of Oneself* (Nova York, Fordham University Press, 1995), p. 90-96 [ed. bras.: *Relatar a si mesmo*, São Paulo, Autêntica, 2015].
3. Ver meu *Parting Ways*.
4. Hannah Arendt, *Eichmann in Jerusalem: A Report on the Banality of Evil* (Nova York, Schocken Books, 1963), p. 277-278 [ed. bras.: *Eichmann em Jerusalém: um relato sobre a banalidade do mal*, São Paulo, Companhia das Letras, 1999].
5. Ver a infame carta que Arendt escreveu para Karl Jaspers em 1961 na qual ela deixa clara a sua repugnância aos judeus de ascendência árabe: "Minha primeira impressão. No topo, os juízes, a nata dos judeus alemães. Abaixo deles, os advogados de acusação, galicianos, mas ainda assim europeus. Tudo organizado por uma força policial que me dá arrepios, falam apenas hebraico e parecem árabes. Há alguns tipos totalmente brutais entre eles, que seguiriam qualquer ordem. E, do lado de fora, a turba oriental, como se estivéssemos em Istambul ou outro país metade asiático. Além deles, e bastante visíveis em Jerusalém, os judeus de *peies* e *caftans*, que tornam a vida impossível para todas as pessoas razoáveis daqui." Ver Hannah Arendt e Karl Jaspers, *Correspondence* 1926-1969, ed. de Lotte Kohler e Hans Saner, trad. de Robert e Rita Kimber (Nova York, Harcourt Brace Jovanovich, 1985), Letter 285, April 13, 1961, p. 435.
6. Meron Benvenisti, "The Binationalism Vogue", *Haaretz*, 30 de abril de 2009, disponível em: <http://www.haaretz.com/print-edition/opinion/the-binationalism-vogue-1.275085>.

4. A vulnerabilidade corporal e a política de coligação

Proponho começar este capítulo focando três questões: vulnerabilidade corporal, coligações e a política das ruas – mas talvez não exatamente para amarrar nenhuma dessas questões de maneira completamente óbvia. Em seguida, gostaria de fazer uma consideração sobre a vulnerabilidade como uma forma de ativismo ou como aquilo que é de algum modo mobilizado em formas de resistência. Como sabemos, a política nem sempre acontece nas ruas; a política nem sempre coloca a vulnerabilidade em primeiro plano, e coligações podem ser formadas a partir de diversas disposições, não necessariamente de um sentido compartilhado de vulnerabilidade. Na verdade, posso apostar que o nosso ceticismo sobre a vulnerabilidade é enorme. As mulheres há muito têm sido associadas à vulnerabilidade, e não existe maneira clara de derivar uma ética, muito menos uma política, dessa noção. Portanto, admito prontamente que terei muito trabalho a fazer ao sugerir que essas três ideias podem contribuir uma para a outra de maneira útil e podem levar a uma consideração útil sobre a vulnerabilidade.

Minha interpretação cada vez mais urgente a respeito de falar em público, ou de escrever para um público, não é a de que isso deveria

CORPOS EM ALIANÇA E A POLÍTICA DAS RUAS

nos levar imediatamente a um caminho de ação; trata-se, na verdade, de uma oportunidade de parar para refletir, em conjunto, sobre as condições e as direções da ação, uma forma de refletir que tem valor próprio e que não se reduz a algo instrumental. Na verdade, se esse tipo de pausa é ou não parte da ação e do ativismo é outra questão, mas meu impulso considerado é dizer que sim, ela é, mas não é apenas isso, ou não exclusivamente isso. Nesta ocasião, quero pensar sobre esses três tópicos com o objetivo de deixar de lado algumas das interpretações equivocadas que poderiam surgir com facilidade. Considerando, por exemplo, as gangues racistas e os ataques violentos, não posso dizer que toda reunião de corpos nas ruas seja uma boa coisa, ou que devamos celebrar as manifestações de massa ou que corpos reunidos em assembleia formam certo ideal de comunidade ou mesmo uma nova política digna de louvor. Embora algumas vezes os corpos reunidos nas ruas sejam claramente motivo de alegria e até esperança – e a reunião de multidões às vezes de fato se torna ocasião para esperança revolucionária –, precisamos lembrar que a frase "corpos nas ruas" pode se referir, do mesmo modo, a manifestações da direita, a soldados militares armados para reprimir manifestações ou tomar o poder, a grupos de linchamento ou a movimentos populistas anti-imigração que ocupam o espaço público. Sendo assim, as assembleias não são intrinsecamente boas nem intrinsecamente ruins, mas assumem valores diferentes, dependendo do motivo pelo qual se reúnem e de como essa reunião funciona. Ainda assim, a ideia de corpos juntos nas ruas deixa as pessoas de esquerda entusiasmadas, pois é como se o poder estivesse sendo tomado, retomado, assumido e incorporado de uma maneira que prenuncia a democracia. Entendo esse entusiasmo, tomada pelo qual já cheguei inclusive a escrever, mas aqui vou rever algumas das minhas dúvidas, algumas das quais suspeito que não sejam apenas minhas.

Desde o início temos que estar preparados para fazer a seguinte pergunta: em que condições os corpos reunidos nas ruas são um

A VULNERABILIDADE CORPORAL E A POLÍTICA DE COLIGAÇÃO

motivo para comemorar? Ou: quais formas de assembleia realmente funcionam no sentido de concretizar ideais mais elevados de justiça e igualdade ou até mesmo a própria democracia?[1]

Podemos no mínimo dizer que as manifestações que têm como objetivo concretizar a justiça e a igualdade são dignas de louvor. Mas obviamente se exige que definamos os nossos termos, uma vez que, como sabemos, existem visões conflitantes de justiça e, com certeza, muitas maneiras diferentes de pensar sobre a igualdade e de valorá-la. Outro problema imediatamente se apresenta: em determinadas partes do mundo, as alianças políticas não tomam, ou não podem tomar, a forma das assembleias de rua, e há razões importantes para isso. Basta levar em consideração as condições de intensa vigilância policial ou de ocupação militar que afastam as pessoas das ruas e dos mercados. Nessas situações, as multidões não podem tomar as ruas sem que as pessoas corram risco de prisão, injúria ou morte, então as alianças algumas vezes se dão de outras formas, formas que procuram maneiras de minimizar a exposição enquanto as reivindicações por justiça são feitas. As greves de fome nas prisões, como as que aconteceram na Palestina durante a primavera de 2012 e ainda acontecem esporadicamente, também são formas de resistência restritas à força a espaços confinados, onde corpos em formas equivalentes de isolamento reivindicam liberdade, processos justos e o direito de se mover no espaço público e exercitar liberdades públicas. Então vamos lembrar que a exposição corporal pode assumir formas diferentes. Uma elevada exposição corporal acontece quando as assembleias expõem deliberadamente os corpos ao poder policial nas ruas ou em outros domínios públicos. É também o que acontece todos os dias em condições de ocupação, quando caminhar pelas ruas ou tentar passar por um ponto de controle significa tornar o corpo suscetível a assédio, injúria, detenção ou morte. Outras formas de exposição corporal ainda acontecem nas prisões, nos campos de detenção e nos campos de refugiados, onde militares

CORPOS EM ALIANÇA E A POLÍTICA DAS RUAS

e policiais exercem tanto o poder de vigilância quanto o poder de dar voz de prisão, de fazer uso da força, de impor o isolamento e de determinar como e quando alguém pode comer ou dormir, e em que condições. Então obviamente não se trata de afirmar que a exposição corporal é sempre um bem político ou mesmo a estratégia mais bem-sucedida para um movimento emancipatório. Algumas vezes o objetivo de uma luta política é exatamente superar as condições indesejadas da exposição corporal. Outras vezes a exposição deliberada do corpo a uma possível violência faz parte do próprio significado de resistência política.

É claro que precisamos também considerar que algumas formas de assembleia política não acontecem nas ruas ou nas praças, exatamente porque ruas e praças não existem ou não constituem o centro simbólico dessa ação política. Um movimento pode ser impulsionado, por exemplo, com o propósito de estabelecer uma infraestrutura adequada – podemos pensar nas permanentes *shantytowns* (favelas) ou *townships* (municipalidades) na África do Sul, no Quênia e no Paquistão; os abrigos temporários construídos ao longo das fronteiras da Europa; e também os *barrios* na Venezuela ou as *barracas* em Portugal. Esses espaços são povoados por grupos de pessoas – incluindo imigrantes, posseiros e ciganos – que lutam apenas por água potável e corrente, banheiros que funcionem, por vezes uma porta nos banheiros públicos, ruas pavimentadas, trabalho remunerado e suprimentos necessários. A rua, portanto, nem sempre é o palco garantido para certos tipos de assembleias públicas. A rua, o espaço e a via pública também são um bem público pelo qual as pessoas lutam: uma necessidade de infraestrutura que constitui uma das reivindicações de certas formas de mobilização popular. A rua não é apenas a base ou a plataforma de uma reivindicação política, mas um bem de infraestrutura. Assim, quando as assembleias se reúnem em espaços públicos para lutar contra a dizimação dos bens de infraestrutura e contra medidas de austeridade que, por exemplo,

A VULNERABILIDADE CORPORAL E A POLÍTICA DE COLIGAÇÃO

acabariam com a educação pública, as bibliotecas, os sistemas de trânsito e as rodovias, descobrimos que algumas vezes a luta é pela própria plataforma. Em outras palavras, não podemos sequer lutar por bens de infraestrutura quando não somos capazes de assumi--los em um grau ou outro. Portanto, quando as condições de infraestrutura para a política são dizimadas, dizimam-se também as assembleias que dependem delas. Nesse ponto, a própria condição do político é um dos bens pelos quais as assembleias públicas acontecem. Esse pode ser o duplo significado da infraestrutura em condições nas quais bens públicos são crescentemente desmantelados pela privatização.[2]

Na realidade, a reivindicação por infraestrutura é uma demanda por certo tipo de terreno habitável, e seu significado e sua força derivam exatamente dessa falta. Esse é o motivo por que a reivindicação não é por todas as formas de infraestrutura, uma vez que algumas servem à dizimação da vida possível de ser vivida (formas militares de detenção, aprisionamento, ocupação e vigilância, por exemplo) enquanto outras a sustentam. Em alguns casos, a rua não pode ser tomada como um espaço garantido de aparecimento, o espaço arendtiano da política, pois existe, como sabemos, uma luta para estabelecer esse terreno ou para recuperá-lo do controle da polícia.[3] A possibilidade de fazê-lo, entretanto, depende da eficácia performativa em criar um espaço político com base nas condições de infraestrutura existentes. Arendt está pelo menos parcialmente certa quando afirma que o espaço de aparecimento passa a existir no momento da ação política. Com certeza um pensamento romântico, uma vez que nem sempre é tão fácil fazer isso na prática. Ela presume que as condições materiais do encontro estão separadas de qualquer espaço particular de aparecimento, mas a tarefa na verdade consiste em deixar que a infraestrutura se torne parte da nova ação, até mesmo como um ator colaborativo. Mas quando a política está orientada no sentido de criar e preservar as condições que proporcionem vidas

CORPOS EM ALIANÇA E A POLÍTICA DAS RUAS

vivíveis, então parece que o espaço de aparecimento nem sempre pode ser separado das questões relativas a infraestrutura e arquitetura, e que elas não apenas condicionam a ação, mas participam da criação do espaço da política.

É claro que a rua não é o único suporte de infraestrutura para a fala e para a ação política. Ela também é uma importante questão e objeto para a mobilização política. De alguma maneira, já estamos familiarizados com a ideia de que a liberdade só pode ser exercitada quando existe um suporte, entendido algumas vezes como uma condição material que torna esse exercício possível e poderoso. Na verdade, presume-se que o corpo que exercita o discurso ou se move no espaço, atravessando fronteiras, seja capaz de falar e de se mover. Presume-se que um corpo que seja ao mesmo tempo suportado e agente seja uma condição necessária para outros tipos de mobilização. Na verdade o próprio termo "mobilização" depende de um sentido operativo de mobilidade, que é um direito em si mesmo, embora para muitas pessoas não seja algo garantido. Para que o corpo se mova normalmente é preciso que exista algum tipo de superfície (a menos que ele esteja voando ou nadando) e suportes técnicos que permitam o movimento a sua disposição. O pavimento e a rua, portanto, devem ser entendidos como exigências do corpo enquanto exerce seus direitos de mobilidade. Eles se tornam parte da ação em vez de apenas seu suporte.

Poderíamos certamente fazer uma lista de como essa ideia de um corpo, apoiado e agente, implicado na infraestrutura que torna o movimento possível, atua de forma implícita ou explícita em diversos movimentos políticos – lutas por comida e habitação, pela proteção contra a injúria e a destruição, pelo direito ao trabalho e a uma assistência médica acessível. Então, em algum nível, estamos perguntando sobre a ideia implícita do corpo atuando em certos tipos de reivindicação e mobilização política; em outro nível, estamos tentando descobrir como as mobilizações tomam como objeto de suas

A VULNERABILIDADE CORPORAL E A POLÍTICA DE COLIGAÇÃO

preocupações políticas aquelas exigências e suportes que não podem ser dissociados do que chamamos de corpo humano. Defendo que em condições nas quais infraestruturas estão sendo dizimadas, a própria plataforma política se torna o objeto em torno do qual a mobilização política recupera suas forças. Isso significa que as reivindicações feitas em nome do corpo (proteção, abrigo, nutrição, mobilidade, expressão) algumas vezes devem acontecer com o corpo e por meio dele e das suas dimensões técnicas e de infraestrutura. Quando isso acontece, parece que o corpo constitui os meios e os fins da política.[4] Mas o ponto é precisamente sublinhar que o corpo não está isolado de todas essas condições, tecnologias e processos de vida que o tornam possível.

Quando falo dessa maneira, parece que estou tentando recorrer a uma ideia sobre o corpo humano e talvez sobre suas necessidades essenciais. Mas esse não é exatamente o caso. Um corpo tão invariável e suas necessidades permanentes se tornariam a medida pela qual julgamos certas formas de organização econômica e política como suficientes para o desenvolvimento humano, ou insuficientes, ou seja, formas que minam esse desenvolvimento. Mas se a ideia do corpo como um terreno ou uma medida é normalmente a de um corpo singular (o "nós" é o grupo de pessoas que no momento concorda em levar essa perspectiva em consideração), até mesmo um corpo ideal ou típico, então isso vai contra a forma como o corpo deveria ser entendido, na minha concepção, nos termos das redes de relações que o apoiam. Se encaramos a questão como individual, podemos dizer que todo corpo singular tem um determinado direito ao abrigo e à alimentação. Embora universalizemos com essa declaração ("todo" corpo tem esse direito), também particularizamos ao entender o corpo como algo distinto e individual, e esse corpo individual é ele mesmo um modelo do que o corpo é e de como ele deve ser conceitualizado. Com certeza isso parece obviamente certo, mas considere que a ideia desse sujeito corporal individual de

CORPOS EM ALIANÇA E A POLÍTICA DAS RUAS

direitos pode não capturar o sentido de vulnerabilidade, exposição e até mesmo dependência que é sugerido pelo próprio direito e que corresponde, eu sugeriria, a uma visão alternativa do corpo. Em outras palavras, se aceitamos que parte do que constituiu um corpo (e, no momento, essa é uma afirmação ontológica) é a sua dependência de outros corpos e de redes de apoio, então estamos sugerindo que conceber os corpos individuais como completamente distintos um do outro não está, de forma alguma, certo. É claro que os corpos não estão misturados em um corpo social amorfo, mas se não podemos estabelecer prontamente o significado político do corpo humano sem entender as relações por meio das quais ele vive e floresce, deixamos de construir a melhor argumentação possível para os vários fins políticos que buscamos atingir. O que estou sugerindo é que não se trata apenas de esse ou aquele corpo estar conectado a uma rede de relações, mas que o corpo, apesar das suas fronteiras claras, ou talvez precisamente em virtude dessas fronteiras, é definido pelas relações que fazem sua vida e sua ação possível. Como espero demonstrar, não podemos entender a vulnerabilidade corporal fora dessa concepção de suas relações constitutivas com outros humanos, processos vivos, condições inorgânicas e meios de vida.

Antes de elaborar sobre esse sentido de relação, quero prosseguir com a ideia de que a vulnerabilidade não se reduz a uma particularidade ou a uma disposição episódica de um corpo distinto, mas é, na verdade, um modo de relação que repetidas vezes coloca algum aspecto dessa distinção em questão. Isso vai ser relevante quando tentarmos falar sobre grupos ou coligações políticas, e até mesmo quando tentarmos falar sobre resistência. Os corpos não vêm ao mundo como agentes automotrizes; o controle motor se estabelece com o tempo; o corpo é inserido na vida social antes de mais nada em condições de dependência, como um ser dependente, o que significa que mesmo os primeiros momentos de vocalização e movimento estão respondendo a um conjunto de condições para a sobrevivência

A VULNERABILIDADE CORPORAL E A POLÍTICA DE COLIGAÇÃO

em constante transformação. Essas condições incluem pessoas em algum lugar, mas não necessariamente outra pessoa corporificada que, a propósito, só possui os meios e a capacidade de alimentar e abrigar quando também está apoiada. É por esse motivo que os cuidadores não apenas proporcionam suporte para os outros, mas requerem suas próprias condições de suporte (o que significa condições vivíveis de trabalho e descanso, compensação, habitação e assistência médica). As condições de suporte nos momentos mais vulneráveis da vida são elas mesmas vulneráveis, e essas condições são em parte de infraestrutura, em parte humanas e em parte técnicas. Mesmo que admitamos que isso pode muito bem ser verdadeiro para as crianças, ao mesmo tempo que mantemos certo ceticismo em relação ao humano adulto, quero sugerir que ninguém, por mais crescido que seja, se livra dessa condição particular, caracterizada como dependente e suscetível. A questão me parece surgir da afirmação de que maneiras primárias de organizar o cuidado estão ligadas a formas sociais e políticas de trabalho e direito mais amplas. Dito isso, estamos falando apenas sobre corpos humanos e seguindo uma linha de pensamento que convencionalmente liga a psicanálise ao marxismo? Quero responder que sim e não exatamente, e por razões que talvez Donna Haraway já tenha explicado exaustivamente. Se não podemos realmente falar sobre corpos sem mencionar os ambientes, as máquinas e os sistemas complexos de interdependência social nos quais se apoiam, então todas essas dimensões não humanas da vida corporal provam ser dimensões constitutivas da sobrevivência e do desenvolvimento humano. Apesar dos muitos séculos de afirmações sobre o *Homo erectus*, o homem não fica de pé sozinho.[5] Certamente existem exemplos de pessoas de todas as idades que dependem de máquinas, e a maioria de nós se vê dependente de máquinas ou da tecnologia em um ponto ou outro da vida. Pode-se dizer algo similar sobre a relação não contingente entre humanos e animais. Os corpos humanos não se distinguem de nenhuma maneira dos corpos dos animais, embora possamos facilmente admitir algumas diferenças. Entretanto, não basta dizer que a dimensão corporal do humano deva ser considerada como a dimensão animal, como uma tradição filosófica lamentavelmente longa tem costumado fazer. No fim das contas, a criatura humana já está em uma relação com o animal, e não no sentido de que o animal seja o "Outro" para o humano, mas sim porque o humano já é um animal, embora não exatamente como todos os outros animais (na verdade, nenhum tipo de animal é exatamente como todos os outros tipos, e a categoria de animal, por definição, permite essa variação interna). Além disso, um grande conjunto de processos vitais atravessa o humano e o animal, mantendo uma indiferença inabalável em relação à distinção entre um e outro. Um dos argumentos de Haraway é que as formas de dependência entre o humano e o animal sugerem que, em parte, eles são constituídos do outro e por meio um do outro. Se tomamos essa dependência como algo central, então a diferença entre animal e humano se torna secundária (ambos são dependentes, e dependem um do outro, precisando um do outro para serem os tipos de seres que são). Nesse sentido, as distinções ontológicas entre ambos surgem das relações que existem entre eles. Portanto, as distinções analíticas que tendemos a fazer entre máquina, humano e animal se apoiam todas em um certo encobrimento de relações misturadas ou de dependência.[6]

Comecei afirmando que devemos repensar a relação entre corpos, coligações e a política das ruas, e sugeri que algumas das condições não humanas e de infraestrutura para a ação humana acabam sendo os próprios objetivos da mobilização política, e que isso parece ser especialmente verdadeiro em condições nas quais os bens de infraestrutura estão sendo dizimados de maneira ampla e rápida. Sugeri também que os corpos estão implicados nesse tipo de luta de pelo menos duas maneiras: como a terreno e como o objetivo da política. Além disso, sugeri que repensemos a relação entre o corpo humano

A VULNERABILIDADE CORPORAL E A POLÍTICA DE COLIGAÇÃO

e a infraestrutura de modo que possamos colocar em questão a autonomia e a autossuficiência do corpo humano imaginado de forma singular, mas também sugeri uma maneira de pensar sobre o corpo humano como um certo tipo de dependência da infraestrutura, entendida de maneira complexa como ambiente, relações sociais e redes de apoio e sustentação que atravessam as linhas que separam o humano, o animal e o técnico. Afinal, ainda que venhamos a entender e enumerar as necessidades do corpo em nome das quais as pessoas travam lutas políticas, estamos afirmando que a luta política atinge seus objetivos quando essas necessidades são atendidas? Ou também lutamos para que os corpos floresçam e para que as vidas se tornem vivíveis? Estou usando uma palavra depois da outra, procurando um conjunto de termos relacionados como uma maneira de abordar um problema que resiste a uma nomenclatura técnica; nenhuma palavra pode descrever de maneira adequada o caráter e o objetivo dessa luta humana, essa luta coordenada ou essa luta coletiva que parece formar um significado de movimento ou mobilização política.

Parece importante manter tudo isso em jogo precisamente porque há duas tendências argumentativas algumas vezes difíceis de considerar em relação uma com a outra. Um argumento é que os corpos deveriam ter aquilo de que precisam para sobreviver, pois a sobrevivência certamente é uma precondição para realizar os objetivos políticos mais amplos da vida, objetivos claramente diferentes da sobrevivência propriamente dita (essa era algumas vezes a visão de Hannah Arendt). O outro é que não existe objetivo político separável da reprodução justa e equitativa das condições da vida em si, incluindo o exercício da liberdade. Podemos dizer que sobrevivemos precisamente para viver, e, portanto, separar a sobrevivência e a vida dessa maneira? Ou será que a sobrevivência deveria ser sempre mais do que simplesmente sobrevivência para conseguir ser possível de ser vivida?[7] Afinal, algumas pessoas de fato sobrevivem a deter-

CORPOS EM ALIANÇA E A POLÍTICA DAS RUAS

minados tipos de traumas, mas isso não significa que estão vivendo no sentido pleno. E embora não saiba como distinguir entre viver em um sentido pleno e viver em um sentido não tão pleno, entendo que exista uma importância nessa distinção. Podemos concluir que a reivindicação pela sobrevivência está ligada à demanda por uma vida possível de ser vivida? Quando somos perguntados sobre o que constitui as condições para uma vida vivível, temos de ser capazes de responder sem pressupor um ideal único ou uniforme para essa vida. Não é uma questão, na minha opinião, de descobrir o que "o humano" realmente é ou mesmo o que uma "vida humana" deveria ser. Na verdade, me parece que a dimensão criatural da existência humana nos impede de avançar nesse momento. Afinal de contas, dizer que humanos são também animais não é abraçar a bestialização como uma condição aviltante ou degradada, mas repensar as inter-relações orgânicas e inorgânicas nas quais qualquer um reconhecidamente humano surge; em outras palavras, o animal humano nos permite repensar as próprias condições de ter uma vida vivível. Não precisamos de mais nenhuma forma ideal do humano que sempre implique formas inferiores do mesmo, o que torne invisíveis modos de vida que não podem ser traduzidos nesse modelo, tornando-os certamente menos vivíveis em vez de mais vivíveis. Mas é exatamente por que "o humano" continua a ser algo tão politicamente carregado, e precisamente por essas razões, que devemos repensar o seu lugar reduzido em um conjunto de relações, a fim de que possamos investigar as condições nas quais "o humano" é reconhecido de maneiras diferenciadas.[8] Quando digo que "nós" temos que refletir sobre essa categoria, talvez esteja lançando mão de um conceito humanista de discurso para mostrar que a categoria ainda nos controla mesmo enquanto tentamos nos liberar de sua contenção.

No início, confessei que ainda experimento certa palpitação, que remete aos meus anos de adolescência, quando corpos se reúnem nas ruas, e ainda assim desconfio bastante das visões políticas que

A VULNERABILIDADE CORPORAL E A POLÍTICA DE COLIGAÇÃO

sustentam, por exemplo, que a democracia tem que ser entendida como o acontecimento de uma multidão que se reúne. Acho que não. Parece-me que temos que perguntar o que une um determinado grupo, que reivindicação está sendo compartilhada ou que sentido experimentado de injustiça e não viabilidade da vida, que indicação da possibilidade de mudança acentua o sentido coletivo das coisas. Para que tudo isso seja democrático, é preciso que haja uma oposição às desigualdades existentes e crescentes, a condições de precariedade sempre crescentes para muitas populações, tanto local quanto globalmente, e a formas de controle autoritário e securitário que buscam suprimir os processos e movimentos democráticos. Embora algumas vezes realmente imaginemos que a deliberação e a ação política acontecem na forma de uma assembleia, existem outras maneiras de deliberar e de agir que não pressupõem a ocupação do mesmo espaço físico. Existem corpos que se reúnem nas ruas ou on-line, ou por meio de outras redes de solidariedade menos visíveis, especialmente no caso dos prisioneiros cujas reivindicações políticas são feitas através de formas de solidariedade que podem ou não aparecer diretamente em um espaço público qualquer, e cuja solidariedade, quando surge, se apoia em uma exclusão comum e forçada do espaço público, e um isolamento forçado em celas monitoradas pela polícia ou agentes de segurança. Isso levanta a questão sobre que forma a liberdade de assembleia assume quando é negada como um direito de maneira explícita. Quando dizemos que não existe liberdade de assembleia na prisão, ou que ela é limitada, então certamente reconhecemos que os presos foram privados dessa liberdade de maneira forçada, e podemos assim debater a justiça ou a injustiça de terem sido privados dessa dimensão tão essencial da cidadania. Concordo inteiramente. Ao mesmo tempo, no entanto, quero sugerir que maneiras furtivas e algumas vezes efetivas de exercitar a liberdade de assembleia de fato acontecem na prisão, e que não seremos capazes de conceitualizar essa forma de resistência sem

CORPOS EM ALIANÇA E A POLÍTICA DAS RUAS

admitir esse ponto. As formas de solidariedade e ação que emergem dentro das prisões, incluindo as greves de fome, também constituem uma forma de liberdade de assembleia, ou uma forma de solidariedade implicada por essa liberdade, e isso também precisa ser reconhecido como uma forma ativa de resistência. Então já podemos perceber que as ruas e as praças não são as únicas plataformas de resistência política, e que onde não existe liberdade para ocupar as praças e ir para as ruas, certamente existem terrenos de resistência. As quatro paredes da cela de uma prisão também acabarem sendo uma plataforma, análoga, quem sabe, ao tanque de guerra virado de ponta-cabeça, que de repente se torna uma plataforma na qual as pessoas sobem para expressar sua oposição pública aos militares, como aconteceu no Cairo em 2009? O corpo confinado nem sempre tem a liberdade para se mover, mas pode ainda assim fazer uso do seu confinamento para expressar resistência? Nesses momentos, a praça pública não é o suporte para essa ação (embora as pessoas reunidas ali, apoiando os que estão na prisão, certamente possam constituir um apoio, e fazer uso desse suporte espacial de seu poder simbólico), mas o suporte assume ainda outro significado, no interior e no exterior, em modos de solidariedade, por meio de formas pelas quais os corpos podem exercer a recusa de comer e trabalhar, imaginar modos de comunicação e se recusar a cumprir o papel de prisioneiro funcional, intervindo para se opor à reprodução da instituição da prisão. As prisões dependem da regulação bem-sucedida dos atos e movimentos humanos, da reprodução do corpo do prisioneiro, e quando esse poder regulatório falha – e ele falha –, em uma greve de fome, por exemplo, a prisão também perde a sua capacidade de funcionar. Além disso, esse fracasso em funcionar também está ligado à exposição ao risco ou à morte do prisioneiro. Devemos nos lembrar de que em *Na colônia penal*, de Kafka, o aparato de punição destrói o prisioneiro precisamente quando sai do controle. Essa perda de controle é, quem sabe, induzida por aquele que faz

A VULNERABILIDADE CORPORAL E A POLÍTICA DE COLIGAÇÃO

greve de fome quando o que se deseja na realidade é expor a máquina assassina que a prisão sempre foi, mesmo quando funciona de modo eficiente. Porque se a reprodução efetiva do prisioneiro acontece conjuntamente com a dizimação da condição de viabilidade da vida do prisioneiro, então o movimento cujo destino é a morte já está acontecendo antes mesmo de qualquer greve de fome. A greve de fome expõe o trato com a morte que já está em curso na prisão. Nesse sentido, a greve de fome é uma representação corporal, seguindo protocolos próprios de performatividade; ela representa o que deseja mostrar, e aquilo ao que deseja resistir.

É claro que cada uma dessas situações tem que ser considerada em seu devido contexto. As assembleias recentes nas ruas e nas praças públicas, sejam as dos movimentos Occupy e do Los Indignados, na Espanha, estavam preocupadas em proporcionar um apoio provisório para aqueles reunidos, ao mesmo tempo que procuravam promover reivindicações mais amplas por formas de apoio permanente em condições nas quais mais e mais pessoas estavam perdendo o emprego, sofrendo cortes salariais, perdendo moradia e benefícios públicos. Portanto, a assembleia não espelha exatamente a estrutura mais ampla do mundo econômico. Mas alguns princípios são elaborados nessas assembleias menores que ainda assim podem produzir – ou renovar – ideais de igualdade e interdependência que podem muito bem ser transpostos para contextos nacionais e globais mais abrangentes. O que a assembleia faz e o que ela diz são coisas que estão ligadas, embora nem sempre sejam a mesma coisa: a reivindicação política é ao mesmo tempo representada e feita, exemplificada e comunicada. Tudo o que isso significa é que existe uma dimensão invariavelmente performativa para os tipos de reivindicações que são feitas, em que a performatividade funciona como uma relação cruzada entre corpo e linguagem. Não vamos às ruas, portanto, exclusiva ou primariamente como sujeitos portadores de direitos abstratos. Vamos às ruas porque precisamos andar ou nos mover nas ruas. Precisamos que ruas sejam

CORPOS EM ALIANÇA E A POLÍTICA DAS RUAS

construídas de modo que, não importa se estamos ou não em uma cadeira de rodas, por exemplo, possamos nos mover e passar por esse espaço sem obstrução, assédio, detenção administrativa ou medo de injúrias ou morte. Se estamos nas ruas é porque somos corpos que exigem formas públicas de apoio para se sustentar e se mover, bem como para viver uma vida que importe (acredito que a afirmação abrangente dos estudos sobre deficiência – de que todos os corpos precisam de apoio para se mover – tem implicações quando se pensa sobre o que apoia as mobilizações públicas e, em particular, o que apoia as mobilizações por financiamento público de apoio para infra-estrutura). Essa vulnerabilidade fica evidente, não importa se nos sentimos particularmente vulneráveis no momento. A mobilidade é em si mesma um direito do corpo, mas é também uma precondição para o exercício de outros direitos, incluindo o próprio direito de assembleia. Muitas pessoas estão se mobilizando em torno do direito de marchar, e isso inclui as importantes Marchas das Vadias (Slut Walks) que começaram a acontecer ao redor do mundo como um modo de incorporar e recusar um rótulo e reivindicar as ruas como um lugar que deveria ser livre do assédio e do estupro. Algumas vezes andar é um ato arriscado – andar sozinho à noite, se você é uma mulher ou se é trans – ou se reunir, ainda que a violência policial possa estar esperando. As pessoas estão se mobilizando em torno do direito das mulheres de andar nas ruas com vestimentas religiosas, das mulheres trans andarem até o trabalho ou marcharem em atos de solidariedade com outras mulheres trans ou por lutas sociais mais amplas. O direito de andar nas ruas à noite quando se é negro sem que alguém presuma que você é um criminoso. O direito das pessoas com deficiência de andar, de ter pavimentos e máquinas que tornem esse movimento possível. O direito de um palestino de andar em qualquer rua em Hebrom, onde prevalecem regras do *apartheid*. Esses direitos deveriam ser comuns e ordinários, e algumas vezes são. Mas outras vezes caminhar nas ruas, exercer essa pequena liberdade, representa um desafio a um

A VULNERABILIDADE CORPORAL E A POLÍTICA DE COLIGAÇÃO

determinado regime, uma ruptura performativa menor representada por um tipo de gesto que é ao mesmo tempo um movimento naquele sentido duplo, corporal e político.

Essa ação, eu sugeriria, tem que ser apoiada pela solidariedade, certamente, mas também por condições de infraestrutura, pela lei e pela ausência de esforços violentos ou coercivos para bloquear o caminho. As lutas que mencionei presumem que os corpos foram constrangidos e que correm o risco de ser constrangidos, que podem estar sem trabalho e sem mobilidade, que podem sofrer violência e formas de coerção. Estou tentando dizer que os corpos não são ativos, mas sim vulneráveis? Ou que mesmo corpos vulneráveis podem agir? Meu argumento, na verdade, é que seria tão enganoso pensar sobre o corpo como primariamente e por definição ativo quanto seria pensar no corpo como primariamente e por definição vulnerável e inativo. Se temos que ter uma definição, ela vai depender antes da nossa capacidade de pensar a vulnerabilidade e a atuação conjuntamente. Estou especialmente ciente do quanto pode ser contraproducente entender os corpos das mulheres como particularmente vulneráveis. Entramos imediatamente em um terreno incerto, por conta da longa e lamentável política de gênero que aloca a distinção entre passivo e ativo em mulheres e homens respectivamente. Ainda assim, quando afirmamos que determinados grupos são vulneráveis de maneira diferenciada, estamos dizendo apenas que, sob determinados regimes de poder, alguns grupos são visados mais prontamente que outros, alguns sofrem mais a pobreza do que outros, alguns estão mais expostos à violência policial do que outros. Estamos fazendo uma observação sociológica que, de uma maneira ou outra, teria que ser sustentada. Ainda assim, essa afirmação sociológica pode muito facilmente se tornar um novo modelo de descrição, ponto a partir do qual as mulheres passam a ser definidas pela sua vulnerabilidade. Nesse ponto, a descrição reproduz e ratifica o próprio problema que pretende abordar.

CORPOS EM ALIANÇA E A POLÍTICA DAS RUAS

Essa é uma razão por que devemos prestar atenção ao que significa mobilizar a vulnerabilidade e o que significa, mais especificamente, mobilizar a vulnerabilidade em conjunto. Para muitos de nós, ou seja, para muitas pessoas, o momento de aparecer ativamente nas ruas envolve um risco deliberado de exposição. Talvez a palavra "exposição" nos ajude a pensar a vulnerabilidade sem cair na armadilha da ontologia e do "fundamentacionalismo". Isso é especialmente verdadeiro para aqueles que, expostos, aparecem nas ruas sem permissão, que se opõem à polícia, aos militares ou a outras forças de segurança desarmadas. Ainda que alguém esteja desprovido de proteção, certamente não está reduzido a um tipo de "vida desprotegida". Não existe poder soberano lançando o sujeito para fora do domínio do político propriamente dito; ao contrário, existe uma operação mais variada e difusa de poder e força que detém e lesa corpos nas ruas, nas celas ou na periferia das cidades e nas fronteiras – e isso é uma forma específica de desamparo político.

É claro que as teóricas feministas há um longo tempo argumentam que as mulheres sofrem a vulnerabilidade social de forma desproporcional.[9] E ainda que exista sempre um risco em afirmar que as mulheres são especialmente vulneráveis – considerando que muitos outros grupos podem fazer a mesma afirmação e que a categoria das mulheres é intersectada por classe, raça, idade e vários outros vetores de poder e espaços de potencial discriminação ou injúria –, há alguma coisa importante a ser aproveitada dessa tradição. Algumas vezes a afirmação pode significar que as mulheres têm uma vulnerabilidade imutável e definidora, e esse tipo de argumento fortalece disposições paternalistas de proteção. Se as mulheres são consideradas especialmente vulneráveis e por isso buscam proteção, se torna responsabilidade do Estado ou de outros poderes paternais prover essa proteção. De acordo com esse modelo, o ativismo feminista não apenas reivindica autoridade paterna para práticas e

A VULNERABILIDADE CORPORAL E A POLÍTICA DE COLIGAÇÃO

proteções especiais, como também afirma a desigualdade de poder que situa as mulheres em uma posição de impotência e, consequentemente, os homens em uma posição mais poderosa. E quando não coloca os "homens" apenas e exclusivamente na posição de provedores de proteção, investe as estruturas do Estado da obrigação paternal de facilitar a realização dos objetivos feministas. Essa visão é bastante diferente daquela que afirma, por exemplo, que as mulheres são ao mesmo tempo vulneráveis e capazes de resistência, e que a vulnerabilidade e a resistência podem acontecer, acontecem, e até mesmo devem acontecer ao mesmo tempo, como vemos em certas formas de autodefesa e de instituições feministas (abrigos para mulheres agredidas, por exemplo) que buscam proporcionar proteção sem aumentar os poderes paternalistas, e como acontece por meio das redes que apoiam as mulheres trans na Turquia ou em qualquer outro lugar onde a categoria expandida e expansível das mulheres sofre assédio ou injúria em virtude de aparecer como aparece.

Obviamente existem boas razões para argumentar em favor da vulnerabilidade diferenciada das mulheres; elas sofrem de maneira desproporcional com a pobreza e o analfabetismo, duas dimensões muito importantes de qualquer análise global das condições das mulheres (e duas razões pelas quais nenhuma de nós será "pós-feminista" até que essas condições sejam completamente superadas). Mas muitas das feministas que foram no sentido da vulnerabilidade, por assim dizer, o fizeram para aumentar a posição protegida das mulheres em organizações de direitos humanos e cortes internacionais. Essa judicialização do projeto feminista busca priorizar a linguagem necessária para fortalecer esse apelo aos tribunais. Por mais importantes que esses apelos possam ser, eles fornecem uma linguagem limitada para entender formas feministas de resistência que são populares e extralegais, a dinâmica dos movimentos de massa, as iniciativas da sociedade civil e formas de resistência política informadas e mobilizadas pela vulnerabilidade.

CORPOS EM ALIANÇA E A POLÍTICA DAS RUAS

A necessidade de estabelecer uma política que evite o reentrincheiramento do paternalismo parece clara. Ao mesmo tempo, se essa resistência ao paternalismo se opõe a todas as instituições estatais e econômicas que proporcionam o bem-estar social, então a reivindicação por apoio de infraestrutura se torna incompreensível dentro dos seus termos, até mesmo contraproducente. Essa tarefa, portanto, se torna ainda mais difícil em condições de aumento da precariedade, quando números cada vez maiores de pessoas estão expostas à falta de moradia, ao desemprego, ao analfabetismo e à assistência à saúde inadequada. Na minha perspectiva, a luta é por fazer a reivindicação feminista eficientemente de modo que essas instituições sejam cruciais para a sustentação de vidas ao mesmo tempo que as feministas resistam aos modos de paternalismo que restabeleçam e naturalizem relações de desigualdade.

Portanto, embora o valor da vulnerabilidade tenha sido importante para a teoria e para a política feminista, isso não significa que a vulnerabilidade sirva como uma característica definidora das mulheres como grupo. Eu me oporia a essa tentativa de estabelecer um novo modelo para a categoria das mulheres que se apoie em uma noção fundamental de vulnerabilidade. Na verdade, o próprio debate sobre quem pertence ao grupo chamado "mulheres" marca uma zona distinta da vulnerabilidade, isto é, aquelas que não estão adequadas às normas de gênero e cuja exposição à discriminação, ao assédio e à violência apenas se exacerba por esses motivos. Portanto, um grupo provisoriamente chamado "mulheres" não é mais vulnerável que um grupo provisoriamente chamado "homens", nem é particularmente útil ou verdadeiro tentar demonstrar que as mulheres valorizam mais a vulnerabilidade do que os homens. Ao contrário, certos tipos de atributos definidores de gênero, como a vulnerabilidade e a invulnerabilidade, são distribuídos de maneira desigual em certos regimes de poder, e precisamente com o objetivo de consolidar certos regimes de poder que privam as mulheres de

A VULNERABILIDADE CORPORAL E A POLÍTICA DE COLIGAÇÃO

direitos. Pensamos que os bens são distribuídos de forma desigual no capitalismo, assim como os recursos naturais, especialmente a água, mas deveríamos certamente considerar também que uma maneira de administrar as populações é distribuir a vulnerabilidade de forma desigual de tal modo que "populações vulneráveis" se estabeleçam dentro de um discurso e de uma política. Mais recentemente, notamos que os movimentos sociais e os analistas políticos se referem a populações precárias e que estratégias políticas correspondentes são pensadas com a intenção de amenizar as condições de precariedade.[10] Mas essa mesma reivindicação também é feita por meio de lutas populares mais amplas que tanto expõem quanto mobilizam a precariedade, mostrando, por assim dizer, as possibilidades das ações políticas performativas que surgem em meio à precariedade. Parece claro que se a atribuição da vulnerabilidade ou da precariedade apaga essa forma de reivindicação política, ela enraíza ainda mais a própria condição da qual busca se aliviar.

Portanto, vemos o risco de usar o termo "vulnerabilidade" de uma maneira geral. Mas também existe um risco em se encolher diante do termo? A precariedade dá à vulnerabilidade uma valência política específica, e estamos melhor com um termo ou com o outro? Não tenho certeza se resolvemos a questão mudando de termos, uma vez que ambos envolvem determinados tipos de risco.

É claro que existe uma maneira ainda mais sinistra de manejar tanto a categoria de precariedade quanto a de vulnerabilidade. Dentro dos termos da política tanto econômica quanto militar, certas populações são efetivamente tomadas como passíveis de injúria (impunemente) ou descartáveis (vivendo em uma condição descartável ou não mais vivendo, quase que literalmente dispensadas, uma distinção que constitui um intervalo no espaço-tempo da morte social). Esse tipo de marca explícita ou implícita é usada para justificar a imposição de injúrias a essas populações (como vemos em tempos de guerra, ou na violência do Estado contra os cidadãos sem documen-

CORPOS EM ALIANÇA E A POLÍTICA DAS RUAS

tos). Portanto a "vulnerabilidade" pode ser uma forma de escolher uma população para dizimação. Isso produziu um paradoxo no neoliberalismo e sua noção de "responsabilização", que designa essas populações como responsáveis por sua própria posição precária, ou da sua experiência acelerada da precarização. Em oposição a essa forma nefasta de moralização, os defensores dos direitos humanos têm defendido a ideia de vulnerabilidade quando insistem na necessidade de proteção legal e institucional para esses grupos. A noção de vulnerabilidade funciona aqui de duas maneiras: para atingir uma população ou para protegê-la, o que significa que o termo tem sido usado para estabelecer uma lógica política restritiva de acordo com a qual ser o alvo e ser protegido são as duas únicas alternativas. Podemos ver que o termo, assim empregado, efetivamente eclipsa tanto os movimentos populares (se não formas de soberania popular) quanto as lutas ativas de resistência e por transformações sociais e políticas. Podemos pensar que essas duas maneiras de usar a noção de vulnerabilidade são antagônicas, e são, mas apenas nos termos de uma lógica problemática, uma lógica que desloca algumas outras formas de racionalidade e de prática política provavelmente mais urgentes e promissoras.

Portanto, tomar como alvo e proteger são práticas que pertencem à mesma lógica de poder. Se as populações precárias produziram a sua própria situação, então não estão situadas em um regime de poder que reproduz a precariedade de maneira sistêmica. As suas próprias ações, ou seus próprios fracassos, são a causa da sua situação precária. Se essas populações são vistas como carentes de proteção, e se formas paternalistas de poder (o que algumas vezes inclui a filantropia e as organizações não governamentais humanitárias) buscam se instalar em posições permanentes de poder para representar os desprovidos de poder, então essas mesmas populações são excluídas do processo e das mobilizações democráticas. A resposta para esse dilema não é colocar as populações em situação de precariedade

A VULNERABILIDADE CORPORAL E A POLÍTICA DE COLIGAÇÃO

como hiper-responsáveis em um modelo moral nem, pelo contrário, posicioná-las como populações sofredoras que necessitam do "cuidado" dos bons cristãos (como defende atualmente o discurso social-democrata na França, com a sua afiliação implícita aos valores cristãos).

Essa abordagem toma a vulnerabilidade e a invulnerabilidade como efeitos políticos, efeitos distribuídos de maneira desigual, de um campo de poder que age sobre e por meio dos corpos; essas rápidas inversões mostram que a vulnerabilidade e a invulnerabilidade não são características essenciais de homens ou mulheres, mas, na verdade, processos de formação de gênero, os efeitos de modelos de poder que têm como um de seus objetivos a produção das diferenças de gênero que caminhem lado a lado com a desigualdade. Podemos ver evidências dessa lógica quando se diz, por exemplo, que a masculinidade é "atacada" pelo feminismo – caso em que a masculinidade está na posição "vulnerável" –; ou quando se diz que as pessoas em geral estão sendo "atacadas" por minorias sexuais e de gênero de vários tipos; ou ainda quando se considera agora que o estado da Califórnia está "sob ataque" porque perdeu a sua maioria branca; ou quando se diz que o estado do Arizona está "sob o ataque" de sua população latina, tentando assim estabelecer uma fronteira ainda mais impermeável ao sul. Afirma-se que várias nacionalidades europeias estão agora "sob o ataque" das novas comunidades de imigrantes, com base no que se considera que os grupos dominantes e seus representantes racistas estão ocupando uma posição vulnerável.

Esse uso estratégico da vulnerabilidade vai no sentido contrário do tipo de análise que deriva do feminismo psicanalítico que se desenvolve mais ou menos assim: a posição masculina, interpretada dessa maneira, é efetivamente construída por meio da negação de sua própria vulnerabilidade constitutiva. Acredito que todos conhecemos uma versão ou outra desse argumento.[11] Essa negação ou

CORPOS EM ALIANÇA E A POLÍTICA DAS RUAS

repúdio requer a instituição política da negação, da projeção e do deslocamento. Ela acontece em torno do signo do feminino. Mas essa análise tem que confrontar uma inversão da sua formulação. Afinal de contas, a produção de uma hipervulnerabilidade (da nação, da masculinidade) às vezes estabelece uma lógica para a contenção tanto das mulheres quanto das minorias. Aquele que alcança essa impermeabilidade apaga – ou seja, expurga e exterioriza – todo traço de uma memória de vulnerabilidade, buscando efetivamente controlar os sentimentos contemporâneos de uma vulnerabilidade impossível de ser gerenciada. A pessoa que se considera, por definição, invulnerável diz efetivamente: "Eu nunca fui vulnerável e, se fui, não era verdade e não tenho memória dessa condição, que certamente não é verdadeira agora": o discurso atesta aquilo que nega. Um conjunto cada vez mais prolífico de declarações é desmentido pela condição corporal de sua enunciação, demonstrando algo sobre a sintaxe política do repúdio. Todavia, também nos diz algo sobre como as histórias podem ser contadas de forma a sustentar um ideal de eu que alguém desejaria que fosse verdadeiro; essas histórias dependem do repúdio para manter sua coerência, uma coerência especialmente frágil.

Embora perspectivas psicanalíticas como essa sejam importantes como um modo de compreender essa maneira particular por meio da qual a vulnerabilidade é distribuída ao longo das linhas de gênero, elas percorrem apenas parte do caminho na direção do tipo de análise necessária aqui, uma vez que se dissermos que uma pessoa ou um grupo nega a vulnerabilidade, estaremos assumindo não apenas que a vulnerabilidade já estava presente, mas também que em algum sentido não pode ser negada. A negação é sempre um esforço para desviar do que é obstinadamente verdadeiro, portanto, a refutação potencial da negação é parte de sua própria definição. Nesse sentido, embora a negação da vulnerabilidade seja impossível, ela acontece o tempo todo. É claro que não se pode fazer uma analogia

A VULNERABILIDADE CORPORAL E A POLÍTICA DE COLIGAÇÃO

fácil entre formações individuais e grupais, no entanto, modos de negação ou repúdio podem ser vistos atravessando ambas. Para certos defensores da lógica militar que sustenta a destruição de determinados grupos ou populações, por exemplo, podemos dizer: "Você age como se também não fosse vulnerável ao tipo de destruição que causa." Ou aos defensores de certas formas de economia neoliberal: "Você age como se nunca pudesse vir a pertencer a uma população cujo trabalho e cuja vida são precários, que pode, de repente, ser privada de direitos básicos ou do acesso a moradia ou cuidados médicos, e que vive angustiada sem saber se o trabalho vai chegar algum dia." Dessa maneira, portanto, assumimos que aqueles que buscam expor outros a uma posição vulnerável – ou a colocá-los em uma –, assim como aqueles que buscam assumir e manter uma posição de invulnerabilidade para si mesmos buscam negar uma vulnerabilidade em virtude da qual estão de modo obstinado, se não insuportável, ligados àqueles que buscam subjugar. Se alguém está ligado a outra pessoa contra a própria vontade, mesmo quando, ou precisamente quando, um contrato é o meio de subjugação, essa ligação pode ser literalmente enlouquecedora, uma forma imposta e inaceitável de dependência, como acontece no trabalho escravo e em outras formas coercitivas de contrato. O problema não é a dependência em si, mas a sua exploração tática. E isso, portanto, levanta a questão sobre o que significaria separar a dependência da exploração de modo que uma não signifique imediatamente a outra. As formas de resistência política que defendem formas de autonomia livres de toda dependência talvez cometam esse erro de entender dependência como exploração. É claro que, como Albert Memmi apontou em seu importante texto *Dependence*, o termo tem sido usado para racionalizar formas de poderio colonial, sugerindo que algumas populações são mais dependentes que outras, que precisam do domínio colonial, e que essa é a única maneira de trazê-las, ou parte delas, para a modernidade e a civilização.[12] Mas devemos então deixar que o termo

CORPOS EM ALIANÇA E A POLÍTICA DAS RUAS

permaneça contaminado dessa maneira, ou existe outra maneira de mobilizá-lo, até mesmo forçando um rompimento com seu legado?

De que outra maneira entenderíamos a afirmação geral de que os corpos dependem invariavelmente de relações e instituições sociais estáveis para sobreviver e florescer? Quando fazemos essa afirmação, não estamos dizendo precisamente o que os corpos finalmente são, ou oferecendo uma ontologia geral do corpo? E atribuindo uma primazia geral à vulnerabilidade? Pelo contrário: exatamente porque os corpos são formados e sustentados em relação com apoios de infraestrutura (ou sua ausência) e redes sociais e tecnológicas ou teias de relações, não podemos retirar o corpo das relações que o constituem – e essas relações são sempre específicas, tanto econômica quanto historicamente. Então, quando dizemos que o corpo é vulnerável, estamos dizendo que ele é vulnerável à economia e à história. Isso significa que a vulnerabilidade sempre toma um objeto, é sempre formada e vivida em relação com o conjunto de condições externas, mas, ainda assim, parte do corpo em si mesmo. Podemos dizer, então, que o corpo existe em uma relação extática com as condições de apoio que tem ou demanda, mas isso significa que o corpo nunca existe em um modo ontológico distinto da sua situação histórica. Talvez ajude colocar as coisas da seguinte maneira: O corpo está exposto à história, à condição precária e à força, mas também ao que é espontâneo e oportuno, como a paixão e o amor, a amizade repentina ou a perda repentina e inesperada. Na verdade, pode-se dizer que tudo aquilo que é inesperado em relação à perda toca uma vulnerabilidade nossa que não pode ser prevista nem controlada de antemão. Nesse sentido, a vulnerabilidade denota uma dimensão do que não pode ser antevisto, previsto ou controlado de antemão, e isso pode ser o comentário aleatório feito por alguém que por acaso está no mesmo ônibus que você, ou a perda repentina de uma amizade ou a obliteração brutal de uma vida pela explosão de uma bomba. Essas coisas não são iguais, mas como criaturas que

A VULNERABILIDADE CORPORAL E A POLÍTICA DE COLIGAÇÃO

estão abertas ao que acontece, talvez possamos ser ditos como vulneráveis ao que acontece, quando o que acontece nem sempre pode ser conhecido de antemão. A vulnerabilidade nos implica naquilo que está além de nós e ainda assim é parte de nós, constituindo uma dimensão central do que pode ser provisoriamente chamado de nossa corporificação.

Talvez agora eu consiga esclarecer diversos pontos sobre a vulnerabilidade que não buscam nem idealizar nem diminuir a sua importância política. O primeiro é que a vulnerabilidade não pode ser associada exclusivamente à possibilidade de injúria. Toda capacidade de reação ao que acontece é uma função e um efeito da vulnerabilidade – de estar aberto a uma história, registrando uma impressão ou tendo algo impresso no entendimento. A vulnerabilidade pode ser uma função da abertura, ou seja, de estar aberto a um mundo que não é completamente conhecido ou previsível. Parte do que um corpo faz (para usar a expressão de Deleuze, que deriva de sua leitura de Spinoza) é se abrir para o corpo de outra pessoa, ou de um conjunto de outras pessoas, e por essa razão os corpos não são o tipo de entidades fechadas em si mesmas.[13] Eles estão sempre em algum sentido fora de si mesmos, explorando ou navegando o seu ambiente, estendidos e até mesmo algumas vezes despossuídos por meio dos sentidos.[14] Se podemos nos perder em outra pessoa ou se as nossas capacidades táteis, motoras, visuais, olfativas ou auditivas nos conduzem para além de nós mesmos, isso acontece porque o corpo não permanece no seu próprio lugar e porque um desalojamento desse tipo caracteriza o sentido corporal de maneira mais geral.

É por isso que também é importante falar algumas vezes sobre a regulação dos sentidos como uma questão política – existem certas fotografias de lesão e destruição dos corpos na guerra, por exemplo, que muitas vezes é proibido ver precisamente porque existe o temor de que esse corpo sinta alguma coisa relativa ao que aqueles outros corpos sofreram, ou de que esse corpo, em seu comportamento sen-

CORPOS EM ALIANÇA E A POLÍTICA DAS RUAS

sório para fora de si mesmo, não vá permanecer encerrado, monádico e individual. Na verdade, podemos perguntar que tipo de regulação dos sentidos – esses modos de relacionalidade extática – tem que ser instituída para que o individualismo seja mantido como uma ontologia exigida tanto pela economia quanto pela política.

Ainda que muitas vezes falemos como se a vulnerabilidade fosse uma circunstância contingente e passageira, existem razões para não aceitar isso como uma visão geral. É claro que é sempre possível dizer: "Eu era vulnerável naquela ocasião, mas agora não sou mais." Dizemos isso em relação a situações específicas nas quais nos sentimos em risco ou passíveis de injúria. Podem ser situações econômicas ou financeiras nas quais sentimos que somos explorados, perdemos o emprego ou nos encontramos em condições de pobreza, necessitando da assistência pública que tem sido assiduamente cortada. Ou podem ser situações emocionais nas quais estamos especialmente vulneráveis à rejeição, mas depois descobrimos ter perdido essa vulnerabilidade. Ainda que faça sentido falarmos dessa maneira, faz igual sentido tratar com cuidado as seduções do discurso ordinário nesse momento. E embora possamos sentir de maneira legítima que somos vulneráveis em algumas circunstâncias e não em outras, a condição da nossa vulnerabilidade em si mesma não é mutável. Isso não significa que somos objetiva ou subjetivamente vulneráveis da mesma maneira o tempo todo. Mas significa que se trata de uma característica mais ou menos implícita ou explícita da nossa experiência. Dizer que todos somos seres vulneráveis é marcar a nossa dependência radical não apenas dos outros, mas de um mundo sustentado e sustentável. Isso tem implicações para entender quem somos enquanto seres emocionais e sexualmente passionais, conectados uns com os outros desde o início, mas também como seres que buscam perdurar e cuja persistência pode ser ameaçada ou apoiada, dependendo de as estruturas sociais, econômicas e políticas oferecerem apoio suficiente para uma vida possível de ser vivida.

A VULNERABILIDADE CORPORAL E A POLÍTICA DE COLIGAÇÃO

Populações marcadas por uma vulnerabilidade e uma precariedade diferencial não estão por esse motivo imobilizadas. Quando as lutas políticas surgem para opor tais condições, elas estão mobilizando a precariedade, e algumas vezes até mesmo mobilizando de maneira bastante deliberada a exposição pública do corpo, inclusive quando isso significa ser exposto à violência, à detenção ou até mesmo à morte. Não é que a vulnerabilidade seja convertida em resistência, em um ponto em que a força triunfa sobre a vulnerabilidade. A força não é exatamente o oposto da vulnerabilidade, e isso fica claro, eu sugeriria, quando a própria vulnerabilidade é mobilizada, não como uma estratégia individual, mas coletivamente. Isso provavelmente não é o que Hannah Arendt tinha em mente quando disse que a política depende de uma ação em conjunto – não imagino que ela teria gostado muito das Marchas das Vadias.[15] Mas talvez se repensarmos a visão dela de forma que o corpo, com as suas exigências, se torne parte da ação e objetivo da política, podemos começar a nos aproximar de uma noção de pluralidade pensada juntamente com a performatividade e a interdependência.

Agora, percebo que introduzi termos novos sem ser capaz de deixar seus significados suficientemente claros. "Interdependência" é um desses termos. Faria uma advertência neste sentido: não podemos presumir que a interdependência é um estado bonito da coexistência; ela não é o mesmo que a harmonia social. Inevitavelmente, nos insurgimos contra aqueles de quem somos mais dependentes (ou aqueles mais dependentes de nós), e não existe uma maneira de dissociar a dependência da agressão de uma vez por todas – esta foi, talvez, a reflexão profunda de Melanie Klein, mas certamente também de Thomas Hobbes, em outro idioma. No começo dos anos 1980, a feminista negra norte-americana Bernice Johnson Reagon colocou a questão desta maneira: "Eu sinto como se a qualquer minuto eu fosse desabar e morrer. Com frequência esse é o sentimento quando você está realmente fazendo um trabalho de coligação. Na

CORPOS EM ALIANÇA E A POLÍTICA DAS RUAS

maior parte do tempo, você se sente profundamente ameaçado e, se não se sente assim, não está realmente fazendo nenhuma coligação [...] Você não entra nisso só porque gosta. A única razão pela qual você consideraria tentar se juntar a alguém que poderia matá-lo é porque essa é a única maneira que você imagina de continuar vivo." Mais para o fim das suas observações, ela deixa claro que a interdependência inclui a ameaça da morte. Sobre a ideia de um mundo comum, um mundo que poderíamos chamar de "nosso mundo comum", ela observa: "Você deve ter certeza de que entende que não vai conseguir ter um 'nosso' [como em "nosso mundo"] que não inclua Bernice Johnson Reagon, porque não pretendo ir a lugar nenhum! É por isso que temos que formar coligações, porque não vou deixar vocês viverem se vocês não me deixarem viver. Há um perigo nisso, mas também há a possibilidade de que nós dois possamos viver – se você suportar isso."[16]

Em um sentido, as pessoas que você encontra nas ruas, fora das ruas, nas prisões ou na periferia, no caminho que ainda não é uma rua ou em qualquer porão que hospede a coligação que é possível no momento, não são exatamente aquelas que você escolhe. O que quero dizer é que, na maior parte das vezes, quando chegamos não sabemos quem mais está chegando, o que significa que aceitamos um tipo de dimensão não escolhida para a nossa solidariedade com os outros. Talvez pudéssemos dizer que o corpo está sempre exposto a pessoas e a impressões em relação às quais nada pode fazer, pessoas e impressões que não pode prever nem controlar completamente, e, por fim, que essas condições de corporificação social são aquelas que não intermediamos por completo. Quero sugerir que a solidariedade surge muito mais daí do que dos acordos aos quais aderimos de forma deliberada e consciente.

Finalmente, portanto, como podemos entender a resistência como a mobilização da vulnerabilidade ou da exposição? Deixe-me apenas dizer o seguinte para concluir: Quando os corpos daqueles

A VULNERABILIDADE CORPORAL E A POLÍTICA DE COLIGAÇÃO

que são considerados "dispensáveis" ou "não passíveis de luto" se reúnem em público (como acontece de tempos em tempos quando os imigrantes ilegais vão às ruas nos Estados Unidos como parte de manifestações públicas), eles estão dizendo: "Não nos recolhemos silenciosamente nas sombras da vida pública: não nos tornamos a ausência flagrante que estrutura a vida pública de vocês." De certa maneira, a reunião coletiva dos corpos em assembleia é um exercício da vontade popular, a ocupação e a tomada de uma rua que parece pertencer a outro público, uma apropriação da pavimentação com o objetivo de agir e discursar que pressiona contra os limites da condição de ser reconhecido em sociedade. Mas as ruas e a praça não são a única maneira de as pessoas se reunirem em assembleia, e sabemos que uma rede social produz ligações de solidariedade que podem ser bastante impressionantes e efetivas no domínio virtual.

Quer os corpos apareçam no espaço público desprovidos de tecnologia ou segurando telefones no alto em conjunto (como muitos fazem agora para documentar a violência policial nas manifestações), quer estejam em condições forçadas de isolamento e de privação, o corpo continua sendo um recurso, mas não um recurso inesgotável ou mágico. Um grupo agindo em conjunto tem que ter apoio para agir, e isso adquire um significado especial quando a ação acontece de maneira crescente como uma forma de reivindicar apoio permanente e condições para uma vida possível de ser vivida. Poderia soar como um círculo vicioso, mas não deveria ser surpresa que os corpos reunidos em movimentos sociais estejam fazendo valer a modalidade social do corpo. Essa pode ser uma maneira menor de representar o mundo que desejamos ver ou de recusar o mundo que está nos matando. Não seria uma forma de exposição e persistência deliberadas, a reivindicação corporificada por uma vida possível de ser vivida que se nos mostra a simultaneidade de ser precarizado e agir?

CORPOS EM ALIANÇA E A POLÍTICA DAS RUAS

Notas

1. Uma coisa é defender os direitos das pessoas com quem não concordamos de se reunirem nas ruas, outra coisa é celebrar ou endossar essas manifestações. Ainda que este ensaio não aborde as condições e os limites do direito de assembleia, parece importante destacar desde o início que aceito os direitos de todos os tipos de grupo, incluindo aqueles dos quais discordo com mais veemência, de se reunirem nas ruas. Embora o direito de assembleia certamente tenha os seus limites, minha impressão é de que esses limites são estabelecidos, ao menos de maneira mínima e parcial, pela demonstração convincente de que um grupo representa uma ameaça deliberada ao bem-estar de outros que têm o mesmo e legítimo direito de ocupar o espaço público.

2. Ver o trabalho de Wendy Brown sobre a privatização dos bens públicos, incluindo "Neo-liberalism and the End of Liberal Democracy", *Theory and Event* 7, n. 1 (2003), acessado em 20 de julho de 2014, em: <muse.jhu.edu/journals/theory_and_event/v007/7.1brown.htlm>, e as observações dela sobre privatização em <http://cupe3913.on.ca/wendy-brown-on-the-privatization-of-universities/>.

3. Hannah Arendt, *The Human Condition* (Chicago, University of Chicago Press), p. 198 [ed. bras.: *A condição humana*, São Paulo, Forense Universitária, 2016].

4. Zeynep Gambetti, "Occupy Gezi as Politics of the Body" in The *Making of a Protest Movement in Turkey*, org. de Umut Ozkirimli (Houndmills, Basingstoke, Palgrave Pivot, 2014).

5. Ver "Posture Maketh the Man", in *The Richness of Life: The Essential Stephen J. Gould*, org. de Steven Rose (Nova York, Norton, 2007), p. 467-475.

6. Esse é um argumento defendido por Rosi Braidotti em seu trabalho recente, *The Posthuman* (Cambridge, Polity, 2013), e por Hélène Mialet em *Hawking Incorporated: Stephen Hawking and the Anthropology of the Knowing Subject* (Chicago, University of Chicago Press, 2012).

7. Ver meu "Introduction: Precarious Life, Grievable Life", in *Frames of War: When Life is Grievable?* (Londres, Verso, 2009) [ed. bras.: *Quadros de guerra: quando a vida é passível de luto?*, Rio de Janeiro, Civilização Brasileira, 2015].

8. Ver a visão de Donna Haraway sobre as racionalidades complexas em *Simians, Cyborgs, and Women: The Reinvention of Nature* (Nova York, Routledge, 1991) e no *The Companion Species Manifesto: Dogs, People, and Significant Otherness* (Chicago, Prickly Paradigm Press, 2003).

A VULNERABILIDADE CORPORAL E A POLÍTICA DE COLIGAÇÃO

9. As teóricas feministas da vulnerabilidade são muitas, mas alguns artigos recentes nos dão alguma ideia das importantes implicações políticas dessa noção: Martha A. Fineman, "The Vulnerable Subject: Anchoring Equality in the Human Condition", *The Yale Journal of Law and Feminism* 20, n. 1 (2008); Anna Grear, "The Vulnerable Living Order: Human Rights and the Environment in a Critical and Philosophical Perspective", *Journal of Human Rights and the Environment* 2, n. 1 (2011); Peadar Kirby, "Vulnerability and Globalization: Mediating Impacts on Society", *Journal of Human Rights and the Environment* 2, n. 1 (2011); Martha A. Fineman e Anna Grear (orgs.), *Vulnerability: Reflections on a New Ethical Foundation for Law and Politics* (Burlington, VT, Ashgate, 2013); e Katie E. Oliviero, "Sensational Nation and the Minutemen: Gendered Citizenship and Moral Vulnerabilities", *Signs: Journal of Women and Culture in Society* 32, n. 3 (2011). Ver também Bryan S. Turner, *Vulnerability and Human Rights* (University Park, Pennsylvania State University Press, 2006); e Shani D'Cruze e Anupama Rao, *Violence, Vulnerability and Embodiment: Gender and History* (Oxford, Blackwell, 2005).

10. Para reflexões sobre a precariedade contemporânea, ver Luc Boltanski e Eve Chiapello, *The New Spirit of Capitalism*, trad. de Gregory Elliott (Londres, Verso, 2007) [ed. bras.: *O novo espírito do capitalismo*, São Paulo, WMF Martins Fontes, 2009].

11. O emprego tático da distinção entre o vulnerável e o invulnerável depende também da alocação diferencial da permeabilidade. A linguagem da permeabilidade se tornou bastante importante nos Estados Unidos depois do 11 de Setembro, referindo-se à permeabilidade das fronteiras nacionais, valendo-se das angústias de ser penetrado contra a vontade, a invasão das fronteiras corporais. Tanto as interdições sexuais quanto as normas de gênero estão em ação nessa linguagem, com certeza – o medo do estupro, a prerrogativa de estuprar, para nomear apenas algumas das maneiras pelas quais as diferenças de gênero podem ser estabelecidas por meio dos problemas políticos levantados pela permeabilidade do corpo, uma condição que pode ser apenas gerenciada, mas da qual não podemos escapar (uma vez que todos os corpos possuem orifícios e podem ser perfurados por instrumentos). Ainda assim, segue adiante o projeto impossível segundo o qual um gênero é permeável e o outro não.

12. Albert Memmi, *Dependence: A Sketch for a Portrait of the Dependent,* trad. de Philip A. Facey (Boston, Beacon Press, 1984).

13. Ver Gilles Deleuze, "What Can a Body Do?", in *Expressionism in Philosophy: Spinoza*, trad. de Martin Joughin (Nova York, Zone Books, 1922).

CORPOS EM ALIANÇA E A POLÍTICA DAS RUAS

14. Ver Isabelle Stengers, *Thinking with Whitehead: A Free and Wild Creation of Concepts*, trad. de Michael Chase (Cambridge, MA, Harvard University Press, 2011).

15. Embora tenham significado uma tomada pública e corajosa do espaço público, as Marchas das Vadias também foram criticadas por mulheres negras de maneira pertinente por não entenderem a impossibilidade de se reapropriar do termo "vadia". Ver "On Open Letter from Black Women to the SlutWalk", *Black Women's Blueprint Blog*, September 23, 2011, disponível em: <http://www.blackwomensblueprint.org/2011/09/23/an-open-letter-from-black-women-to-the-slutwalk/>.

16. Bernice Johnson Reagon, "Coalition Politics: Turning the Century", in *Home Girls: A Black Feminist Anthology*, org. de Barbra Smith (Nova York, Kitchen Table: Women of Color Press, 1983), p. 356-357.

5. "Nós, o povo" – considerações sobre a liberdade de assembleia

"Nós, o Povo" é uma frase do Preâmbulo da Constituição dos Estados Unidos que se acredita ter dado início à ruptura legal dos Estados Unidos com a Grã-Bretanha, mas também é uma expressão invocada implicitamente em muitas assembleias públicas que não compartilham o mesmo enquadramento jurídico dos Estados Unidos – *We, the People of Europe?*, de Étienne Balibar, é um exemplo. Na verdade, é raro que essa frase seja escrita ou falada, ainda assim, a sua força performativa é comunicada por outros meios? Meu ponto de partida neste capítulo não são apenas os movimentos Occupy, mas outros tipos de assembleias que surgem justamente quando o espaço público está sendo colocado à venda ou submetido a vários tipos de controle securitário, assim como os movimentos pela educação pública no Chile, em Montreal e por toda a Europa, com os estudantes protestando contra os novos cortes no orçamento e a padronização dos protocolos de excelência. Entretanto, não tenho a intenção de sugerir que todas essas assembleias são iguais, ou que anunciam estruturas perfeitamente paralelas.

Por quais meios a reivindicação pelo espaço público tem sido feita? Se nem sempre é a linguagem que nomeia um povo e o forma

CORPOS EM ALIANÇA E A POLÍTICA DAS RUAS

como uma unidade, será que ela está acontecendo por outros recursos corporais – o silêncio, o movimento coordenado, a permanência e o agrupamento insistente de corpos no espaço público dia e noite que caracterizaram o Movimento Occupy? Talvez essas assembleias recentes nos levem a perguntar se precisamos rever nossas ideias sobre o espaço público para considerar as formas de aliança e solidariedade que dependem apenas parcialmente da capacidade de aparecer na praça pública. Essa foi, é claro, a famosa afirmação de Arendt, de que a política não apenas requer um espaço de aparecimento, mas corpos que de fato apareçam. Para ela, aparecer era uma precondição para o discurso, e apenas o discurso público contava de fato como ação. Nas revoluções, de acordo com ela, havia uma certa ação coordenada ou plural. Mas será que ela consentiria que o movimento plural dos corpos articulasse o "nós", essa pluralidade considerada tão essencial à democracia? Como poderíamos entender a assembleia pública como uma representação política distinta do discurso?

Existem muitos exemplos de pessoas se reunindo, encontrando uma maneira de falar como um coletivo e reivindicando uma mudança na política, expondo a ausência da legitimidade do Estado ou a dissolução de um governo. Embora a Praça Tahrir tenha parecido por algum tempo ser emblemática do poder democrático das assembleias públicas, vimos como as contrarrevoluções utilizam suas próprias ideias sobre quem é "o povo", mesmo que tragam consigo a polícia e as autoridades militares que atacam e aprisionam o povo. Então, se deixamos esse exemplo em expansão guiar nosso pensamento, então nenhuma assembleia popular representa o povo em sua integridade, mas cada proposição do povo por meio da assembleia arrisca ou atrai um conjunto de conflitos que, em contrapartida, leva a um conjunto crescente de dúvidas sobre quem o povo realmente é. Afinal, vamos assumir que *nenhuma* assembleia pode com exatidão se tornar a base para generalizações sobre *todas* as assembleias, e

"NÓS, O POVO"

que os esforços para associar um levante ou uma mobilização em particular com a democracia propriamente dita é tão tentador quanto equivocado – isso interrompe o processo conflituoso por meio do qual a ideia de povo é articulada e negociada. De algum modo, o problema é epistemológico: Podemos realmente saber quem é o "nós" que se reúne em assembleia nas ruas e se alguma assembleia realmente representa o povo como tal? E se qualquer assembleia pode representar o que queremos dizer com liberdade de assembleia como tal? Todo exemplo fracassa, mas ainda assim certos temas tendem a reaparecer tanto que mais uma vez podemos abordar a maneira como a afirmação "nós, o povo" é feita. Algumas vezes fica bastante explícito que se trata de uma batalha sobre palavras, significantes políticos, ou imagens e descrições. Mas antes de qualquer grupo começar a debater essa linguagem, há uma reunião de corpos que fala, por assim dizer, de outra maneira. As assembleias se afirmam e se fazem representar pela fala ou pelo silêncio, pela ação ou pela inação contínua, pelo gesto, por se reunirem como um grupo de corpos no espaço público, organizado pela infraestrutura – visível, audível, tangível, exposta de maneira tanto deliberada quanto indesejada, interdependente de formas tanto organizadas quanto espontâneas.

Portanto, vamos admitir desde o começo que não é por meio de um ato de fala particular e pontual que um grupo se reúne como um "povo". Embora muitas vezes pensemos que o ato de fala declarativo pelo qual "nós, o povo" consolida a sua soberania popular surja de uma assembleia do tipo, talvez seja mais apropriado dizer que *a assembleia já está falando antes de qualquer palavra ser pronunciada*, que se reunir a assembleia *já* é uma representação da vontade popular; essa representação significa, de maneira bastante diferente, a maneira como um sujeito singular e unificado declara seu desejo por meio de uma proposição vocalizada. O "nós" vocalizado na linguagem já é representado pela reunião dos corpos, seus gestos e movimentos, suas vocalizações e suas maneiras de agir em conjun-

173

CORPOS EM ALIANÇA E A POLÍTICA DAS RUAS

to. Agir em conjunto não significa agir em conformidade; pode ser que as pessoas estejam se movendo ou falando em muitas direções diferentes ao mesmo tempo, até mesmo com objetivos opostos. E não significa que falem exatamente as mesmas palavras, embora algumas vezes isso aconteça em uma palavra de ordem ou em uma retransmissão verbal para que todos possam entender o que está sendo dito como nas assembleias públicas do movimento Occupy. E algumas vezes "o povo" age por meio do seu silêncio coletivo ou do uso irônico da linguagem; seu humor e até mesmo seu escárnio se apropriam e assumem o controle de uma linguagem que busca desviar das suas finalidades usuais.

Já aí estão expostos dois pontos que quero sublinhar: o primeiro é que as ações por meio das quais as pessoas se reúnem em assembleia e se afirmam como um povo podem ser verbalizadas ou representadas de outra maneira. O segundo é que temos que ser capazes de pensar nesses atos como uma ação plural, pressupondo uma pluralidade de corpos que representam os seus propósitos convergentes e divergentes de formas que não obedecem a um único tipo de ação ou se reduzem a um único tipo de afirmação. O que está em questão para nós é como a política muda quando a ideia dos direitos abstratos reivindicados vocalmente por indivíduos dá lugar a uma pluralidade de atores corporificados que representam as suas reivindicações, algumas vezes por meio da linguagem, e outras não. Vamos considerar então como podemos, à luz dessa mudança no enquadramento, entender a liberdade de assembleia. Em que sentido ela é um direito, e como é reivindicada? E sendo um direito, o que a liberdade de assembleia pressupõe sobre quem somos e quem podemos ser? O direito de exercitar a liberdade de assembleia atualmente está bastante documentado na lei internacional. A Organização Internacional do Trabalho (OIT) explicita que o direito de se reunir em assembleia (ou direitos de associação) está atrelado ao direito de negociação coletiva.[1] Isso significa que as pessoas se reúnem em

"NÓS, O POVO"

assembleia para negociar as condições de trabalho, incluindo as reivindicações por segurança, segurança no trabalho e proteção contra exploração, mas também pelo direito de negociação coletiva em si. O direito reúne os trabalhadores em assembleia – ninguém tem o direito de se reunir em assembleia sem um grupo de outros que estão em uma posição estruturalmente similar em relação à força de trabalho.

Em alguns discursos sobre direitos humanos, a liberdade de assembleia é descrita como uma forma fundamental de liberdade que merece a proteção do governo, o que significa que os governos são obrigados a proteger essa liberdade; paradoxalmente, os governos devem proteger a liberdade de assembleia contra a interferência governamental, o que é uma maneira de dizer que os governos têm a obrigação estrita de não atacar os direitos de assembleia por meio do uso ilegítimo da polícia e dos poderes judiciais para deter, prender, assediar, ameaçar, censurar, encarcerar, causar dano ou matar. Como podemos ver, existe um risco nessa formulação desde o início: A liberdade de assembleia depende da proteção *do* governo ou da proteção *contra* o governo? E faz sentido que as pessoas confiem no governo para serem protegidas do governo? Um direito existe apenas quando um governo o confere ao seu povo, e existe apenas na medida em que o próprio governo concorda em protegê-lo? Se é assim, então não é possível se opor à destruição do direito de se reunir em assembleia por um governo por meio da afirmação dos direitos de se reunir em assembleia. Concordamos que a liberdade de assembleia não pode ser encontrada no direito natural, mas continua de alguma forma relevante independentemente de todo e qualquer governo? A liberdade de expressão realmente excede ou mesmo desafia esses atos do governo por meio dos quais é protegida e/ou violada? Esses direitos não dependem, e não podem depender, da proteção governamental nesses casos em que a legitimidade de um governo e o poder do Estado estão sendo contestados exatamente por essa assembleia, ou quando um Estado específico infringiu os direitos de assembleia de tal modo que a sua população não pode mais se reunir livremente sem a ameaça da interferência do Estado, incluindo a brutalidade militar e policial. Além disso, quando o poder do Estado de "proteger" os direitos é idêntico ao seu poder de retirar essa mesma proteção, e as pessoas exercem a liberdade de assembleia para contestar essa forma de poder arbitrário e ilegítimo que concede e retira a proteção ao seu bel-prazer, então alguma coisa nas ou das assembleias se move fora da jurisdição da soberania do Estado. Um aspecto da soberania do Estado é essa mesma capacidade de retirar a proteção aos direitos das populações.[2] Isso pode ser verdade, mas talvez o que está sendo antagonizado seja a ideia de que a própria liberdade de assembleia pode ser perdida como um direito quando o Estado se opõe aos seus objetivos e busca criminalizá-la. Como sabemos, isso acontece quando o Estado se compromete em facilitar a expansão dos mercados, em transferir os seus próprios serviços para instituições financeiras, transformando assim os direitos públicos em bens de consumo ou oportunidades de investimento. O movimento antiprivatização busca frear a saturação do Estado pelas forças do mercado. Tais movimentos muitas vezes acontecem em conjunto com o questionamento da legitimidade de um governo que assumiu poderes autoritários – ninguém está argumentando que os livres mercados agora promovem a democracia, como Milton Friedman notoriamente fez no Chile sob o governo de Pinochet. Nos casos em que há oposição pública à privatização e ao autoritarismo, o Estado usa seus próprios poderes militares, policiais e legais para suprimir a liberdade de assembleia e outras liberdades (potencialmente revolucionárias) do tipo.

Portanto, a liberdade de assembleia não se resume a um direito específico atribuído e protegido pelos Estados-Nação existentes. Esse é o motivo pelo qual, apesar de existirem muitos estudos excelentes sobre a história da liberdade de assembleia nos Estados Unidos, por exemplo, eles nem sempre nos esclarecem sobre as formas transnacionais de alianças ou sobre as redes globais como as que caracterizaram o Movimento Occupy. Quando restringimos a análise sobre a liberdade de assembleia a uma história nacional particular desse direito, podemos estar sugerindo involuntariamente que ele existe apenas na medida em que o Estado o confere e o protege. Podemos então depender da continuidade do Estado-Nação para assegurar a eficácia desse direito. É claro que isso não se mostra verdadeiro quando, no que diz respeito à "liberdade de assembleia", o Estado-Nação protege precisamente o direito que poderia, quando exercido coletivamente, derrubá-lo. Acho que é isso que Arendt e outros querem dizer quando veem na liberdade de assembleia um retorno ao direito de revolução.[3] Ainda assim, mesmo quando um regime particular contém ou protege um direito como esse, me parece que a liberdade de assembleia deve preceder e exceder qualquer forma de governo que atribua e proteja esse direito de assembleia. Não digo isso para ratificar formas de anarquia permanente, e certamente não para absolver formas de governo das massas, mas apenas para sugerir que a liberdade de assembleia pode perfeitamente ser uma precondição da própria política, uma condição que presume que os corpos podem se mover e se reunir de modo não regulado, representando suas reivindicações políticas em um espaço que, como resultado, se torna público, ou redefine uma compreensão existente sobre o público.

Essa assembleia pode se chamar "o povo" ou pode ser uma versão do "povo" – eles não falam em uma só voz ou mesmo em uma língua. Mas são seres com a capacidade de se mover com quaisquer apoios técnicos e infraestruturais necessários para fazê-lo (esse é um entendimento dos estudos sobre deficiência que tem implicações concretas para o pensamento sobre assembleia pública). E isso significa que as pessoas podem tomar a decisão de permanecer paradas, não se mover, e até mesmo se tornarem inamovíveis em seus desejos

CORPOS EM ALIANÇA E A POLÍTICA DAS RUAS

e demandas. O poder de se mover ou permanecer, de falar ou agir, pertence à assembleia antes de – e além de – quaisquer direitos que um governo em particular decida conferir ou proteger. O ajuntamento de uma multidão tem, como John Inazu argumenta, "uma função expressiva" anterior a qualquer afirmação ou elocução que possa fazer.[4] O próprio poder do governo pode muito bem se tornar aquilo que a liberdade de assembleia confronta, e quando isso acontece vemos a operação de uma forma de soberania popular distinta da soberania do Estado e que tem como tarefa justamente se distinguir desta.

Como, então, pensamos sobre a liberdade de assembleia e a soberania *popular*? Sei que algumas pessoas passaram a considerar "soberania" uma palavra ruim, por associar a política com um sujeito singular e uma forma de poder executivo com reivindicações territoriais. Algumas vezes a palavra é usada como sinônimo de domínio, outras vezes como sinônimo de subordinação. Talvez carregue também outras conotações que não queremos perder por completo. Basta considerar os debates sobre a soberania nativa no Canadá ou ler o importante trabalho de J. Kehaulani Kauanui sobre os paradoxos da soberania havaiana para ver como essa noção pode ser crucial para as mobilizações populares.[5] A soberania pode ser uma maneira de descrever atos de autodeterminação política, motivo pelo qual os movimentos populares de povos indígenas lutando por soberania se tornaram importantes maneiras de reivindicar espaço, se mover livremente, expressar opiniões e buscar reparação e justiça. Embora as eleições sejam o modo pelo qual os funcionários do governo devem representar a soberania popular (ou a "vontade popular" mais especificamente), o significado de soberania popular nunca foi completamente esgotado pelo ato de votar. É claro que votar é essencial para qualquer conceito de soberania popular, mas o exercício de soberania não começa nem termina com o ato de votar. Como teóricos da democracia têm argumentado há algum tempo,

"NÓS, O POVO"

as eleições não transferem completamente a soberania da população para os seus representantes eleitos – alguma coisa da soberania popular sempre permanece intransferível, marcando o que fica de fora do processo eleitoral. Caso contrário, não existiriam meios populares de se opor a processos eleitorais corruptos. Em certo sentido, o poder da população permanece separado do poder daqueles que foram eleitos, mesmo depois que a população os elegeu, porque é apenas nessa condição de separação que eles podem continuar a contestar as condições e os resultados das eleições, bem como as ações dos oficiais eleitos. Se a soberania do povo for completamente transferida para – e substituída por – aqueles eleitos pela maioria, então o que se pede são aqueles poderes que chamamos de críticos, as ações que denominamos de resistência, e aquela possibilidade de vida que chamamos de revolução.

A "soberania popular", portanto, certamente se traduz em poder eleitoral quando as pessoas votam, mas essa tradução nunca é completa ou adequada. Alguma coisa da soberania popular permanece intraduzível, intransferível e até mesmo insubstituível, motivo pelo qual ela pode tanto eleger quanto dissolver regimes. Assim como legitima formas parlamentares de poder, a soberania popular também retém o poder de retirar seu apoio a essas mesmas formas quando elas se provam ilegítimas. Se as formas parlamentares de poder requerem a soberania popular para sua própria legitimidade, elas certamente também a temem, porque existe algo sobre a soberania popular que vai contra, excede ou ultrapassa toda forma parlamentar que ela institui ou apoia. Um regime eleito pode ser interrompido ou derrubado por essa assembleia de pessoas que falam "em nome do povo", representando o mesmo "nós" que detém o poder da legitimação definitiva sob as condições de um regime democrático. Em outras palavras, as condições do regime democrático dependem por fim de um exercício de soberania popular que nunca é completamente contido ou expressado por nenhuma ordem democrática em

CORPOS EM ALIANÇA E A POLÍTICA DAS RUAS

particular, mas que é a condição do seu caráter democrático. Trata-
-se de um poder extraparlamentar sem o qual nenhum parlamento
pode funcionar de forma legítima e que ameaça qualquer parlamento com a disfunção ou mesmo a dissolução. Podemos mais uma vez
querer nos referir a isso como um intervalo "anarquista" ou um
princípio permanente de revolução que reside nas ordens democráticas, um princípio que aparece mais ou menos da mesma maneira
em momentos de fundação e em momentos de dissolução, mas que
também opera na liberdade de assembleia em si.

Os decretos, eu gostaria de sugerir, não são completamente redutíveis a afirmativas, ao contrário, as afirmativas são uma forma
de decreto, o que é um motivo pelo qual a esfera da performatividade política inclui e ultrapassa as manifestações verbais e escritas.
Sendo assim, busco me basear em uma importante formulação de
Jason Frank sobre "momentos constitutivos" nos quais o decreto do
povo ultrapassa a sua representação; na visão dele, o povo deve ser
decretado para ser representado, mas ainda assim nenhum decreto
é capaz de representá-lo.[6] Na visão dele, essa dissonância entre o
decreto e a representação prova ser um paradoxo central das assembleias democráticas.

*Enquanto o Estado controla as condições de liberdade de as-
sembleia, a soberania popular se torna um instrumento da soberania do Estado, e as condições legitimadoras do Estado são perdidas
ao mesmo tempo que a liberdade de assembleia é roubada das suas
funções críticas e democráticas.* Acrescentaria que quando assumimos que a soberania popular depende da soberania do Estado, e
pensamos que o Estado soberano mantém o controle, por meio de
seu poder de abrir uma exceção, sobre que parte da população vai
ser protegida pela lei e qual não vai, então reduzimos, ainda que
involuntariamente, esse poder da soberania popular a uma vida nua
ou a uma forma de anarquismo que pressupõe rompimento com
a soberania do Estado. Mas se esse rompimento já está presente na

soberania popular, ou se a soberania popular é o que constitui esse rompimento, então a redução da soberania popular à soberania do Estado encobre e desloca o potencial mais importante, um potencial que um grande número de movimentos populares na luta pela autodeterminação afirma ser o seu valor organizacional definitivo. A invocação do povo se torna – e deve se tornar – contestável no exato momento em que aparece. O "aparecimento" pode designar uma presença visível, palavras faladas, mas também representação em rede e silêncio. Além disso, temos que ser capazes de pensar em tais atos como ação plural, pressupondo uma pluralidade de corpos que apresentam o seu propósito convergente de modos que não requerem uma conformidade estrita com um tipo singular de ação, ou um tipo singular de reivindicação, e que não constituem juntos um tipo singular de sujeito.

Mesmo que tudo isso pareça suficientemente claro, uma questão difícil e persistente permanece: Quem é "o povo"? Já colocamos essa questão? Estou ciente de que esse tópico foi amplamente discutido por Jacques Derrida, Bonnie Honig, Étienne Balibar, Ernesto Laclau e Jacques Rancière, e a minha intenção não é acrescentar nada novo a esses debates no momento. Mas cada um deles aceita que a designação "o povo" trabalha por meio da delimitação de um limite que configura os termos de inclusão e exclusão. Essa é uma razão pela qual os teóricos da democracia procuraram sublinhar a característica temporal e aberta do "povo", com frequência buscando incorporar uma restrição à lógica excludente por meio da qual qualquer designação acontece. Ouvimos, do mesmo modo, sobre o caráter imaginário do "povo", sugerindo que qualquer referência ao termo arrisca certo nacionalismo ou utopia, ou que faz do "povo" um significante vazio indispensável.[7] Por ora, quero apenas sublinhar que não podemos simplesmente confiar em um instantâneo para confirmar o número de corpos que constituem o povo. Não podemos simplesmente recorrer a fotografias aéreas tiradas pela polícia encarregada de gerir

CORPOS EM ALIANÇA E A POLÍTICA DAS RUAS

as multidões nas ruas para descobrir o que as pessoas querem, ou se realmente querem tal coisa. Esse procedimento recorreria, paradoxalmente, a uma tecnologia cujo objetivo é controlar as populações, e isso faria do "povo" um resultado da ciência forense demográfica. Qualquer fotografia, ou qualquer série de imagens, sem dúvida teria um enquadramento ou um conjunto de enquadramentos, e esses enquadramentos funcionariam como uma designação potencialmente excludente, incluindo o que é capturado ao estabelecer uma zona do que não é passível de ser capturado. O mesmo seria verdadeiro sobre qualquer vídeo que começa e termina em algum lugar, compondo uma sequência. Ele seria sempre limitado pela perspectiva por meio da qual o seu objeto é seletivamente trabalhado e transmitido.

Umas das razões por que esse ponto sobre a representação visual é importante é que nenhuma fotografia da multidão pode representar o povo quando nem todas as pessoas têm o poder de se reunir em assembleia nas ruas, ou pelo menos não em uma mesma rua. Mais zoom ou menos zoom não vão nos ajudar, uma vez que são justamente maneiras de editar e selecionar o que e quem vai contar, o que significa que não podemos separar a questão de quem é o povo da tecnologia que estabelece quais pessoas contam ou não como povo. Talvez "o povo" seja uma designação que ultrapassa todo e qualquer enquadramento visual que busque capturar as pessoas, e os enquadramentos mais democráticos são aqueles capazes de organizar a sua característica porosa, quando o enquadramento não reproduz imediatamente a estratégia de contenção, quando o enquadramento se destrói parcialmente.

Algumas vezes as pessoas, ou algumas pessoas, estão confinadas ou ausentes, ou fora do alcance da rua e da câmera – elas são os incapturáveis, embora possam perfeitamente ser capturadas em outro sentido. Nunca acontece realmente de todas as pessoas possíveis representadas pela noção de "povo" aparecerem no mesmo espaço e ao mesmo tempo para se afirmar como povo! Como se todos fossem

"NÓS, O POVO"

livres para se mover, como se todos, por sua própria vontade, chegassem juntos a um espaço e tempo que pode ser descrito ou fotografado de uma maneira que inclua a todos!

Na verdade, seria estranho, se não assustador, imaginar cada membro do grupo chamado "o povo" se reunindo e falando em uníssono – isso seria uma fantasia, se não um fantasma potencialmente persecutório, cujo poder de sedução está ligado a sua impossibilidade fundamental de realização. Geralmente associamos o acontecimento de todos falando a mesma coisa ao mesmo tempo com formas de fascismo ou outras formas compulsórias de conformidade. Na verdade, "nós, o povo" – a vocalização, a palavra de ordem, as linhas escritas – está sempre deixando de fora algum grupo de pessoas que afirma representar. Algumas pessoas não conseguem aparecer ou são impedidas de fazê-lo; muitas vivem nas margens das metrópoles, algumas estão reunidas nas fronteiras, nos campos para refugiados, esperando por documentação, transporte e abrigo, e outros ainda estão em prisões ou em campos de detenção. Os que se encontram em outros lugares talvez estejam, se puderem, dizendo outra coisa, ou talvez estejam escrevendo ou blogando, operando por meio de uma nova mídia; alguns, de maneira enfática ou indiferente, simplesmente não se pronunciam. Isso significa que "o povo" nunca chega realmente como uma presença coletiva que fala como um coro verbal; quem quer que seja o povo, ele certamente está dividido internamente, aparecendo de maneiras diferentes, em sequência, ou em gradações, ou de maneira nenhuma, provavelmente também em alguma medida tanto reunido quanto disperso, portanto, em última análise, *não* constituindo uma unidade.[8] Na verdade, como sabemos pelas manifestações tanto na Turquia quanto no Egito no verão de 2013, um grupo se reúne em um lugar e afirma ser o povo enquanto outro grupo também se reúne em outro lugar e faz a mesma afirmação, ou o governo reúne um grupo de pessoas exatamente para capturar uma imagem que funcione como o significante visual para "o povo".

CORPOS EM ALIANÇA E A POLÍTICA DAS RUAS

O acesso a qualquer praça pública pressupõe o acesso a alguma mídia que transmita os eventos para fora daquele espaço e tempo; a praça pública está agora parcialmente estabelecida como um efeito da mídia, mas também como uma parte do aparato enunciativo por meio do qual um grupo de pessoas afirma ser o povo; a conexão da praça pública com a mídia que veicula o evento significa que as pessoas se dispersam quando se juntam; a imagem da mídia mostra e dispersa a reunião. Isso implica a necessidade de repensar radicalmente a praça pública como já dispersa pela representação da mídia sem a qual perde a sua afirmação representativa. Isso também significa que quem o povo é não é algo exatamente conhecido ou conhecível, e não apenas porque o enquadramento da mídia limita e modifica a ideia de povo que transmite. O que se sabe, entretanto, é que o povo, quem quer que possa ser, aparece e não aparece, está sujeito a várias restrições de movimento e assembleia, além de estar internamente dividido sobre quem é. O fato de aparecerem juntos não quer dizer que todos concordem com tudo o que é dito em nome da assembleia ou mesmo sobre o fato de a assembleia ter um nome. A disputa em torno do nome se torna uma luta hegemônica, e "o povo" parece ser outro nome para essa disputa.

Então, o que vem em seguida? Um povo não precisa estar unido em torno de cada questão, e nem pode estar. E tampouco todas as pessoas têm que se reunir em um mesmo espaço para que uma ação coordenada aconteça *em nome do povo*. Esse nome, "o povo", ou mesmo a declaração "nós, o povo", não captura exatamente o que constitui o povo, pois sempre existe alguma coisa além do grupo particular que se formou e apareceu e que parece estar falando sobre o que todo o povo pode querer, precisamente porque existe uma lacuna entre o que acontece em nome do povo e o que o povo quer. Nem todas as pessoas querem a mesma coisa ou querem algo da mesma maneira – esse fracasso não precisa ser lamentado. O nome do povo é apropriado, contestado e renovado, sempre com o risco de ser expropriado ou dispensado, e a fragilidade e a ferocidade que marcam a luta hegemônica pelo nome não passam de sinais da sua operação democrática. Então, mesmo quando algum orador ou um conjunto de oradores invoca um "nós" que representa, de maneira justa e completa, todo o povo, o plural "nós" não pode realmente fazer aquilo que mesmo assim faz; esses oradores podem certamente continuar lutando para alcançar objetivos mais inclusivos, sublinhando o caráter aspiracional do "nós", mas se a ideia é que o "nós" trabalhe politicamente, ele tem que estar restrito àqueles que tentam alcançar e exercer o poder hegemônico por meio da sua invocação. Na verdade, aqueles que se reúnem em assembleia como "nós", se apresentando como "o povo", não estão por fim *representando* o povo de maneira completa ou adequada; ao contrário, estão desempenhando várias funções de uma só vez: por exemplo, se podem votar, estão proporcionando a legitimação para aqueles que vão representar o povo por intermédio das eleições. Mas talvez igualmente importante, a reivindicação dos oficiais eleitos de que são representantes requer a condensação do povo em um conjunto de votos que pode ser computado como a maioria. Nesse sentido, as pessoas são abreviadas e quase perdidas no momento em que elegem aqueles que as representam, e a representação política, nesse sentido, abrevia e quantifica alguma coisa que podemos chamar de vontade do povo. Ao mesmo tempo, alguma coisa não eleitoral também está em ação. As pessoas que falam "nós", seja dentro do processo eleitoral, fora dele ou contra ele, se constituem como o povo ao decretarem ou vocalizarem esse pronome plural de forma figurativa ou literal. Resistir juntos à polícia pode ser exatamente uma representação desse pronome plural sem que se diga uma palavra. Quando o governo turco, no verão de 2013, proibiu as assembleias na Praça Taksim, um homem permaneceu sozinho, encarando a polícia, claramente "obedecendo" a lei de não se reunir em assembleia. Enquanto ele permaneceu ali, mais indivíduos se colocaram "sozinhos" e próxi-

CORPOS EM ALIANÇA E A POLÍTICA DAS RUAS

mos a ele, mas não exatamente como uma "multidão". Eles estavam de pé como indivíduos singulares, mas estavam todos de pé, em silêncio e sem se movimentar, como indivíduos singulares, escapando da ideia padrão de "assembleia" e ao mesmo tempo colocando outra forma de manifestação em seu lugar. Eles tecnicamente obedeceram à lei que proibia os grupos de se reunir em assembleias e de se mover ao permanecer de pé separadamente e sem dizer nada. Isso se tornou uma manifestação articulada, ainda que sem palavras.[9]

OS ATOS DE AUTOELABORAÇÃO e autoconstituição não são o mesmo que representar um povo que já está completamente formado. O termo "o povo" não representa apenas uma coleção de pessoas preexistente; se representasse, o termo iria pós-datar a produção da coletividade em si. Na verdade, o termo nunca pode representar adequadamente uma coletividade que está em processo de ser formada ou de se formar – tanto a sua inadequação quanto a sua autodivisão fazem parte do seu significado e da sua promessa. A invocação discursiva do "nós" se refere, então, a um povo cujas necessidades, desejos e demandas ainda não são completamente conhecidos, e cujo processo de tomar forma está conectado a um futuro que ainda está para ser vivido. De fato, tais práticas de autodeterminação não são exatamente o mesmo do que os atos de autorrepresentação, e ainda assim ambos estão em curso no exercício da liberdade de assembleia no qual "nós, o povo" é falado ou decretado de algum modo. O decreto é performativo uma vez que traz à vida as pessoas que nomeia ou exige que elas se reúnam sob a enunciação. E isso significa que ações performativas como essas são parte do processo chamado autodeterminação política, designações de quem somos que também estão, ao mesmo tempo, engajadas em formar esse mesmo "nós". Além disso, a invocação do "nós" separa a soberania popular da soberania do Estado; ela nomeia e inaugura essa separação conti-

"NÓS, O POVO"

nuamente. A pluralidade sempre rompe com aqueles que são eleitos, ou cuja eleição é questionável para nós, ou em relação a um Estado cujos representantes nós nunca tivemos a chance de eleger, como é claramente o caso em áreas ocupadas e para sem documentos e os não cidadãos ou os que têm cidadania parcial.

Assim, alguma coisa que deve falhar como representação, e que podemos chamar de não representacional e não representativa, quase tautológica, se torna a base das formas democráticas de autodeterminação política – soberania popular distinta da soberania do Estado ou, na verdade, soberania popular exatamente uma vez que se distingue intermitentemente da soberania do Estado. A soberania popular faz sentido apenas nesse ato perpétuo de se separar da soberania do Estado; assim, trata-se de uma forma de *dar forma* a um povo por meio de atos de autodesignação e autorreunião; esses são decretos repetidos, verbais e não verbais, corporais e virtuais, realizados em diferentes zonas espaciais e temporais e em diferentes tipos de palcos públicos, realidades virtuais e regiões de sombra. O performativo vocalizado "nós, o povo" certamente é parte do decreto que estamos chamando de autoconstituição, mas essa figura não pode ser tomada como uma consideração literal sobre como a autodeterminação política funciona. Nem todo ato de autodeterminação política pode ser traduzido nessa vocalização verbal – tal movimento tornaria o domínio verbal mais privilegiado do que qualquer outro. Na verdade, o decreto da autodeterminação política é necessariamente um cruzamento do linguístico e do corporal, mesmo quando a ação é silenciosa e o corpo, isolado.

Como nós, por exemplo, entendemos a greve de fome se não exatamente como a recusa praticada de um corpo que não pode aparecer em público?[10] Isso significa que aparecer em público em uma forma corporal não é uma imagem adequada para a autodeterminação política. Ao mesmo tempo, a greve de fome que não é relatada e representada no espaço público deixa de transmitir o poder do

CORPOS EM ALIANÇA E A POLÍTICA DAS RUAS

ato em si. As redes de prisioneiros são exatamente aquelas formas de solidariedade que não aparecem, que não podem aparecer em público de uma forma corporal, contando predominantemente com relatórios de mídia digital com poucas ou nenhuma imagem. Essas redes de prisioneiros, ativistas, advogados, família e relações sociais, seja na Turquia, nas prisões e nos campos de detenção palestinos ou em Pelican Bay, na Califórnia, também são formas de "assembleia" nas quais aqueles com o exercício da cidadania suspenso exercem uma forma de liberdade por meio de greves, petições e formas de representação legal e política. Mesmo quando eles não aparecem, quando não é permitido que apareçam, estão mesmo assim exercitando determinado direito de aparecer em público, quer perante a lei quer no espaço público, fazendo oposição exatamente à interdição contra o aparecimento público que é a condição do encarceramento.

Considerando tudo isso, vamos recapitular o que isso significa e o que não significa em termos de repensar a liberdade de assembleia em relação à soberania popular: (1) a soberania popular é, portanto, uma forma de autoconstrução reflexiva separada do próprio regime representativo que legitima; (2) ela surge no decurso dessa mesma separação; (3) ela não pode legitimar nenhum regime particular sem ser separada dele, ou seja, parcialmente não controlada por um regime e não operacionalizada como seu instrumento, e ainda assim é a base a partir da qual o governo legítimo é formado por meio de eleições justas e inclusivas; e (4) o seu ato de autoconstrução é na verdade uma série de atos espacialmente distribuídos, atos que nem sempre operam da mesma maneira e com os mesmos propósitos. Entre as mais importantes dessas distinções espaciais está aquela entre a esfera pública e as esferas de confinamento forçado, incluindo a prisão onde presos políticos, aqueles que exercitaram a liberdade de assembleia e a liberdade de discurso, estão agora contidos e subjugados. A passagem para dentro e para fora da esfera pública é regulada precisamente pelo poder legal e policial e pela instituição da prisão.

"NÓS, O POVO"

Além disso, (5) o decreto de "nós, o povo" pode ou não tomar uma forma linguística; fala e silêncio, movimento e imobilidade, todos são decretos políticos; a greve de fome é exatamente o inverso do corpo alimentado que se posiciona livremente no domínio público e fala – ele marca e resiste à privação desse direito, representando e expondo a privação sofrida pelas populações carcerárias.

A invocação do povo se torna – e deve se tornar – contestável no momento em que aparece. O "aparecimento" pode designar a presença visível, as palavras faladas, mas também uma representação em rede e atos coordenados de silêncio. Uma forma diferencial de poder, que toma tanto a forma espacial quanto a temporal, estabelece quem pode ser parte dessa representação e quais são seus meios e métodos. O confinamento implica estar espacialmente separado das assembleias públicas, mas também envolve a duração da sentença ou a duração desconhecida de uma detenção indefinida. Uma vez que a esfera pública é constituída em parte por locais de isolamento forçado, as fronteiras que definem o público também são aquelas que definem o confinado, o isolado, o aprisionado, o expulso e o desaparecido. Se estamos falando sobre as fronteiras do Estado-Nação onde os sem documento são confinados em campos de refugiados, onde direitos de cidadania são negados ou suspensos indefinidamente, ou sobre prisões nas quais a detenção indefinida se tornou a norma, a interdição contra aparecer, se mover e falar em público se torna a precondição da vida corporificada. A prisão não é exatamente o inverso da esfera pública, uma vez que as redes de advocacia dos prisioneiros atravessam os muros da prisão. As formas de resistência dos prisioneiros são formas de representação que por definição não podem ser parte da praça pública, embora por meio de redes de comunicação e representação por procuração certamente possam. Ainda assim, não importa o quão virtual queiramos considerar a esfera pública (e existem muitas boas razões para pensar assim), a prisão permanece o caso limite da esfera pública, marcando o poder do Estado de controlar quem

CORPOS EM ALIANÇA E A POLÍTICA DAS RUAS

pode passar para o público e quem deve sair dele. Desse modo, a prisão é o caso limite da esfera pública, e essa liberdade de assembleia é assombrada pela possibilidade de encarceramento. Uma pessoa pode ser colocada na prisão por causa do que diz ou simplesmente por estar em uma assembleia. Ou uma pessoa pode ser presa por escrever ou ensinar sobre as assembleias ou sobre as lutas pela liberdade, por ensinar sobre as lutas populares por soberania, como ensinar sobre os movimentos pela liberdade dos curdos nas universidades turcas.

Tudo isso são razões pelas quais aqueles com liberdade de aparecer nunca podem representar o povo de modo completo ou adequado, uma vez que existem pessoas que, como sabemos, estão ausentes do público, ausentes do público reunido em assembleia no Parque Gezi; eles são aqueles que precisam encontrar representação, mesmo quando os que buscam representá-los se arriscam a ser presos por fazê-lo. E não é apenas o fato de que existem algumas pessoas ausentes dessas reuniões porque tinham alguma outra coisa para fazer; ao contrário, existem aqueles que não poderiam ter se reunido no Parque Gezi, que não podem mais se reunir, ou que estão indefinidamente impedidos de se reunir. Esse poder de confinamento é uma maneira de definir, produzir e controlar o que vai ser a esfera pública e quem vai ser admitido na assembleia pública. Esse poder funciona, ao lado da privatização, como um processo que busca fazer do espaço público o campo do empreendedorismo do Estado, voltado para o mercado. Então, embora possamos nos perguntar sobre a razão pela qual a multidão que se reúne para se opor à privatização é desmobilizada e dispersada pela força policial, sob bombas de gás e ataques físicos, temos que lembrar que o Estado, ao esvaziar o espaço público para as empresas privadas, ou ao tomar essas decisões de acordo com os valores do mercado, está envolvido em pelo menos duas maneiras de controlar e dizimar o espaço público. Alguns lamentam que um movimento que começa contra a privatização inevitavelmente se torne um movimento contra a violência

"NÓS, O POVO"

policial, mas tentemos enxergar que capturar o espaço público da soberania popular é exatamente o objetivo tanto da privatização quanto dos ataques da polícia contra a liberdade de reunião em assembleia. Também dessa forma, o mercado e a prisão trabalham juntos em uma indústria da prisão que, como Angela Davis claramente mostrou, trabalham para regular os direitos de cidadania – e nos Estados Unidos isso acontece de maneiras irrefutavelmente racistas, uma vez que os homens negros continuam a constituir a vasta maioria dos prisioneiros.[11] Podemos acrescentar que o mercado e a prisão trabalham juntos do mesmo modo para comprimir, dizimar e se apropriar do espaço público, restringindo de maneira severa a ideia de Hannah Arendt do "direito de aparecer".

Dito isto, quero retornar ao ponto teórico sobre a liberdade de assembleia a fim de sugerir algumas das implicações políticas de como pensamos. Minha investigação começou com as seguintes questões: em que sentido a liberdade de assembleia é uma expressão pontual da soberania popular? E ela tem que ser entendida como um exercício performativo, ou como o que Jason Frank chama de "os pequenos dramas da autoautorização"?[12] Comecei sugerindo que o poder performativo do povo não se fia primeiramente em palavras. A assembleia só faz sentido se os corpos podem se reunir, e se reúnem, de algum modo, e então os atos de fala que desdobram daí articulam alguma coisa que já está acontecendo no nível do corpo plural. Mas vamos lembrar que a vocalização também é um ato corporal, como é a linguagem de sinais, e isso significa que não existe fala sem que o corpo signifique alguma coisa, e algumas vezes o corpo significa alguma coisa bastante diferente do que uma pessoa realmente diz.

NA TEORIA DEMOCRÁTICA, "nós, o povo" é, não obstante, antes e acima de tudo, um ato de fala. Alguém diz "nós" junto com alguém, ou um grupo diz isso junto, talvez como uma palavra de ordem, ou

CORPOS EM ALIANÇA E A POLÍTICA DAS RUAS

o escrevem e o enviam para o mundo, ou se posicionam um a um, ou talvez se reúnem provisoriamente, sem movimento e sem palavras, representando a assembleia; quando o dizem estão buscando se constituir como "o povo" a partir do momento em que fazem a declaração. Então, considerado um ato de fala, "nós, o povo" é um enunciado que busca conduzir à pluralidade social que nomeia. Ele não descreve essa pluralidade, mas reúne aquele grupo por meio do ato de fala.

Pareceria, então, que uma forma linguística de autogênese está em funcionamento na expressão "nós, o povo"; parece ser um ato mágico ou pelo menos um ato que nos compele a acreditar na natureza mágica do performativo. É claro que "nós, o povo" dá início a uma declaração mais extensa de quereres e desejos, atos intencionais e reivindicações políticas. Trata-se de um preâmbulo; ele prepara o caminho para um conjunto específico de afirmações. É uma expressão que nos deixa prontos para uma reivindicação política substantiva, e ainda assim temos que fazer uma pausa diante dessa maneira de começar a frase e perguntar se uma reivindicação política já está sendo feita ou se está em processo de constituição mesmo antes de alguém falar ou sinalizar. Talvez seja impossível para todas as pessoas que podem dizer "nós, o povo" ao mesmo tempo pronunciar a frase em uníssono. E se de algum modo um grupo reunido em assembleia gritasse "nós, o povo", como algumas vezes acontece nas assembleias do Movimento Occupy, não passaria de um momento breve e transitório, um momento no qual uma única pessoa fala ao mesmo tempo que as outras falam, e um som plural não intencional resulta dessa ação plural coordenada, esse ato de discurso falado em comum, em sequência, com todas as variações implicadas pela repetição.

Mas vamos admitir que esse momento em que literalmente falamos em uníssono, nos nomeando como "o povo", raramente acontece exatamente assim – de maneira simultânea e plural. Afinal de

"NÓS, O POVO"

contas, a declaração "nós, o povo" nos Estados Unidos é uma citação, e a expressão nunca está completamente livre da sua citacionalidade. A Declaração da Independência dos Estados Unidos começa com essa expressão, que autoriza os escritores a falar pelo povo de maneira mais geral. É uma frase que estabelece a autoridade política ao mesmo tempo que declara uma forma de soberania popular que não está ligada a nenhuma autoridade política. Derrida analisou isso de maneiras muito importantes, assim como Bonnie Honig. A soberania popular pode se dar (com assentimento) e se retirar (no dissenso ou na revolução), o que significa que todo regime depende de que a soberania popular seja dada, se espera que sua legitimidade seja baseada em algo além da coerção.

O ato de fala, não importa quão pontual seja, ainda assim está inserido em uma cadeia de citações, e isso significa que as condições temporais que possibilitam ato de fala tanto precedem quanto ultrapassam a ocasião da sua enunciação. E por mais uma razão o ato de fala, por mais ilocutório que seja, não está completamente atado ao momento de sua enunciação: a pluralidade social designada e produzida pela elocução não pode reunir todos no mesmo lugar para falar ao mesmo tempo, sendo, portanto, um fenômeno que se estende no espaço e no tempo. Quando e onde a soberania popular – o poder autolegislativo do povo – é "declarado", ou melhor, "se declara" não é exatamente em uma instância singular, mas em uma série de atos de fala ou que eu sugeriria que são *decretos performativos* que não são restritamente verbais.

Então suponho que minha pergunta possa ser formulada da seguinte maneira: quais são as condições corporais para a enunciação de "nós, o povo", e estamos cometendo um erro se separamos a questão do que somos livres para dizer de como somos livres para nos reunir em assembleia? Proponho pensar sobre a assembleia de corpos como uma representação performativa e, portanto, sugiro não apenas que (a) a soberania popular é um exercício performativo,

CORPOS EM ALIANÇA E A POLÍTICA DAS RUAS

mas (b) envolve necessariamente uma representação performativa de corpos, algumas vezes reunidos no mesmo lugar em assembleia e outras, não. Em primeiro lugar, proponho que temos que entender a ideia de soberania popular que "nós, o povo" procura assegurar.

Se o "nós, o povo" anunciado na Constituição "declara um conjunto de verdades autoevidentes" como aparentemente acontece na Declaração da Independência, então temos um problema. Uma declaração performativa busca evidenciar essas verdades, mas se elas são "autoevidentes", trata-se exatamente do tipo de verdade que não necessita ser evidenciada de modo nenhum. Ou elas são induzidas performativamente ou são autoevidentes, mas evidenciar aquilo que é autoevidente parece paradoxal. Podemos dizer que um conjunto de verdades está sendo trazido à existência ou podemos dizer que encontramos essas verdades em algum lugar e que não as trouxemos à existência. Ou podemos dizer que o tipo de verdade em questão aqui tem que ser declarado autoevidente para que essa condição seja conhecida. Em outras palavras, elas têm que ser tornadas evidentes, o que significa que não são autoevidentes. Essa circularidade corre o risco de incorrer em uma contradição ou em uma tautologia, mas talvez essas verdades só se tornem evidentes na maneira em que são declaradas. Em outras palavras, a representação performativa da verdade é a maneira de tornar evidente essa verdade, uma vez que a verdade em questão não é anteriormente dada ou estática, mas representada ou exercitada por meio de um tipo particular de ação plural. Se é a própria capacidade para a ação plural que está em jogo na reivindicação da soberania popular, então não existe um modo de "mostrar" essa verdade fora da representação plural e invariavelmente conflituosa a que chamamos autoconstituição.

Se o sujeito plural é constituído no curso da sua ação performativa, então ainda não está constituído; seja qual for a forma que tenha antes do seu exercício performativo, não se trata da mesma forma que toma no curso da ação e depois de ter agido. Então como

"NÓS, O POVO"

podemos entender esse movimento de reunião, um movimento com uma duração, que implica formas de dispersão ocasionais, periódicas ou definitivas? Não se trata de um ato, mas de uma convergência de ações diferentes umas das outras, uma forma de sociabilidade política irredutível à conformidade. Mesmo quando uma multidão fala, as pessoas precisam estar próximas o suficiente para ouvir a voz umas das outras, para que cada pessoa sincronize a sua própria vocalização, alcançando um grau suficiente de ritmo e harmonia e, assim, estabelecendo uma relação tanto auditiva quanto corporal com aqueles com que se empreende uma ação ou ato de fala significativo. Começamos a falar *agora* e paramos *agora*. Começamos a nos mover *agora*, ou em um momento mais ou menos determinado, mas certamente não como um organismo singular. Tentamos parar todos de uma vez, mas alguns continuam se movendo, e outros se movem e descansam em um ritmo próprio. Serialidade e coordenação temporal, proximidade corporal, amplitude auditiva, vocalização coordenada – tudo isso são dimensões essenciais da assembleia e da manifestação. E são pressupostos pelo ato de fala que enuncia "nós, o povo"; trata-se dos elementos complexos da *ocasião* dessa enunciação, as formas não verbais da sua significação.

Se tentamos tomar a vocalização como o modelo do ato de fala, então o corpo certamente é pressuposto como o órgão da fala, tanto a condição orgânica quanto o veículo da fala. O corpo não é transmutado em puro pensamento quando fala, mas significa as condições orgânicas para a verbalização, o que quer dizer, de acordo com Shoshana Felman, que o ato de fala está sempre fazendo algo além e diferente do que realmente diz. Então assim como não existe um ato de fala puramente linguístico separado dos atos corporais, não existe um momento puramente conceitual do pensamento que dispense a sua própria condição orgânica. E isso nos diz algo sobre o que significa dizer "nós, o povo", uma vez que, esteja escrita em um texto ou verbalizado nas ruas, a expressão designa uma assembleia no ato de designar e formar a si mesma. Ela atua sobre si mesma enquanto atua, e uma condição corporal de pluralidade é indexada, não importa se essa condição aparece ou não na ocasião da elocução. Essa condição corporal, plural e dinâmica, é uma condição constitutiva da ocasião.

O caráter corporificado do povo se prova bastante importante para os tipos de reinvindicações feitas, uma vez que é frequente que as necessidades corporais básicas não estejam sendo atendidas em consequência de modos devastados de vida. Pode nos ofender teoricamente falar sobre "necessidades corporais básicas", como se uma noção a-histórica do corpo fosse invocada com a intenção de fazer reivindicações morais e políticas por tratamento justo e uma justa distribuição dos bens públicos. Mas talvez fosse ainda menos aceitável se recusar a falar sobre as necessidades corporais pelo temor de recair em um impasse teórico. Não se trata de aceitar a versão a-histórica ou a versão histórica do corpo, pois mesmo a formulação da construção histórica tem as suas características não variáveis, e todo conceito universal do corpo é desenhado com base em formações históricas bastante específicas. Então nenhum dos lados do debate sabe em que tipo de relação está com o outro. Cada necessidade corporal particular pode ser articulada historicamente de uma maneira ou de outra e pode muito bem ser que o que chamamos de "necessidade" seja precisamente uma articulação histórica da urgência que não é, por essa razão, apenas um efeito da articulação. Em outras palavras, não existe uma maneira de separar a ideia de uma necessidade corporal do esquema representacional que reconhece diferencialmente as necessidades corporais e, muitas vezes, falha completamente em reconhecê-las. Isso não faz das necessidades corporais completamente a-históricas, mas tampouco as transforma em efeitos puros de um discurso especificamente histórico. Mais uma vez, a relação entre o corpo e o discurso é nevrálgica, sugerindo que o corpo tem que ser representado e que nunca é completamente exaurido por essa representação. Além disso, os modos diferenciais pelo qual é ou não é representado saturam a representação das necessidades em campos de poder. Também é possível levar em consideração a produção das necessidades discutida por Marx e amplificada teoricamente por Agnes Heller[13] sem declarar que "não existe necessidade". Poderíamos sem dúvida usar outras palavras e traçar o caráter produtivo das palavras que usamos para amplificar o fenômeno, mas ainda estaríamos falando sobre alguma coisa, mesmo quando não existe uma maneira de alcançar essa coisa sem a linguagem que usamos, mesmo quando invariavelmente transfiguramos essa coisa usando a linguagem que usamos. A noção de "necessidades" seria então sempre e desde já um sentido linguisticamente transfigurado de exigência ou de urgência, e não seria capturado adequadamente por esses nem por nenhum outro sinônimo.

De modo similar, a referência ao "orgânico" é tanto obrigatória quanto controversa; o puramente orgânico não é mais recuperável do que o puramente conceitual, entendido como não orgânico. Ambas as noções aparecem sempre organizadas de algum modo, não pertencendo a esta ou aquela substância metafísica distinta, mas a um conjunto de relações, gestos e movimentos que constitui o sentido social de "orgânico" e muitas vezes regula as suas interpretações metafísicas. Então que outros tipos de ações e inações corporais, gestos, movimentos e modos de coordenação e de organização condicionam e constituem o ato de fala, não mais entendido restritivamente como vocalização? Os sons são apenas uma maneira de significar em comum – cantando, pronunciando uma palavra de ordem, declarando, batendo tambores ou panelas ou esmurrando o muro de uma prisão ou um muro que represente uma separação. Como todos esses tipos de atos "falam" de modos que indexam outro sentido do orgânico e do político, um sentido que pode ser entendido como a representação performativa da assembleia em si mesma?

*

CORPOS EM ALIANÇA E A POLÍTICA DAS RUAS

QUANDO AQUELES QUE enfrentam perspectivas aceleradas de precariedade vão para as ruas e começam uma reivindicação com "nós, o povo", então estão afirmando que eles, os que aparecem e falam, estão identificados como "o povo". Eles estão trabalhando para afastar a perspectiva do esquecimento. A frase não implica que os que lucram não são "o povo", e não implica necessariamente um sentido simples de inclusão: "nós também somos o povo". A frase pode significar "nós *ainda* somos o povo" – e, portanto, ainda resistimos e não estamos destruídos. Ou pode afirmar uma forma de igualdade em face da desigualdade crescente; os que participam fazem isso não simplesmente pronunciando essa frase, mas corporificando a igualdade em qualquer medida que se prove possível, constituindo uma assembleia do povo fundamentada na igualdade. Pode-se dizer que a igualdade é afirmada de modo experimental e provisório em meio à desigualdade, ao que os críticos respondem: isso é vão e inútil, uma vez que seus atos são apenas simbólicos, e a verdadeira igualdade econômica continua a se tornar mais inapreensível para aqueles que têm dívidas astronômicas e estão sem perspectiva de emprego. Ainda assim, parece que a corporificação da igualdade nas práticas de assembleia, a insistência na interdependência e em uma distribuição justa das tarefas de trabalho, a ideia de um fundamento comum ou "os recursos comuns", tudo começa a colocar no mundo uma versão da igualdade que está desaparecendo rapidamente em outros lugares. A questão é não encarar o corpo apenas como um instrumento para fazer uma reivindicação política, mas deixar esse corpo, essa pluralidade de corpos, se tornar a precondição de todas as reivindicações políticas subsequentes.

De fato, na política das ruas que esteve conosco nos últimos anos, no Movimento Occupy, nos primeiros estágios na Praça Tahrir, na Puerta del Sol, no Parque Gezi e no movimento das favelas no Brasil, as demandas básicas do corpo estão no centro das mobilizações políticas – *essas demandas são na verdade decretadas publicamente*

"NÓS, O POVO"

antes de qualquer conjunto de reivindicações políticas. Em contraposição às forças de privatização, a destruição dos serviços públicos e os ideais do bem público precipitados pela tomada de posse das formas neoliberais de racionalidade na administração e na vida cotidiana, os corpos exigem alimento e abrigo, proteção contra o dano e a violência, liberdade para se locomover, trabalhar, ter assistência médica; os corpos exigem outros corpos para apoiá-los e para sobreviver.[14] É claro que importa a idade desses corpos e se estão capacitados, uma vez que, em todas as formas de dependência, os corpos exigem não apenas outra pessoa, mas sistemas sociais de apoio que são complexamente humanos e técnicos.

É exatamente em um mundo no qual os apoios para a vida corporal de um número crescente de pessoas se provam altamente precários que os corpos surgem juntos nas ruas e nos seus refugos, ou ao longo de um muro que as separa de sua terra – essa assembleia, que pode incluir participantes virtuais, ainda supõe um conjunto de locações interligadas para um conjunto plural de corpos. E dessa maneira, os corpos pertencem à rua, ao chão, à arquitetura e à tecnologia por meio dos quais vivem, se movem, trabalham e desejam. Embora existam aqueles que ainda digam que os corpos ativos reunidos em assembleia nas ruas constituem uma multidão poderosa e afluente, uma multidão que constitui por si só um evento ou uma ação democrática radical, posso concordar apenas parcialmente com essa visão. Quando as pessoas rompem com o poder estabelecido, elas decretam a vontade popular, embora para saber isso com certeza tivéssemos que saber quem está rompendo e onde, assim como quem não está rompendo e onde. Existe, no fim das contas, todo tipo de multidão emergente que eu não gostaria de endossar (mesmo que não questione o seu direito de se reunir em assembleia), que incluiriam os grupos de linchamento, as congregações antissemitas, racistas ou fascistas e as formas violentas dos movimentos de massa antiparlamentares. Estou menos preocupada com a vitalidade osten-

CORPOS EM ALIANÇA E A POLÍTICA DAS RUAS

siva das multidões emergentes ou com qualquer força de vida nascente e promissora que pareça pertencer à sua ação coletiva do que estou em me juntar a uma luta para estabelecer condições mais sustentáveis de viabilidade da vida em face da precariedade sistematicamente induzida e das formas de desamparo racial. O objetivo final da política não é somente lançarmo-nos adiante juntos (embora esse possa ser um momento essencial de intensidade afetiva no âmbito de uma luta mais ampla contra a condição precária), constituindo um novo sentido de vida do "povo", mesmo que, algumas vezes, para os propósitos da mudança democrática radical – que endosso seja importante se lançar adiante de forma que reivindiquem e alterem a atenção do mundo para uma possibilidade mais permanente de vida vivível para todos. Uma coisa é se sentir vivo ou afirmar a condição de estar vivo, e outra é dizer que esse sentido fugaz é tudo que podemos esperar da política. Sentir-se vivo não é exatamente o mesmo que lutar por um mundo no qual a vida se torne possível de ser vivida para aqueles que ainda não foram valorados como seres vivos.

Embora entenda que alguma coisa tem que unir esse grupo, alguma reivindicação, algum sentido de injustiça e de não viabilidade da vida, algum chamado coletivo para a possibilidade de mudança, também existe o desejo de produzir uma nova forma de sociabilidade imediatamente. Essas mobilizações fazem as suas reivindicações por meio da linguagem, da ação, do gesto e do movimento; dos braços dados; da recusa em se mover, e da formação de modos corporais de obstrução às autoridades do Estado ou da polícia. Um dado movimento pode se mover para dentro e para fora do espaço de exposição elevada, dependendo das suas estratégias e das ameaças militares e policiais que deve enfrentar. Em cada um dos casos, entretanto, podemos dizer que esses corpos formam, juntos, redes de resistência, lembrando que os corpos que são agentes ativos de resistência também estão fundamentalmente necessitando de apoio. Na resistência, a vulnerabilidade não se converte exatamente em atuação – ela permanece a condição de resistência, uma condição da vida da qual emerge, a condição que, traduzida como condição precária, tem que ser, e é, combatida. Isso é diferente da fraqueza ou da vitimização, uma vez que, para os precários, a resistência exige expor as dimensões abandonadas ou carentes de apoio da vida, mas também mobilizar essa vulnerabilidade como uma forma deliberada e ativa de resistência política, uma exposição do corpo ao poder na ação plural da resistência.

SE O CORPO NA ESFERA da política fosse ativo por definição – sempre se autoconstituindo, nunca constituído –, então não teríamos que lutar pelas condições que permitem ao corpo a sua livre atividade em nome da justiça econômica e social. Essa luta presume que os corpos são constrangidos e constrangíveis. A condição da vulnerabilidade corporal é trazida à tona nessas assembleias públicas e coligações que buscam combater a precariedade acelerada. Então se torna ainda mais imperativo entender a relação entre a vulnerabilidade e as formas de atividade que marcam a nossa sobrevivência, o nosso florescimento, assim como a nossa resistência política. Na verdade, estamos expostos mesmo no momento de aparecer ativamente nas ruas, vulneráveis a um tipo ou outro de dano. Isso sugere que existem mobilizações deliberadas ou voluntárias da vulnerabilidade, o que podemos descrever mais apropriadamente como exposição política.

Finalmente, lembremos que toda afirmação que fazemos na esfera pública está assombrada pela prisão, e a antecipa. Em outras palavras, no Parque Gezi e em outras ruas na Turquia, aparecer nas ruas é correr o risco de detenção e prisão. E os profissionais médicos que foram ajudar os manifestantes foram presos por fazê-lo. E os advogados que buscaram defender os direitos de assembleia e de expressão foram detidos e presos, assim como aqueles que traba-

CORPOS EM ALIANÇA E A POLÍTICA DAS RUAS

lham pelos direitos humanos e que buscaram levar esses crimes ao público internacional foram presos ou ameaçados de prisão. E as pessoas na mídia que buscaram divulgar o que acontecia também foram censuradas, detidas e presas. Sempre que buscaram reivindicar o espaço público, as pessoas estiveram sob o risco de ser detidas, agredidas ou presas pela polícia. Então, quando pensamos sobre a assembleia pública, estamos sempre pensando sobre o poder policial que tanto deixa com que aconteça quanto a impede de acontecer, e estamos atentos para o momento no qual o Estado começa a atacar as pessoas que deveria representar, momento no qual se estabelece uma passagem forçada do espaço público à prisão. O espaço público é efetivamente definido por essa passagem forçada. Como consequência, as formas de solidariedade com os presos políticos – na realidade, com todas as pessoas encarceradas em condições injustas – implicam que a solidariedade deve ir da esfera pública à esfera do confinamento. Os prisioneiros são precisamente aqueles aos quais é negada a liberdade de assembleia e o acesso ao espaço público. Então o próprio movimento do governo para privatizar os parques públicos e permitir que a privatização tome o lugar da preservação dos bens e dos direitos públicos é um movimento para estabelecer o controle da polícia sobre o espaço público. Não existe uma maneira mais efetiva de fazer isso do que por meio do encarceramento dos que reivindicam o direito ao espaço público, atacando e expulsando os manifestantes que buscam reivindicar a esfera pública para o público. Essa é uma maneira de entender a prisão e a detenção daqueles que lutaram contra o Estado enquanto ele travava sua guerra contra a vida pública.

Se a privatização busca destruir o espaço público, então a prisão é a maneira definitiva de impedir o acesso ao espaço público. Nesse sentido, portanto, a privatização e a prisão trabalham juntas para manter uma pessoa fora dos lugares aos quais ela sabe que pertence. Ninguém pode ter o direito à assembleia pública sozinho. Quando

"NÓS, O POVO"

reivindicamos esse direito, como devemos, temos que fazê-lo uns com os outros, em meio às diferenças e aos desentendimentos, e em solidariedade com aqueles que já perderam esse direito ou que nunca foram reconhecidos como pertencentes a essa esfera pública. Isso é especialmente verdadeiro para aqueles que aparecem nas ruas sem permissão, que estão fazendo oposição à polícia, aos militares ou a outras forças de segurança desarmadas, que são transgêneros em ambientes transfóbicos, que não têm documentos em países que criminalizam os que buscam direitos de cidadania. Ter pouca proteção não é uma questão de tornar a "vida nua", mas uma forma concreta de exposição política e de luta potencial, ao mesmo tempo concretamente vulnerável, até destrutível, e ativa e potencialmente desafiadora, ou mesmo revolucionária.

Os corpos que se reúnem em assembleia designam e se formam como "nós, o povo", tendo como alvo as formas de abstração que agiriam como se as exigências sociais e corporais da vida pudessem ser destruídas como resultado da métrica neoliberal e das racionalidades do mercado que agora agem em nome do bem público. Aparecer em uma assembleia contra esse desamparo significa exatamente representar os corpos pelos quais fazemos tais reivindicações, o que algumas vezes significa fazer as demandas de uma maneira diferente da que pretendíamos. Não temos que conhecer uns aos outros ou deliberar de antemão para fazer essas reivindicações uns pelos outros, uma vez que nenhum corpo é realmente possível sem aqueles outros corpos, ligados, podemos dizer, pelos braços ou em nome de outro conceito de democracia que exige novas formas de solidariedade nas ruas ou fora delas.

Tenho uma forte convicção de que as assembleias do tipo só podem ser bem-sucedidas quando se submetem aos princípios da não violência. Existe um lugar importante para os atos corporificados baseados em princípios de não violência no enfrentamento da violência, e esses atos devem definir qualquer movimento que busque defender os direitos à assembleia pública. Essa afirmação me com-

CORPOS EM ALIANÇA E A POLÍTICA DAS RUAS

promete a explicar como um princípio é corporificado, e tentarei indicar o que quero dizer com isso, mas também me compromete a mostrar como a resistência não violenta à violência é possível (uma investigação na qual me aprofundarei mais em outro contexto). O ponto sobre a não violência que desejo sublinhar é que não se trata apenas de sustentar um princípio em mente, mas de deixar que um princípio molde o comportamento de uma pessoa, até mesmo o seu desejo – pode-se dizer que é uma questão de ceder ao princípio. A ação não violenta não é simplesmente uma questão de exercitar a força de vontade para conter os impulsos agressivos; trata-se de uma luta ativa contra uma forma cultivada de constrangimento que toma forma corpórea e coletiva.

A resistência não violenta exige um corpo que aparece, que age, e que em sua ação busca constituir um mundo diferente daquele que encontrou, o que significa confrontar a violência sem reproduzir os seus termos. A não violência não consiste apenas em dizer não a um mundo violento, mas trabalha o eu e sua relação com o mundo de uma maneira nova, buscando corporificar, ainda que de maneira provisória, a alternativa pela qual luta. Podemos então dizer que a resistência não violenta é performativa? E que a não violência é um ato, uma atividade constante? Em caso afirmativo, qual é a sua relação com a passividade? Embora a resistência passiva seja uma forma de ação não violenta, nem todas as formas de ação não violenta podem ser reduzidas à resistência passiva.[15] A ideia de se deitar diante de um tanque ou de "murchar o corpo" diante do poder policial envolve uma capacidade cultivada de sustentar determinada posição. O corpo murcho pode parecer ter desistido da sua atuação, ainda assim, ao se tornar um peso e uma obstrução, ele persiste em sua posição. A agressão não é erradicada, mas cultivada – e a sua forma cultivada pode ser vista no corpo conforme ele se levanta, cai, se recompõe, para, permanece silencioso ou se vale do apoio de outros corpos que também apoia. Apoiado e apoiando, representa

"NÓS, O POVO"

uma certa noção de interdependência corporal que mostra como a resistência não violenta não deveria ser reduzida ao individualismo heroico. Mesmo o indivíduo que se move à frente o faz, em parte, porque está escorado por outros.

Podemos dizer que esses são atos públicos de autoconstituição, onde o eu não é apenas este ou aquele eu individual, mas uma distribuição social da individualidade animada e interdependente com poderes e liberdade de expressão, de movimento e de assembleia, invocando e trabalhando corpos que manifestam os seus direitos básicos ao trabalho, à moradia e ao sustento?

Há muitas dificuldades no caminho da realização desse ideal. Desde o começo, nem sempre é possível definir a não violência de forma precisa. Na verdade, toda definição de não violência é uma interpretação do que a não violência é, ou deveria ser. Isso produz a repetição de um dilema: uma visão da não violência governada por princípios pode algumas vezes ser interpretada como violência, e quando isso acontece, os que fazem a interpretação consideram-na acertada, e aqueles cuja ação está sendo interpretada como violenta consideram essa interpretação muito equivocada. Quando a não violência é interpretada como violência, ela geralmente é interpretada como um disfarce para objetivos ou impulsos violentos e, portanto, um estratagema ou uma forma de não envolvimento que efetivamente permite a prevalência dos que têm força. Pode ser que se acredite que alguém está engajado na não violência apenas para perceber que a ação tem algumas características ou consequências violentas, ou que penetra uma zona cinzenta, especialmente quando a força é utilizada a serviço da autodefesa. Mas esse desconhecimento a respeito de todas as implicações das ações de alguém deve ser diferenciado de modos ativos de distorcer a ação por aqueles que buscam renomear a não violência como violência.

Alguém pode considerar táticas como greves, greves de fome nas prisões, interrupção do trabalho, formas não violentas de ocupar

CORPOS EM ALIANÇA E A POLÍTICA DAS RUAS

edifícios governamentais ou oficiais e espaços cujo estatuto privado está sendo contestado, boicotes de vários tipos, incluindo boicotes de consumo e culturais, sanções, mas também assembleias públicas, petições, maneiras de se recusar a reconhecer uma autoridade ilegítima ou se negar a desocupar instituições que foram fechadas ilegalmente. O que tende a unificar tais ações – ou inações, dependendo da interpretação – é que todas colocam em questão a legitimidade de um conjunto de políticas ou ações, ou a legitimidade de uma forma específica de governo. Ainda assim, todas elas podem, por exigirem uma mudança na política, na formação do Estado ou no governo, ser chamadas de "destrutivas", uma vez que pedem uma alteração substancial do *status quo*. Mas se a revogação de uma política ou a reivindicação para que se forme um Estado sobre bases legítimas – ambas as quais são exercícios claros da vontade popular em uma democracia – são consideradas atos violentos ou, na verdade, "terroristas", então uma confusão fatal se opõe à nossa habilidade para nomear a ação não violenta no contexto das lutas democráticas.

Nas palavras de Gandhi, baseadas em Thoreau, a desobediência civil não violenta é um "descumprimento civil de decretos legais amorais".[16] Em seu ponto de vista, uma lei ou um regulamento podem ser considerados amorais, moralmente errados e, portanto, se tornar objetos legítimos de uma ação civil. Então, o regulamento é desobedecido, mas porque é amoral (ou imoral), a desobediência é correta. É um direito civil desobedecer um regulamento ou uma lei pública imoral, uma vez que o domínio da lei é responsável pelas formas de moralidade que Gandhi entende como as estruturas da vida civil. Podemos certamente questionar se a moralidade subjaz os direitos civis da maneira que Gandhi presume, mas parece importante aceitar o seu ponto de maneira geral. Existem maneiras de questionar a legitimidade que algumas vezes toma a forma explícita de atos de fala; outras vezes eles dependem da dimensão expressiva da ação plural e corporificada ou na recusa em agir. Quando eles

"NÓS, O POVO"

confiam na ação plural e corporificada, exigem a atuação corporificada e algumas vezes, quando a polícia, guardas de segurança ou os militares tentam irromper e dispersar uma assembleia não violenta, essa assembleia entra em contato direto com outros corpos, corpos que talvez estejam empunhando objetos ou armas que causam ferimentos físicos. O risco da coerção e do dano físico é assumido por aqueles engajados em greves de fome, uma vez que, por exemplo, o prisioneiro que recusa comida não apenas se recusa a obedecer a um regulamento obrigatório, mas deixa de se reproduzir como prisioneiro. De fato, a prisão exige a reprodução física do prisioneiro para exercer sua modalidade particular de força. Em outras palavras, a ação não violenta algumas vezes acontece dentro do campo de força de violência, motivo pelo qual a não violência raramente é uma posição de pureza e indiferença, ou seja, uma posição tomada a distância da cena da violência. Ao contrário, a não violência acontece dentro da cena de violência. Alguém que caminha de maneira agradável e pacífica pelas ruas não está engajado com a violência ou com a prática da não violência. A não violência entra em jogo com a ameaça de violência: trata-se de uma maneira de se conservar e se conduzir por conta própria e com os outros em um espaço realmente ou potencialmente conflituoso. Isso não quer dizer que a não violência seja apenas reativa: pode ser uma maneira de abordar uma situação, ou mesmo de viver no mundo, uma prática diária de *mindfulness* que atende à característica precária dos seres vivos.

É exatamente porque a não violência é uma maneira deliberada de sustentar o eu corporificado diante do conflito, ou em meio a urgências e provocações conflitivas, que ela tem que recorrer a uma prática de não violência que precede e antecipa o momento da decisão propriamente dito. Essa forma de sustentar a si mesmo, essa postura de reflexividade, é mediada por convenções históricas que servem como as bases reconhecíveis para a ação não violenta. Mesmo quando a não violência parece um ato solitário, ela é social-

CORPOS EM ALIANÇA E A POLÍTICA DAS RUAS

mente mediada e depende da persistência e do reconhecimento das convenções que governam os modos não violentos de conduta.

É claro que existem os que rompem e decidem por métodos violentos, ou os que adentram as assembleias não violentas buscando desvirtuar os seus propósitos, e também é preciso resistir a eles. A violência é uma possibilidade constitutiva de toda assembleia, não apenas porque a polícia geralmente espera em seus flancos, nem apenas porque existem facções violentas buscando se apropriar das assembleias não violentas, mas porque nenhuma assembleia política pode superar completamente seus próprios antagonismos constitutivos. A tarefa é encontrar uma maneira de cultivar o antagonismo como uma prática não violenta. Mas a ideia de que podemos encontrar e habitar uma região pacífica da subjetividade política subestima a tarefa premente e contínua de articular a agressão e o antagonismo na substância da disputa democrática. Não existe maneira de alcançar a não violência sem cultivar, de maneira tática e baseada em princípios, a agressão em modos corporificados de ação. Podemos representar por mímica os gestos de violência como um modo de significar não o que temos como objetivo, mas a raiva que sentimos e a raiva que limitamos e transfiguramos em expressão política corporificada. Existem muitos modos de agir fisicamente sem causar danos, e esses são modos que certamente deveríamos buscar.

No fim, provavelmente não é possível pensar sobre táticas de não violência fora de seu contexto histórico particular. Não é uma regra absoluta, mas talvez alguma coisa definida mais precisamente como um *éthos*; na realidade, toda tática tem o seu *éthos* implícito. Porque a não violência é tanto um *éthos* quanto uma *tática*, e isso significa que os movimentos não violentos, como boicotes e greves, não podem simplesmente ser a guerra por outros meios. Eles têm que se mostrar como alternativas éticas substanciais à guerra, pois é apenas por meio da manifestação da reivindicação ética que o valor político da posição pode ser visto. Uma manifestação do tipo não é

"NÓS, O POVO"

simples de se fazer quando existem os que só conseguem ler a tática como ódio e como a continuação da guerra por outros meios. Essa é, sem dúvida, uma razão que justifica por que a não violência se estabelece não apenas pelo que fazemos, mas também por como o que fazemos aparece, o que significa que precisamos de uma mídia que permita que a não violência seja reconhecida como tal.

Notas

1. A Organização Internacional do Trabalho explicita que o direito à liberdade de se reunir pacificamente em assembleia é fundamental para a negociação coletiva, a participação e a associação a organizações internacionais do trabalho. Ver David Tajgman e Karen Curtis, *Freedom of Association: A User's Guide – Standards, Principles, and Procedures of the International Labour Organization* (Genebra, International Labour Office, 2000), p. 6. As Nações Unidas, em sua "Declaração Universal dos Direitos Humanos" (1948), especificam o direito à assembleia nos artigos 20 e 23. E talvez ainda mais importante, o Pacto Internacional sobre os Direitos Civis e Políticos (1976) confirma o princípio como é formulado pela OIT, renomeando-o como o direito de associação e o direito de se organizar no artigo 22: <http://www.ohchr.org/en/professionalinterest/pages/ccpr.aspx>.

2. Esse tende a ser o foco da consideração de Giorgio Agamben sobre a soberania do Estado em *State of Exception*, trad. de Kevin Attell (Chicago, University of Chicago Press, 2005) [ed. bras.: *Estado de exceção*, São Paulo, Boitempo, 2015].

3. Embora Arendt não aborde a liberdade de assembleia diretamente em *Sobre a revolução*, ela trilha o caminho daqueles que surgiram nas ruas, enfurecidos com o sofrimento, durante a Revolução Francesa e se tornaram as massas para as quais a vingança era o objetivo primário (*On Revolution*, Londres, Penguin Books, 1965, p. 110-111) [ed. bras.: *Sobre a revolução*, São Paulo, Companhia das Letras, 2011]. O desejo que tinham de se libertar do sofrimento não era igual ao objetivo correto à liberdade, de acordo com a visão dela. A liberdade envolve agir em conjunto para produzir o novo e, em termos políticos, para produzir o novo no terreno da igualdade. De acordo com Arendt, a tarefa é passar da vingança para um "ato de fundar a nova política corporal" (um movimento que ecoa o esforço de Nietzsche para incitar os

CORPOS EM ALIANÇA E A POLÍTICA DAS RUAS

que praticam a moralidade do escravo a encontrar recursos para afirmação) (ibid., p. 222-223). Podemos encontrá-la recorrendo a noções tocquevillianas de "associação voluntária" no ensaio "Civil Disobedience" ["Desobediência civil"] no livro *Crisis of the Republic* (Nova York, Harcourt Brace Jovanovich, 1972), p. 49-102 [ed. bras.: *Crises da república*, São Paulo, Perspectiva, 2015]. É significativo que a única discussão nesse texto que faz menção a "assembleia" esteja se referindo a "assembleia constituinte" entendida como a assembleia nacional. É Jason Frank quem encontra o "poder constituinte" na liberdade de assembleia, que acredita ter um valor diferente no trabalho de Arendt quando ela está analisando as revoluções francesa ou americana (Jason Frank, *Constituent Moments: Enacting the People in Postrevolutionary America*, Durham, NC, Duke University Press, 2010, p. 62-66). Ver também Seyla Benhabib, *The Reluctant Modernism of Hannah Arendt* (Oxford, Rowman and Littlefield, 2000), p. 123-129.

4. John D. Inazu, *Liberty's Refuge, The Forgotten Freedom of Assembly* (New Haven, CT, Yale University Press, 2012). Inazu escreve que a liberdade de assembleia tem que ser separada da liberdade de associação e do direito de associação expressiva: "alguma coisa importante se perde quando deixamos de compreender a conexão entre a formação, a composição e a existência de um grupo e sua expressão. Muitas expressões de grupo só são inteligíveis em contraste com as práticas vividas que lhes dão significado" (p. 2).

5. Ver J. Kehaulani Kauanui, *Hawaiian Blood: Colonialism and the Politics of Sovereignty and Indigeneity* (Durham, NC, Duke University Press, 2008).

6. Frank, *Constituent Moments*.

7. Ernest Laclau, *On Populist Reason* (Londres, Verso, 2005), p. 65-128 [ed. bras.: *A razão populista*, São Paulo, Três Estrelas, 2013].

8. A relação dessas observações com a noção deleuziana de *assemblage* é considerada por Naomi Greyser em "Academic and Activist Assemblages: An Interview with Jasbir Puar", in *American Quarterly* 64, n. 4 (dezembro 2012): 841-843.

9. A esse respeito, ver Erdem Gunduz, "o homem de pé", que desafiou a proibição das assembleias ao permanecer de pé sozinho na praça e só depois foi acompanhado por outros que também ficaram de pé sozinhos até o momento em que uma verdadeira assembleia de indivíduos singulares tinha se formado, de pé e silenciosa, obedecendo e desafiando a proibição ao mesmo tempo: <https://www.youtube.com/watch?v=SldbnzQ3nfM>; Emma Sinclair-Webb, "The Turkish Protests – Still Standing", Human Rights Watch, 21 de junho de 2013, disponível em: <http://www.hrw.org/news/2013/06/21/turquish--protests-still-standing>.

"NÓS, O POVO"

10. Banu Bargu, "Spectacles of Death: Dignity, Dissent, and Sacrifice in Turkey's Prisions", in Policing and Prisions in the Middle East: Formations of Coercion, org. de Laleh Khalili e Jillian Schwedler (Nova York, Columbia University Press, 2010), p. 241-261; and Banu Bargu, "Fasting unto Death: Necropolitical Resistance in Turkey's Prisions" (manuscrito).

11. Angela Davis, *Are Prisions Obsolete?* (Nova York, Seven Stories Press, 2003), e Angela Davis, *Abolition Democracy: Beyond Empire, Prisons, and Torture* (Nova York, Seven Stories Press, 2005) [ed. bras.: *A democracia da abolição: para além do império, das prisões e da tortura*, Rio de Janeiro, Difel, 2009].

12. Frank, *Constituent Moment*, p. 33.

13. Agnes Heller, *The Theory of Need in Marx* (Londres, Allison and Busby, 1974).

14. Ver as críticas sucessivas de Wendy Brown à privatização: "Sacrificial Citizenship: Neoliberal Austerity Politics", <http://globalization.gc.cuny.edu/events/sacrificial-citizenship-neoliberal-austerity-politics/>; "The End of Educated Democracy", in *The Humanities and the Crisis of the Public University*, org. de Colleen Lie, Christopher Newfield e James Vernon, edição especial, *Representations* 116, n. 1 (Fall 2011): 19-41; "Neoliberalized Knowledge", *History of the Present* 1, n. 1 (May 2011); e *Undoing the Demos: Neoliberalism's Stealth Revolution* (Nova York, Zone Books, 2015).

15. Ver Mahatma Gandhi, *Selected Political Writings* (Indianapolis, IN, Hackett, 1996). Gandhi fazia uma distinção entre a resistência passiva e a desobediência civil não violenta. Em sua visão, a resistência passiva é uma tática não governada por um princípio, enquanto a não violência é uma forma de ação governada por um princípio e que busca ser consistente em todas as circunstâncias. Ele associou a resistência passiva com os poderes dos fracos, enquanto que, ainda na visão dele, a desobediência civil não violenta é "atividade intensa" e "força" (p. 50-52).

16. M. K. Gandhi, *Non-violent Resistance. (Satyagraha)* (Mineola, NY, Dover Publications, 2001), p. 2.

6. É possível viver uma vida boa em uma vida ruim?

Gostaria de dar continuidade a uma questão proposta por Adorno que ainda é pertinente para nós. Trata-se de uma questão para a qual retorno de tempos em tempos e que continua a se fazer sentir de maneira recorrente. Não existe uma maneira fácil de respondê-la, e certamente também não temos como evitá-la. Adorno, é claro, nos disse em seu *Minima moralia* que *"Es gibt kein richtiges Leben im falschen"* ("Uma vida errada não pode ser vivida corretamente").[1] Entretanto, a constatação não fez com que ele perdesse as esperanças na possibilidade de uma moralidade. Na verdade, permanece a questão: como alguém vive uma vida boa em uma vida ruim? Adorno chamou atenção para a dificuldade de encontrar um modo de perseguir para si mesmo uma boa vida, como si mesmo, no contexto de um mundo mais amplo, estruturado pela desigualdade, pela exploração e pelas formas de apagamento. Ao menos para mim, essa seria a forma inicial de reformular a questão. A verdade é que agora mesmo, ao reformulá-la para vocês, percebo que é uma questão que assume uma nova forma, dependendo da época histórica em que é formulada. Então, de início, temos dois problemas: o primeiro é como alguém pode viver bem a própria vida, de forma que possamos dizer que estamos vivendo uma vida boa em um mundo no qual a vida boa é estrutural ou sistematicamente vedada a tantos, ou se torna uma expressão que faz sentido ou parece denotar um modo de vida que se mostra de algumas maneiras bastante ruim. O segundo problema é a forma que a questão assume para nós agora. Ou ainda: como o tempo histórico em que vivemos condiciona e permeia a forma da questão em si?

Antes de prosseguir, preciso refletir sobre os termos que usamos. Realmente, "vida boa" é uma expressão controversa, uma vez que existem muitas visões diferentes sobre o que "a vida boa" (*das Richtige Leben*) pode ser. Muitos identificam a vida boa com o bem-estar econômico, a prosperidade e até mesmo com a segurança, mas sabemos que tanto o bem-estar econômico quanto a segurança podem ser atingidos por aqueles que não estão vivendo uma vida boa. E isso fica ainda mais claro quando os que afirmam viver uma vida boa o fazem lucrando com o trabalho dos outros, ou com base em um sistema econômico que reforça formas de desigualdade. Então, "a vida boa" tem que ser definida de maneira mais ampla para não pressupor nem implicar desigualdade, ou tem que se reconciliar com outros valores normativos. Quando confiamos na linguagem corriqueira para nos dizer o que é a vida boa, ficamos confusos, pois a expressão se tornou um vetor para sistemas concorrentes de valores.

Na verdade, podemos concluir bastante rápido que, por um lado, "a vida boa" como expressão pertence tanto a uma formulação aristotélica antiga, relacionada às formas de conduta moral de cada um, quanto, por outro lado, que "a vida boa" está contaminada demais pelo discurso comercial para vir a ser útil aos que querem pensar sobre a relação, em um sentido mais abrangente, entre a moralidade ou a ética e a teoria social e econômica. Quando Adorno discute se é possível viver uma vida boa em uma vida ruim, ele está perguntando sobre a relação da conduta moral com as condições sociais, mas em um sentido mais amplo sobre a relação da moralidade com a teoria social. Na verdade, ele também está perguntando como as operações mais amplas de poder e dominação penetram ou interferem em nossas reflexões individuais sobre como viver melhor. Ele escreve: *"das ethische Verhalten oder das moralische oder unmoralische Verhalten immer ein gesellshaftliches Phänomen ist – das heist, da es überhaupt keinen Sinn hat, vom ethischen und vom moralischen Verhalten unter Absehung der Beziehungen der Menschen zueinander zu reden, und da das rein für sich selbst seiende Individuum eine ganz leere Abstraktion ist"* ("a conduta ética, a conduta moral ou imoral, é sempre um fenômeno social – em outras palavras, não faz absolutamente nenhum sentido falar sobre a conduta ética e moral separadas das relações dos seres humanos uns com os outros; um indivíduo que existe puramente para si mesmo é uma abstração vazia").[2] Ou ainda: *"die gesellschaftlichen Kategorien bis ins Innerste der moralphilosophie sich hinein erstrecken"* ("as categorias sociais constituem a própria fibra da filosofia moral").[3] Ou como a frase final em o *Probleme der Moralphilosophie*: *"Kurz, also was Moral heute vielleicht überhaupt noch heissen darf, das geht über an die Frage nach der Einrichtung der Welt – man könnte sagen: die Frage nach dem richtigen Leben wäre die Frage nach der richtigen Politik selber heute im Bereich des zu Verwirklichenden galegen wäre"* ("tudo o que hoje podemos chamar de moralidade se funde na questão da organização do mundo [...] podemos até mesmo dizer que a busca pela vida boa é a busca pela forma correta de política, se é que, de fato, uma forma correta de política estiver nos domínios do que pode ser alcançado hoje").[4] Portanto, faz sentido perguntar qual configuração social de "vida" entra na questão sobre como viver melhor. Quando pergunto como viver melhor, ou como levar uma vida boa, parece que não recorro apenas a ideias sobre o que é bom, mas também sobre o que é viver, e o que é a vida. Devo ter algum sentido para a minha vida antes de poder perguntar que tipo de vida levar, e a minha vida deve me parecer alguma coisa que posso conduzir, e não simplesmente uma coisa que me conduza. Entretanto, está bastante claro que não posso "conduzir" todos os aspectos do organismo vivo que sou, muito embora seja compelida a perguntar como posso conduzir a minha vida. Como alguém conduz uma vida se nem todos os processos que configuram uma vida podem ser conduzidos, ou quando apenas certos aspectos de uma vida podem ser direcionados ou formados de uma maneira deliberada ou reflexiva, e outros claramente não podem?

Então, se a questão sobre como levar uma vida boa é uma das mais elementares da moralidade, e talvez até mesmo a questão que a define, então a moralidade aparentemente está ligada à biopolítica desde a sua gênese. Chamo de biopolítica os poderes que organizam a vida, incluindo aqueles que expõem diferencialmente as vidas à condição precária como parte de uma administração maior das populações por meios governamentais e não governamentais, e que estabelece um conjunto de medidas para a valoração diferencial da vida em si. Ao perguntar como conduzir a minha vida já estou negociando com essas formas de poder. A questão mais individual da moralidade – como eu vivo esta vida que me pertence? – está ligada a questões biopolíticas destiladas em formas como estas: de quem são as vidas que importam? De quem são as vidas que não importam como vidas, não são reconhecidas como viváveis ou contam apenas ambiguamente como vivas? Essas questões partem do pressuposto de que não podemos tomar como garantido o fato de que todos os humanos vivos carregam o estatuto de sujeito que é digno de proteções e de direitos, com liberdade e um sentido de pertencimento político; ao contrário, um estatuto assim deve ser assegurado por meios políticos e onde ele é negado, essa privação deve se tornar ma-

É POSSÍVEL VIVER UMA VIDA BOA EM UMA VIDA RUIM?

nifesta. A minha sugestão é que, para entender a maneira diferenciada como esse estatuto é alocado, devemos perguntar quais vidas são passíveis de luto e quais não são. A administração biopolítica daquilo que não é passível de luto se mostra crucial para abordar a questão sobre como eu conduzo esta vida. E como vivo essa vida dentro da vida e nas condições de vida que nos estruturam agora? O que está em jogo é o seguinte tipo de questionamento: de quem são as vidas que já não são consideradas vidas, ou são consideradas vidas apenas parcialmente vividas, ou vidas já terminadas e perdidas antes mesmo de qualquer abandono ou destruição explícita?

É claro que essa questão se torna mais aguda para alguém, qualquer um, que já entende a si mesmo como um tipo de ser dispensável, que registra em um nível afetivo e corporal que sua vida *não* é digna de ser salvaguardada, protegida ou valorizada. Trata-se de alguém que entende que *não* será passível de luto quando perder a vida e, portanto, alguém para quem a reivindicação condicional "Eu não seria motivo de luto" é vivida de maneira ativa no presente. Quando não tenho certeza se terei comida ou abrigo, ou estou certo de que nenhuma rede ou instituição social me ampararia caso eu sucumbisse, é porque passei a pertencer aos não passíveis de luto. Isso não significa que eu não vá ser motivo de luto para algumas pessoas, ou que os que não são passíveis de luto não possuem maneiras de se enlutar uns pelos outros. Isso não significa que não vou ser motivo de luto em um canto e não no outro, ou que a minha perda não vá ser de todo registrada. Mas essas formas de persistência e resistência ainda acontecem na vida à sombra do público, ocasionalmente escapando e contestando os esquemas pelos quais são desvalorizados ao afirmar o seu valor coletivo. Então, sim, os não passíveis de luto por vezes se reúnem em sublevações públicas de luto, motivo pelo qual em tantos países é difícil distinguir um funeral de uma manifestação.

CORPOS EM ALIANÇA E A POLÍTICA DAS RUAS

Agora exagero, mas faço isso por uma razão. A razão por que alguém não vai ser passível de luto, ou já foi estabelecido como alguém que não deve ser passível de luto, é o fato de não haver uma estrutura ou um apoio que vá sustentar essa vida, o que implica a sua desvalorização como algo que, para os esquemas dominantes de valor, não vale a pena ser apoiado e protegido enquanto vida. O próprio futuro da minha vida depende dessa condição de apoio, então, se não sou apoiado, a minha vida é estabelecida como algo tênue, precário e, nesse sentido, indigno de ser protegido da injúria e da perda e, portanto, não passível de luto. Se somente uma vida passível de luto pode ser valorizada, e valorizada ao longo do tempo, então apenas uma vida passível de luto vai ser candidata ao apoio social e econômico, à habitação, à assistência médica, ao emprego, ao direito de se expressar politicamente, às formas de reconhecimento social e às condições para a atuação política. É preciso, por assim dizer, ser passível de luto antes de ser perdida, antes de qualquer dúvida sobre negligência ou abandono, e deve ser capaz de viver uma vida sabendo que a perda dessa vida que eu sou poderia ser lamentada, de forma que todas as medidas fossem tomadas para prevenir essa perda.

Mas, quando alguém está vivo ao mesmo tempo que sabe que a vida que está vivendo jamais será considerada perdível ou perdida, precisamente porque nunca foi considerada uma vida, ou porque já era considerada perdida, como podemos entender esse domínio sombrio da existência, essa modalidade de não existência na qual as populações, apesar de tudo, vivem? No âmbito da consciência de que a vida de uma pessoa é dispensável ou não é passível de luto, como a questão moral é formulada e como acontece a reivindicação pelo luto público? Em outras palavras: como posso me esforçar para levar uma boa vida se não tenho uma vida sobre a qual falar, ou quando a vida que busco levar é considerada dispensável ou, na verdade, já foi efetivamente abandonada? Quando a vida que levo não é possível de ser vivida, um paradoxo excruciante se coloca, pois a questão "como eu vivo uma boa vida?" tem como pressuposto que *existem vidas* a ser vividas, ou seja, que existem vidas reconhecidas como viváveis e que a minha própria vida está entre elas. Na realidade, a questão também presume que existe um *eu* que tem o poder de colocar a questão reflexivamente, e que eu também apareço para mim mesmo, o que significa que posso aparecer no campo de aparecimento disponível para mim. Para que a questão seja viável, aquele que pergunta deve ser capaz de perseguir qualquer resposta que surja. Para que a questão desobstrua um caminho que *eu* possa seguir, o mundo deve estar estruturado de tal modo que a minha reflexão e a minha ação se provem não apenas possíveis como também eficazes. Quando delibero sobre a melhor maneira de viver, tenho que presumir que a vida que busco levar pode ser afirmada como uma vida, e que posso afirmá-la mesmo quando não está afirmada de maneira mais geral, ou mesmo naquelas condições nas quais nem sempre é fácil discernir se existe uma afirmação social e econômica da minha vida. Afinal de contas, essa vida que é minha é refletida de volta para mim por um mundo inclinado a alocar o valor da vida diferencialmente, um mundo no qual a minha própria vida é mais ou menos valorizada do que outras vidas. Em outras palavras, esta vida que é minha reflete de volta para mim um problema sobre a igualdade e o poder e, de maneira mais geral, sobre a justiça ou injustiça na atribuição de valor.

Portanto, se esse tipo de mundo, que poderíamos ser compelidos a chamar de "vida ruim", deixa de espelhar o meu valor como ser humano, devo ter uma visão crítica das categorias e estruturas que produzem essa forma de apagamento e desigualdade. Em outras palavras, não posso afirmar minha própria vida sem avaliar criticamente as estruturas que valorizam a própria vida de modos diferentes. Essa é uma prática de crítica em que minha própria vida está ligada aos objetos sobre os quais penso. Minha vida é esta vida,

CORPOS EM ALIANÇA E A POLÍTICA DAS RUAS

vivida aqui, no horizonte espaço-temporal estabelecido pelo meu corpo, mas também está lá fora, implicada em outros processos de vivência dos quais eu sou apenas um. Além disso, ela está implicada nos diferenciais de poder que decidem a vida de quem importa mais e a de quem importa menos, a vida de quem se torna um paradigma para todas as coisas vivas e a vida de quem se torna uma não vida nos termos contemporâneos que governam o valor dos seres vivos. Adorno destaca que *"Man muss an dem Normativen, an der Selbstkritik, na der Frage nach dem Richtigen oder Falschen und gleichzeitig an der Kritik der Fehlbarkeit der Instanz festhalten, die eine solche Art der Selbstrkritik sich zutraut"* ("precisamos nos ater às normas morais, à autocrítica, à questão do certo e do errado e ao mesmo tempo a um sentido de fracasso da autoridade que tem a ousadia de fazer essa autocrítica").[5] Esse "eu" pode não ser tão conhecedor de si mesmo como afirma e pode muito bem ser verdade que os únicos termos por meio dos quais compreende a si mesmo sejam os pertencentes a um discurso que precede e informa, embora sem que nenhum de nós seja completamente capaz de dominar o seu funcionamento e os seus efeitos. E uma vez que os valores são definidos e distribuídos por meio de modos de poder cuja autoridade deve ser questionada, estou diante de certo dilema. Estou me estabelecendo nos termos que fariam a minha vida digna de valor ou o que ofereço é uma crítica sobre a ordem de valores vigente?

Então, devo perguntar – e pergunto – como devo viver uma vida boa, e essa é uma inspiração importante. Tenho que pensar com cuidado sobre a vida que me pertence, que também é uma vida social mais ampla, conectada à vida de outros seres vivos de modos que me comprometem em uma relação crítica com as ordens discursivas da vida e dos valores a partir dos quais vivo, ou melhor, me esforço para viver. O que confere autoridade a essas ordens e valores? E essa autoridade é legítima? Uma vez que a minha própria vida está em jogo nessa investigação, a crítica da ordem biopolítica passa a ser,

É POSSÍVEL VIVER UMA VIDA BOA EM UMA VIDA RUIM?

para mim, uma questão premente. E por mais que o potencial para viver uma boa vida esteja em jogo, também está em jogo a luta para viver e luta para viver em um mundo justo. Se posso ou não viver uma vida que tenha valor não é algo que eu possa decidir por conta própria, pois, no fim das contas, a minha vida me pertence ao mesmo tempo que não me pertence e é justamente isso que faz de mim uma criatura social e viva. A questão sobre como viver uma vida boa, portanto, já está, desde o início, relacionada com essa ambiguidade, e está ligada a uma prática crítica viva.

Se não sou capaz de estabelecer o meu valor no mundo de uma maneira que não seja transitória, então o meu senso de possibilidade é igualmente transitório. O imperativo moral para levar uma vida boa, com as questões reflexivas que isso engendra, pode, por vezes, parecer muito cruel e irrefletido para aqueles que vivem em condições de desesperança; e talvez possamos entender facilmente o cinismo que algumas vezes envolve a própria prática da moralidade: por que eu deveria agir moralmente, ou mesmo colocar a questão sobre como viver melhor, quando a minha vida já não é considerada uma vida, se a minha vida já é tratada como uma forma de morte, ou se pertenço ao que Orlando Patterson chamou de domínio da "morte social" – termo que ele usou para descrever as condições de vida sob um regime de escravidão?[6]

Como as formas contemporâneas de abandono e despossessão econômica que se seguem à institucionalização das racionalidades neoliberais ou à produção diferencial da precariedade não podem, em sua maior parte, ser comparadas à escravidão, continua sendo importante distinguir entre as diferentes modalidades de morte social. Talvez não possamos usar uma palavra para descrever as condições nas quais as vidas deixam de ser vivíveis, mas ainda assim o termo "precariedade" pode distinguir entre os diferentes modos de "não viabilidade da vida": aqueles, por exemplo, que estão encarcerados sem condições de recorrer aos devidos processos legais; os que vivem em zonas de guerra ou em áreas sob ocupação, expostos à violência e à destruição, sem ter segurança nem saída; os que são submetidos à emigração forçada, vivendo em zonas limítrofes, esperando que as fronteiras se abram para a chegada da comida e a perspectiva de viver com documentos; os que estão marcados por fazer parte de uma massa de trabalhadores considerada dispensável ou substituível, para os quais a perspectiva de uma vida estável parece cada vez mais remota e que vivem diariamente um horizonte temporal colapsado, sofrendo com a sensação, no estômago e nos ossos, de um futuro danificado, tentando sentir, mas ao mesmo tempo, temendo o que pode ser sentido. Como uma pessoa pode perguntar qual é a melhor maneira de levar a vida quando não sente ter poder sobre a própria vida, quando não tem certeza se está vivo ou quando está lutando para se sentir vivo, mas ao mesmo tempo temendo esse sentimento e a dor de viver dessa maneira? Nas condições contemporâneas de emigração forçada e neoliberalismo, vastas populações vivem sem nenhuma perspectiva de um futuro seguro ou de um pertencimento político contínuo, vivendo com a sensação de uma vida danificada como parte da experiência diária do neoliberalismo.

Não quero dizer que a luta pela sobrevivência preceda o domínio da moralidade ou da obrigação moral como tal, uma vez que sabemos que mesmo em condições de ameaça extrema, as pessoas oferecem qualquer gesto de apoio possível. Sabemos disso por meio de alguns relatos extraordinários dos campos de concentração. Na obra de Robert Antelme, por exemplo, o apoio poderia ser a troca de cigarros entre aqueles que não compartilham uma língua, mas que se encontram na mesma condição de encarceramento e perigo nos campos de concentração. Na obra de Primo Levi, a resposta ao outro pode tomar a forma de simplesmente ouvir – e registrar – os detalhes da história que o outro pode contar, fazendo com que essa

É POSSÍVEL VIVER UMA VIDA BOA EM UMA VIDA RUIM?

história se torne parte de um arquivo inegável, o rastro permanente da perda que compele a obrigação contínua do luto. Ou ainda, na obra de Charlotte Delbo, a oferta inesperada ao outro do último pedaço de pão que alguém precisa desesperadamente para si. Entretanto, nessas mesmas narrativas, existem também aqueles que não vão estender a mão, que ficarão com o pão para si, esconderão o cigarro e algumas vezes sofrerão a angústia de privar o outro em condições de privação radical. Em outras palavras, em condições de extrema pobreza e precariedade elevada, o dilema moral não desaparece; ele persiste precisamente na tensão entre querer viver e querer viver de determinada maneira com os outros. Uma pessoa continua de maneiras pequenas e vitais a "levar uma vida" enquanto recita ou escuta a história, enquanto assegura qualquer oportunidade que possa haver de reconhecer a vida e o sofrimento alheio. Até mesmo a pronúncia de um nome pode ser tomada como a forma mais extraordinária de reconhecimento, especialmente quando uma pessoa foi destituída de um nome, ou quando o nome foi substituído por um número, ou quando ninguém se dirige àquela pessoa.

Em um momento controverso, ao falar sobre o povo judeu, Hannah Arendt deixou claro que não era suficiente para os judeus lutar pela sobrevivência, e que a sobrevivência não pode ser em si uma finalidade e um objetivo da vida.[7] Citando Sócrates, ela insistiu na distinção crucial entre o desejo de viver e o desejo de viver bem ou de viver uma vida boa.[8] Para Arendt, a sobrevivência não era, e não deveria ser, um objetivo em si mesma, uma vez que a própria vida não era um bem intrínseco. Apenas a vida boa faz a vida valer a pena. Ela resolveu esse dilema socrático com bastante facilidade, mas talvez um pouco rápido demais, ou é o que me parece. Não estou certa se a resposta dela pode funcionar para nós, e também não estou convencida de que tenha funcionado um dia. Para Arendt, a vida do corpo deveria, em sua maior parte, ser separada da vida do espírito,

CORPOS EM ALIANÇA E A POLÍTICA DAS RUAS

razão pela qual ela traçou uma distinção entre as esferas do público e do privado em *A condição humana*. A esfera do privado incluía o domínio da necessidade, a reprodução da vida material, a sexualidade, a vida, a morte e a transitoriedade. Ela claramente entendia que a esfera privada dava suporte à esfera pública da ação e do pensamento, mas, em sua visão, o político é definido pela ação, incluindo o sentido ativo da fala. Desse modo, o ato verbal se tornou a ação do espaço público e do espaço deliberativo da política. Aqueles que penetravam na esfera pública o faziam a partir da esfera privada, de forma que a esfera pública dependia fundamentalmente da reprodução do privado e do corredor livre que levava do privado ao público. Aqueles que não sabiam falar grego, tinham vindo de outros lugares e cujo discurso não era inteligível, eram considerados bárbaros, o que significa que a esfera pública não era concebida como um espaço de multilinguismo e, portanto, não era capaz de sugerir a prática da tradução como obrigação pública. Ainda assim, podemos ver que o ato verbal eficaz dependia de (a) uma esfera privada estável e isolada que reproduzia o orador e ator masculino e (b) de uma língua designada para a ação verbal, a característica definidora da política, que podia ser ouvida e entendida pois estava em conformidade com as exigências do monolinguismo. A esfera pública, definida por um conjunto de atos da fala inteligíveis e eficazes, estava assim perpetuamente toldada pelos problemas do trabalho não reconhecido (das mulheres e dos escravos) e do multilinguismo. E o lugar onde ambos convergiam era exatamente na situação do escravo, alguém que podia ser substituído, cujo estatuto político era nulo e cuja língua não era sequer considerada uma língua.

É claro que Arendt entendia que o corpo era importante para qualquer concepção de ação e que mesmo aqueles que lutam nas resistências ou nas revoluções tinham que empreender ações corporais para reclamar seus direitos e criar alguma coisa nova.[9] E o corpo

É POSSÍVEL VIVER UMA VIDA BOA EM UMA VIDA RUIM?

certamente era importante para a fala pública, entendida como uma forma verbal de ação. O corpo aparece mais uma vez como uma figura central na sua importante concepção de natalidade, que está ligada a suas concepções tanto de estética quanto de política. Afinal de contas, o tipo de ação entendida como "parir" não é exatamente a mesma coisa que a ação envolvida na revolução, embora ambas estejam ligadas pelo fato de serem maneiras diferentes de criar uma coisa nova, sem precedentes. Se há sofrimento nos atos de resistência política ou, certamente, em parir, trata-se de um sofrimento que serve ao propósito de trazer alguma coisa nova para o mundo. Entretanto, como concebemos esse sofrimento que pertence a formas de trabalho que de maneira lenta ou rápida destroem o corpo do trabalhador, ou outras formas sem nenhum fim instrumental? Quando definimos a política restritivamente como uma postura ativa, verbal e física, que acontece dentro de uma esfera pública claramente demarcada, parece que o que nos resta é chamar o "sofrimento inútil" e o trabalho não reconhecido as experiências, e não ações, pré-políticas que existem fora do político como tal. Mas como toda concepção do político tem que levar em conta a operação de poder que separa o político do pré-político, e como a distinção entre público e privado atribui um valor diferenciado a diferentes processos de vida, nos vemos obrigados a recusar a definição arendtiana, por mais que ela nos dê muito que valorizar. Ou melhor, podemos tomar a distinção arendtiana entre a vida do corpo e do espírito como o ponto de partida para pensar sobre um tipo diferente de política corporal. Afinal, Arendt não distingue simplesmente espírito e corpo em um sentido cartesiano; ao contrário, ela afirma apenas as formas de pensamento e de ação corporificadas que criam algo novo, que empreendem a ação com eficácia performativa.

As ações performativas não são redutíveis a aplicações técnicas e se diferenciam das formas passivas e transitórias de experiência.

CORPOS EM ALIANÇA E A POLÍTICA DAS RUAS

Assim, quando e onde há sofrimento ou transitoriedade, eles estão presentes para serem transformados na vida da ação e do pensamento, e essa ação e esse pensamento devem ser performativos em um sentido ilocutório – modelado a partir de um julgamento estético e trazendo alguma coisa nova ao mundo. Isso significa que o corpo preocupado apenas com as questões da sobrevivência, com a reprodução das condições materiais e a satisfação das necessidades básicas, ainda não é o corpo "político"; o privado é certamente necessário, uma vez que o corpo político só pode vir à luz do espaço público para agir e pensar quando está bem alimentado, bem abrigado e apoiado por numerosos atores pré-políticos cuja ação não é política. Quando não existe ator político que não possa assumir que o domínio privado opera como apoio, então o político que se define como público está essencialmente dependente do privado, o que significa que o privado não é oposto do político, mas entra em sua própria definição. Esse corpo bem alimentado fala aberta e publicamente; esse corpo que passou a noite abrigado e na companhia privada de outros surge sempre mais tarde para agir em público. Essa esfera privada passa a ser o próprio contexto da ação pública, mas deveria ser, por essa razão, considerado pré-político? Será que importa, por exemplo, se relações de igualdade, dignidade ou não violência existem nesse contexto obscuro no qual as mulheres, as crianças, os mais velhos e os escravos vivem? Quando uma esfera de desigualdade é repudiada a fim de justificar e promover outra esfera, de igualdade, certamente precisamos de uma política capaz de nomear e expor essa contradição, bem como a operação de repúdio por meio da qual ela se sustenta. Se aceitamos a definição proposta por Arendt para o público e para o privado, estamos correndo o risco de ratificar esse repúdio.

Então o que está em jogo quando revisitamos as considerações de Arendt sobre a distinção entre o privado e o público na *polis*

É POSSÍVEL VIVER UMA VIDA BOA EM UMA VIDA RUIM?

grega clássica? O repúdio da dependência se torna a precondição para sujeito político que pensa e age de maneira autônoma, o que imediatamente levanta a questão sobre os tipos de pensamento e de ação "autônomos" em questão. E se concordamos com a distinção entre privado e público que Arendt apresenta, aceitamos esse repúdio da dependência como uma precondição da política em vez de tomarmos os mecanismos de repúdio em questão como os objetos da nossa própria análise crítica. Na verdade, é a crítica dessa dependência não reconhecida que estabelece o ponto de partida para uma nova política do corpo, uma que comece por um entendimento da dependência e da interdependência humanas, uma que, em outras palavras, seja capaz de explicar a relação entre a condição precária e a performatividade.

De fato, e se alguém partisse da condição de dependência e das normas que facilitam seu repúdio? Que diferença esse ponto de partida faria para a ideia de política, e até mesmo para o papel da performatividade no político? É possível separar a dimensão agente e ativa da fala performativa das outras dimensões da vida corporal, incluindo a dependência e a vulnerabilidade, os modos do corpo vivo que não podem ser facilmente ou completamente transformados em formas de ação inequívocas? Teríamos não apenas que abandonar a ideia de que o discurso verbal distingue o humano dos animais não humanos, como também precisaríamos afirmar as dimensões de falar que nem sempre refletem uma intenção consciente e deliberada. Na verdade, algumas vezes, como Wittgenstein observou, nós falamos, pronunciamos palavras, e só mais tarde nos damos conta de sua vida. Minha fala não começa com a minha intenção, embora alguma coisa que certamente podemos chamar de intenção se forme enquanto falamos. Além disso, a performatividade do animal humano acontece por meio do gesto, da atitude, dos modos de mobilidade, do som, da imagem e dos vários meios expressivos que não

CORPOS EM ALIANÇA E A POLÍTICA DAS RUAS

podem ser reduzidos às formas públicas de fala verbal. Esse ideal republicano ainda precisa abrir caminho para um entendimento mais amplo da democracia sensata. A maneira como nos reunimos nas ruas, cantamos ou dizemos palavras de ordem, ou mesmo ficamos em silêncio pode ser, é, parte da dimensão performativa da política, situando a fala como um ato corporal entre outros. Então os corpos certamente agem quando falam, mas a fala não é a única maneira pela qual os corpos agem – e certamente não é a única maneira pela qual agem politicamente. E quando manifestações públicas ou ações políticas têm como objetivo a oposição ao declínio das formas de apoio – falta de alimento ou abrigo, trabalho incerto ou não remunerado –, então o que era até então entendido como o "contexto" da política se torna agora o seu objeto explícito. Quando as pessoas se reúnem para protestar contra as condições induzidas de condição precária, elas estão agindo de maneira performativa, dando uma forma corporificada à ideia arendtiana de ação em conjunto. Mas nesses momentos a performatividade da política surge das condições de condição precária, e em oposição política a essa condição precária. Quando populações são abandonadas pela política econômica ou pela política em si, as vidas passam a ser consideradas indignas de apoio. Em contraposição a essas políticas, a política contemporânea da performatividade insiste na interdependência das criaturas vivas assim como nas obrigações éticas e políticas decorrentes de qualquer política que prive, ou busque privar, uma população de uma vida possível de ser vivida. A política da performatividade também é um modo de enunciar e decretar valor em meio a um esquema biopolítico que ameaça destituir essas populações de valor.

É claro que essa discussão nos traz uma outra questão: estamos falando apenas sobre os corpos humanos? Mencionamos que os corpos não podem ser de forma nenhuma compreendidos sem os ambientes, as máquinas e a organização social da interdependência

É POSSÍVEL VIVER UMA VIDA BOA EM UMA VIDA RUIM?

das quais dependem e que constituem as condições para sua persistência e seu florescimento. Por fim, é preciso perguntar: e, por fim, mesmo que venhamos a entender e enumerar as exigências do corpo, lutamos apenas para que essas exigências sejam atendidas? Como vimos, Arendt certamente se opunha a essa visão. Ou será que lutamos também para que os corpos prosperem e para que as vidas se tornem viváveis? Como espero ter sugerido, não podemos lutar por uma vida boa, uma vida possível de ser vivida, sem atender às exigências que permitem a persistência de um corpo. É necessário reivindicar que os corpos tenham aquilo de que precisam para sobreviver, uma vez que a sobrevivência definitivamente é uma precondição para todas as outras reivindicações que fazemos. Ainda assim, essa reivindicação se prova insuficiente, porque sobrevivemos exatamente para viver e porque a vida, por mais que requeira a sobrevivência, deve ser *mais* do que sobrevivência para ser uma vida possível de ser vivida. Uma pessoa pode sobreviver sem que consiga viver a própria vida. E em alguns casos, não parece valer a pena sobreviver nessas condições. Então, para uma vida possível de ser vivida, ou seja, uma vida que possa ser vivida, é necessária uma reivindicação mais ampla.

Como, então, podemos pensar sobre uma vida vivível sem estabelecer um ideal único ou uniforme para essa vida? Como indiquei em capítulos anteriores, não parece se tratar, na minha opinião, de descobrir o que o humano verdadeiramente é, ou deveria ser, uma vez que já ficou claro que os humanos também são animais e que a sua existência corporal depende de sistemas de apoio humanos e não humanos. Então, até certo ponto, sigo minha colega Donna Haraway ao reivindicar que pensemos sobre as relacionalidades complexas que constituem a vida corporal e ao sugerir que não precisamos de mais formas ideais do humano, mas sim de entender e cuidar do complexo conjunto de relações sem as quais não podemos existir.[10]

É claro que existem condições nas quais o tipo de dependência e de relacionalidade a que me refiro parecem insuportáveis. Quando um trabalhador depende de um empregador pelo qual ele é explorado, então sua dependência parece ser equivalente à sua capacidade de ser explorado. Uma pessoa pode decidir que precisa se livrar de toda a dependência porque a forma social assumida pela dependência é a exploração. Ainda assim, seria um erro identificar as formas contingentes que a dependência assume em condições de relações de exploração laboral com o sentido final e necessário de dependência. Mesmo que a dependência sempre assuma uma ou outra forma social, ela permanece algo que se transfere entre essas formas, e assim prova ser irredutível a qualquer uma dessas formas. Na verdade, o meu argumento mais forte é simplesmente o seguinte: nenhuma criatura humana sobrevive ou persiste sem a dependência de um ambiente sustentável, das formas sociais de relacionalidade e das formas econômicas que presumem e estruturam a interdependência. É verdade que a dependência implica vulnerabilidade, e que algumas vezes essa vulnerabilidade é exatamente as formas de poder que ameaçam ou rebaixam nossa existência. No entanto, isso não significa que podemos legislar contra a dependência ou a condição de vulnerabilidade às formas sociais. Na verdade, não poderíamos começar a entender por que é tão difícil viver uma vida boa em uma vida ruim se não fôssemos vulneráveis às formas de poder que exploram ou manipulam o nosso desejo de viver. Desejamos viver, até mesmo viver bem, no âmbito de organizações sociais da vida, regimes biopolíticos que por vezes caracterizam nossa vida como dispensável e negligenciável, ou, pior, que buscam negar a nossa vida. Se não podemos persistir sem as formas sociais de vida, e se as únicas formas sociais de vida disponíveis são as que trabalham contra a perspectiva da nossa vida, estamos diante de um dilema problemático, ou mesmo impossível.

É POSSÍVEL VIVER UMA VIDA BOA EM UMA VIDA RUIM?

Em outras palavras, somos, como corpos, vulneráveis aos outros e às instituições, e essa vulnerabilidade constitui um aspecto da modalidade social por meio do qual os corpos persistem. A questão da *minha* ou *sua* vulnerabilidade nos implica em uma questão política mais ampla sobre igualdade e desigualdade, uma vez que a vulnerabilidade pode ser projetada e negada (categorias psicológicas), mas também explorada e manipulada (categorias sociais e econômicas) no curso da produção e da naturalização das formas de desigualdade social. É esse o significado da distribuição desigual da vulnerabilidade.

Meu objetivo normativo, entretanto, não é simplesmente reivindicar uma distribuição igualitária da vulnerabilidade, uma vez que muita coisa depende de a forma social da vulnerabilidade que está sendo distribuída ser em si mesma uma forma possível de ser vivida. Em outras palavras, ninguém deseja que todos tenham uma vida igualmente impossível de ser vivida. Por mais que a igualdade seja um objetivo necessário, permanece insuficiente se não soubermos a melhor maneira de avaliar se a forma social de vulnerabilidade a ser distribuída é ou não justa. Por um lado, estou argumentando que o repúdio da dependência e, em particular, da forma social de vulnerabilidade à qual dá origem, trabalha para estabelecer uma distinção entre aqueles que são dependentes e aqueles que não são. E essa distinção trabalha a serviço da desigualdade, consolidando formas de paternalismo ou moldando aqueles que passam necessidade em termos essencialistas. Por outro lado, estou sugerindo que apenas por meio de um conceito de interdependência que afirme a dependência corporal, as condições de precariedade e os potenciais de performatividade, podemos pensar um mundo social e político comprometido com a superação da precariedade em nome de vidas vivíveis.

No meu modo de ver, a vulnerabilidade constitui um aspecto da modalidade política do corpo, na qual o corpo certamente é huma-

CORPOS EM ALIANÇA E A POLÍTICA DAS RUAS

no, mas entendido como um animal humano. A vulnerabilidade em relação ao outro, por assim dizer, mesmo quando é concebida como recíproca, marca uma condição pré-contratual das nossas relações sociais. Isso também significa que em algum nível ela desafia a lógica instrumental que afirma que só vou proteger a sua vulnerabilidade se você proteger a minha (o que faz com que a política se torne uma questão de negociar um acordo ou calcular probabilidades). Na verdade, a vulnerabilidade constitui uma das condições da sociabilidade e da vida política que não pode ser estipulada contratualmente e cuja negação e manipulabilidade constituem um esforço para destruir ou gerenciar uma condição social da política interdependente. Como Jay Bernstein deixou claro, a vulnerabilidade não pode ser associada exclusivamente à possibilidade de injúria. Toda capacidade de resposta ao que acontece é uma função e um efeito da vulnerabilidade, seja ela uma abertura para registrar uma história que nunca foi contada ou a receptividade àquilo por que outro corpo passa ou passou, mesmo quando esse mesmo corpo já se foi. Como sugeri, os corpos estão sempre em algum sentido fora de si mesmos, explorando ou navegando pelo seu ambiente, estendidos e por vezes até mesmo privados por meio de seus sentidos. Se podemos nos perder um no outro, ou se nossas capacidades táteis, motoras, hápticas, visuais, olfativas ou auditivas nos conduzem para além de nós mesmos, é porque o corpo não permanece no seu próprio lugar e porque uma despossessão desse tipo caracteriza o sentido corporal de uma maneira mais geral. Quando o ser despossuído na sociabilidade é considerado uma função constitutiva do que significa viver e persistir, que diferença isso faz para a ideia de política em si?

Se, então, retornarmos à nossa indagação original, "como posso levar uma vida boa em uma vida ruim?", podemos repensá-la à luz de condições sociais e políticas sem dessa forma erradicar a importância moral da questão. Pode ser que a questão sobre como viver uma vida boa dependa de ter o poder de viver uma vida assim como a consciência de ter uma vida, de viver uma vida ou, na verdade, de estar vivo.

Sempre existe a possibilidade de uma resposta cínica, de acordo com a qual a questão consiste exatamente em esquecer a moralidade e o seu individualismo e se dedicar à luta por justiça social. Seguindo esse caminho, portanto, podemos concluir que a moralidade tem que ceder o seu lugar para a política no sentido mais amplo, isto é, como um projeto comum com a intenção de realizar ideais de justiça e igualdade de modos que sejam universalizáveis. É claro que, ao chegar a essa conclusão, um problema inexorável e incômodo permanece, a saber, que ainda há esse "eu" que de alguma maneira deve adentrar, negociar e empreender uma prática dentro de um movimento político e social mais amplo; e quando esse movimento busca deslocar ou erradicar esse "eu" e o problema da sua própria "vida", então acontece outra forma de apagamento, uma absorção em uma norma comum e, portanto, a destruição do vivente. Não pode ser que a questão sobre como viver melhor essa vida, ou sobre como levar uma vida boa, culmine no apagamento ou na destruição do "eu" e de sua "vida". Ou, se culmina, o modo como a questão é respondida leva à destruição da questão em si. E embora eu não pense que a questão da moralidade possa ser colocada fora do contexto da vida social e econômica, sem pressupor alguma coisa sobre quem conta como um sujeito da vida, ou como um sujeito vivente, estou bastante certa de que a questão sobre como viver da melhor forma não pode ser respondida corretamente pela destruição do sujeito da vida.

Ainda assim, se retornamos à afirmação de Adorno de que não é possível viver uma vida boa em uma vida ruim, vemos que o termo "vida" ocorre duas vezes e isso não é simplesmente incidental. Quando pergunto como levar uma vida boa, estou buscando remédio para uma vida que seria boa independentemente de ser eu quem a estivesse vivendo, e ainda assim sou eu quem precisa saber, então em certo sentido é a minha vida. Em outras palavras, já a partir da perspectiva da moralidade, a vida propriamente dita é dupla. Quando chego à segunda parte da sentença, e procuro saber como viver uma vida boa em uma vida ruim, sou confrontada com uma ideia de vida social e economicamente organizada. Essa organização social e econômica da vida é "ruim" exatamente porque não proporciona as condições para uma vida possível de ser vivida, porque a possibilidade de viver é distribuída de maneira desigual. Uma pessoa pode desejar simplesmente viver uma vida boa em meio a uma vida ruim, encontrando o próprio caminho da melhor maneira possível e menosprezando as desigualdades sociais e econômicas mais amplas que são produzidas por meio de organizações específicas da vida, mas não é tão simples assim. Afinal, a vida que estou vivendo, embora claramente seja essa vida e não outra, já está conectada com redes mais amplas de vida, e se não estivesse conectada a essas redes mais amplas, eu não poderia realmente viver. Então a minha própria vida depende de uma vida que não é a minha, não apenas da vida do outro, mas de uma organização social e econômica da vida mais ampla. A minha própria existência, a minha sobrevivência, depende desse sentido mais amplo da vida, um sentido que inclui a vida orgânica, ambientes vivos e sustentáveis, e redes sociais que afirmam e apoiam a interdependência. Isso constitui quem sou, o que significa que cedo uma parte da minha vida distintamente humana para viver, para ser minimamente humano.

Implícita na questão sobre como viver uma vida boa em uma vida ruim está a ideia de que ainda podemos pensar sobre o que uma vida boa pode ser, que não podemos mais pensar sobre isso exclusivamente em termos da vida boa do indivíduo. Se existem duas "vidas" assim – minha vida e a vida boa, entendida como uma forma social da vida –, então a vida de um está implicada na vida do outro. E isso significa que quando falamos sobre vidas sociais, estamos nos referindo a como o social atravessa o individual ou mesmo estabelece a forma social da individualidade. Ao mesmo tempo, o indivíduo, não importa quão intensamente autorreferente, está sempre se referindo a si mesmo através de uma forma mediadora, através de uma mídia, e a sua própria linguagem para reconhecer a si mesmo é proveniente de outro lugar. O social condiciona e medeia esse reconhecimento que empreendo de mim mesmo. Como sabemos a partir de Hegel, o "eu" que vem a reconhecer a si mesmo, à sua própria vida, reconhece a si mesmo sempre também como a vida de *outro*. O "eu" e o "você" são ambíguos porque cada um está ligado a um sistema distinto de interdependência, o que Hegel chama de *Sittlichkeit* [eticidade]. E isso significa que embora eu faça esse reconhecimento de mim mesmo, um determinado conjunto de normas sociais está sendo trabalhado ao longo dessa performance da qual sou autor, mas o que quer que esteja sendo trabalhado não se origina comigo, mesmo que eu não seja pensável sem isso.

No *Probleme der Moralphilosophie*, de Adorno, o que começa como a questão moral sobre como buscar a vida boa em uma vida ruim culmina na afirmação de que deve existir resistência a uma vida ruim para que se possa perseguir a vida boa. Eis o que ele escreve: "*das Leben, selbst eben so enstellt und verzerrt ist, das im Grunde kein Mensch in ihm richtig zu leben, seine eigene menschliche Bestimmung zu realisieren vermag – ja, ich möchte fast so weit gehen: dass die Welt so eingerichtet ist, dass selbst noch die einfachste Forderung von Integrität und Anständigkeit eigentlich fast bei einem jeden Menschen überhaupt notwendig zu Protest führen muss*" ("a vida em si é tão deformada e distorcida que ninguém é capaz de viver uma vida boa nela ou de cumprir o seu destino como ser humano. Na verdade, eu quase iria tão longe a ponto de dizer

CORPOS EM ALIANÇA E A POLÍTICA DAS RUAS

que, dada a maneira como o mundo é organizado, até mesmo a reivindicação mais simples por integridade e decência deve necessariamente levar quase todo mundo a protestar").[11] É interessante que em um momento como esse Adorno afirme que ele *quase (fast)* chega a ponto de dizer o que em seguida diz. Ele não está certo sobre se a formulação é suficientemente correta, mas segue adiante de todo modo. Adorno passa por cima da própria hesitação, mas mesmo assim a mantém na página. Podemos dizer de maneira simples que a busca da vida moral pode e deve, nas condições contemporâneas, culminar em protesto? A resistência pode ser reduzida ao protesto? Ou ainda: o protesto para Adorno está na forma social que a busca pela vida boa assume agora? Essa mesma característica especulativa continua conforme ele observa que *"Das einzige, was man vielleicht sagen kann, ist, dass das richtige Leben heute in der Gestalt des Widerstandes gegen die von dem fortgeschrittensten Bewusstsein durchshauten, kritisch aufgelösten Formen eines falschen Lebens bestünde"* ("a única coisa que talvez possa ser dita é que a vida boa hoje consistiria em resistência a formas da vida boa que têm sido revistas e dissecadas criticamente pelas mentes mais progressistas").[12] Em alemão, Adorno faz referência a uma vida "falsa", e isso é traduzido para o inglês como *"the bad life"* [a vida ruim] – é claro que a diferença é bastante importante, já que, para a moralidade, a busca pela vida boa pode perfeitamente consistir em uma vida verdadeira, mas a relação entre as duas ainda tem que ser explicada. Além disso, parece que Adorno nomeia a si mesmo para o grupo eleito daqueles que são progressistas e suficientemente capazes de conduzir a atividade crítica que deve ser buscada. De maneira significativa, essa prática da crítica é considerada na frase como sinônimo de "resistência". Entretanto, como na frase acima, alguma dúvida permanece enquanto ele faz esse conjunto de proclamações. Tanto o protesto quanto a resistência caracterizam as lutas populares, as ações de

É POSSÍVEL VIVER UMA VIDA BOA EM UMA VIDA RUIM?

massa, e ainda assim nessa frase caracterizam as capacidades críticas de poucos. O próprio Adorno vacila um pouco aqui, ao mesmo tempo que continua a esclarecer suas observações especulativas e faz uma afirmação um pouco diferente sobre a reflexividade: *"dieser Widerstand gegen das, was die Welt aus uns gemacht hat, ist nun beileibe nicht bloss ein Unterschied gegen die äussere Welt [...] sondern dieser Widerstand müsste sich allerdings in uns selber gegen all das erweisen, worin wir dazu tendieren, mitzuspielen"* ("essa resistência ao que o mundo fez de nós de modo nenhum implica apenas uma oposição ao mundo externo fundamentada no fato de que teríamos pleno direito de resistir a ele [...] Além disso, também temos que mobilizar nossos próprios poderes de resistência para resistir às partes de nós que são tentadas a tomar parte").[13]

O que se pode dizer que Adorno descarta nesses momentos é a ideia de resistência popular, de formas de crítica que tomam forma conforme os corpos se reúnem nas ruas para articular a sua oposição aos regimes contemporâneos de poder. Além disso, a resistência é entendida como um "dizer não" àquela parte do eu que quer andar lado a lado com (*mitzuspielen*) o *status quo*. A resistência é entendida tanto como uma forma de crítica que apenas os poucos escolhidos podem empregar e como uma resistência a uma parte do eu que busca compactuar com o que é errado, uma verificação interna contra a cumplicidade. Essas afirmações limitam a ideia de resistência de forma que eu não poderia por fim aceitar. Para mim, ambas as afirmações levantam outras questões: que parte do eu está sendo recusada, e que parte está sendo empoderada pela resistência? Se recuso a parte de mim que é cúmplice da vida ruim, eu me torno então puro? Será que intervim para mudar a estrutura desse mundo social do qual me retiro ou será que me isolei? Juntei-me a outros em um movimento de resistência e em uma luta por transformação social?

Essas questões, é certo, foram colocadas para Adorno por algum tempo – me lembro de uma manifestação em Heildelberg em 1979, quando alguns grupos de esquerda contestavam Adorno, protestando contra a sua ideia limitada de protesto! Para mim, e talvez para todos nós hoje, permanece a pergunta sobre de que modo a resistência pode fazer mais do que apenas recusar um modo de vida, uma posição que por fim abstrai o moral do político à custa da solidariedade, produzindo a crítica muito acertada e moralmente pura como o modelo de resistência. A resistência tem que ser *plural* e *corporificada* para representar os princípios de democracia pelos quais luta. Ela também vai implicar a reunião daqueles que não são passíveis de luto no espaço público, fazendo de sua existência e da reivindicação por vidas vivíveis a demanda por uma vida *anterior* à morte, algo exposto de maneira simples.

De fato, se a resistência consiste em trazer à tona um novo modo de vida, uma vida mais possível de ser vivida que se oponha à distribuição diferencial da condição precária, então os atos de resistência vão dizer não a um modo de vida ao mesmo tempo que dizem sim a outro. Por essa razão, devemos reconsiderar para o nosso tempo as consequências performativas da ação em conjunto no sentido proposto por Arendt. No entanto, na minha visão, a ação em conjunto que caracteriza a resistência é algumas vezes encontrada no ato de discurso verbal ou na luta heroica, mas também nos gestos corporais de recusa, silêncio, movimento e recusa em se mover que caracterizam os movimentos que representam os princípios democráticos da igualdade e os princípios econômicos da interdependência na própria ação por meio da qual reivindicam um novo modo de vida mais radicalmente democrático e mais substancialmente interdependente. Um movimento social é em si uma forma social, e quando um movimento social reivindica um novo modo de vida, uma forma de vida possível de ser vivida, então deve, no mesmo momento, representar os próprios princípios que busca realizar. Isso significa que, quando funciona, há uma representação performativa de democracia radical nesses movimentos que sozinha pode articular o que pode significar levar uma vida boa no sentido de uma vida possível de ser vivida. Tentei sugerir que a condição precária é a condição contra a qual vários novos movimentos sociais lutam; esses movimentos não buscam a superação da interdependência ou mesmo da vulnerabilidade enquanto lutam contra a precariedade. Ao contrário, o que buscam é produzir as condições nas quais a vulnerabilidade e a interdependência se tornem vivíveis. Essa é uma política na qual a ação performativa toma uma forma corporal e plural, chamando a atenção crítica para as condições de sobrevivência corporal, persistência e florescimento dentro do enquadramento da democracia radical. Se vou levar uma vida boa, vai ser uma vida vivida com outros, uma vida que não é uma vida sem esses outros; não vou perder esse *eu* que sou; seja quem eu for, serei transformado pelas minhas conexões com os outros, uma vez que a minha dependência do outro e a minha confiança são necessárias para viver e para viver bem. Nossa exposição compartilhada à condição precária é apenas um fundamento da nossa igualdade potencial e das nossas obrigações recíprocas de produzir conjuntamente as condições para uma vida possível de ser vivida. Ao admitir a necessidade que temos um do outro, admitimos do mesmo modo princípios básicos sobre as condições sociais e democráticas do que ainda podemos chamar de "a vida boa". Essas são condições críticas da vida democrática no sentido de que fazem parte de uma crise em andamento, mas também porque pertencem a uma forma de pensamento e de ação que responde às urgências do nosso tempo.

CORPOS EM ALIANÇA E A POLÍTICA DAS RUAS

Notas

1. Theodor W. Adorno, *Minima Moralia: Reflections from Damaged Life*, trad. de E.F.N. Jephcott (Londres, New Left Books, 1974), p. 39 [ed. bras.: *Minima moralia*, Rio de Janeiro, Azougue, 2008].

2. Theodor W. Adorno, *Probleme der Moralphilosophie* (Frankfurt, Suhrkamp, 1996), p. 34-35; Adorno, *Problems of Moral Philosophy*, Trad. de Rodney Livingstone (Palo Alto, CA, Stanford University Press, 2002), p. 19 (daqui em diante citado como PMP).

3. Ibid., p. 205; PMP, p. 138.

4. Ibid., p. 262; PMP, p. 176.

5. Ibid., p. 205; PMP, p. 169.

6. Orlando Patterson, *Slavery and Social Death: A Comparative Study* (Cambridge, MA, Harvard University Press, 1985) [ed. bras.: *Escravidão e morte social. Um estudo comparativo*, São Paulo, Edusp, 2008].

7. Em "The Jewish Army – The Beggining of Jewish Politics?", publicado em *Aufbau* (1941), Arendt escreve: "A vontade que o judeu tem de viver é tanto famosa quanto infame. Famosa porque abrange um período relativamente longo na história dos povos europeus. Infame porque nos últimos duzentos anos esteve ameaçada de degenerar em algo totalmente negativo: o desejo de sobreviver a qualquer preço." *Jewish Writings*, org. de Jerome Kohn e Ron H. Feldman (Nova York, Schocken, 2007), p. 137 [ed. bras.: *Escritos judaicos*, São Paulo, Manole, 2016]. Em 1946, quando o completo horror dos campos de concentração nazistas ainda estava sendo revelado e as consequências políticas do sionismo ainda eram ativamente debatidas, ela revisita essa colocação em "The Jewish State: Fifty Years After, Where Have Herzl's Politics Led?", onde escreve: "O que os sobreviventes agora querem mais do que tudo é o direito de morrer com dignidade – no caso de ataque, com armas nas mãos. Se foi, provavelmente de uma vez por todas, a principal preocupação do povo judeu por séculos: a sobrevivência a qualquer preço. Em vez disso, encontramos uma coisa essencialmente nova entre os judeus, o desejo de dignidade a qualquer preço." Ela continua: "Por mais vantajoso que esse novo desenvolvimento pudesse ser para um movimento político judaico essencialmente sensato, não obstante constitui um perigo no quadro presente das atitudes sionistas. A doutrina de Herzl, privada como está agora da sua confiança original na natureza útil do antissemitismo, só pode encorajar gestos suicidas para cujos fins o heroísmo natural de pessoas que se acostumaram com a morte pode ser facilmente explorado" (p. 386).

É POSSÍVEL VIVER UMA VIDA BOA EM UMA VIDA RUIM?

8. Hannah Arendt, "The Answer of Socrates", in *The Life of the Mind*, vol. 1 (Nova York, Harcourt, 1977), p. 168, 178 [ed. bras.: *A vida do espírito*, Rio de Janeiro, Civilização Brasileira, 2009].

9. Hannah Arendt, *Zwischen Vergangenheit und Zukunft. Übungen im politischen Denken I*, org. de Ursula Ludz (Munique, Piper, 1994), p. 44s [ed. bras.: *Entre o passado e o futuro*, São Paulo, Perspectiva, 2014].

10. Sobre as relacionalidades complexas, ver Donna Haraway, *Simians, Cyborgs, and Women: The Reinvention of Nature* (Nova York, Routledge, 1991); e *The Companion Species Manifesto: Dogs, People, and Significant Otherness* (Chicago, Prickly Paradigm Press, 2003).

11. Adorno, *Probleme der Moralphilosophie*, p. 248; PMP, p. 167.

12. Ibid., p. 249; PMP, p. 167-168.

13. Ibid.; PMP, p. 168.

Agradecimentos

Gostaria, em primeiro lugar, de agradecer à faculdade Bryn Mawr por me receber em 2010 para falar nas Conferências Mary Flexner, especialmente aos professores e alunos que se comprometeram intensamente com o trabalho e à ex-presidente Jane McAuliffe, que me fez o convite tão graciosamente e cujo admirável quadro de funcionários tornou minha permanência fácil e produtiva. Gostaria de agradecer a todos na Harvard University Press pela paciência em esperar a versão final deste texto e à Andrew Mellon Foundation por me conceder o prêmio por distinção em desempenho acadêmico durante o tempo em que desenvolvi essas conferências, as transformei em capítulos e procurei costurá-las na forma de um livro. O presente livro surgiu de conversas e projetos conjuntos com acadêmicos e ativistas afins que trabalham as questões da assembleia política, condição precária e da resistência. Os capítulos 1, 2 e 4 começaram como palestras que dei na Bryn Mawr. Eles então surgiram de formas diferentes conforme os preparei para novas ocasiões. Agradeço também aos meus interlocutores na Boğaziçi University, que ofereceram críticas generosas do capítulo 5, "Nós, o povo", em 2003, alguns meses depois das manifestações no Gezi. Sou grata à plateia na Watson Lecture no Nobel Museum em Estocolmo, em 2011, que respondeu de modo proveitoso à primeira versão de "A ética da coabitação", e à Bienal de Veneza, onde uma versão anterior de "Corpos em aliança e a política das ruas" foi apresentada em 2010. "É possível viver uma boa vida em uma vida ruim?" foi apresentada em Frankfurt quando recebi o Prêmio Adorno, em setembro de 2012.

Agradeço a Sarah Bracke e a Aleksey Dubilet por sua inestimável ajuda, tanto intelectual quanto textual, com o manuscrito. Agradeço a Lindsey Waters por estimular e conduzir o livro e a Amanda Peery por toda a sua ajuda. Como sempre, estou feliz por estar em dívida com meus interlocutores, os que são mais próximos, os que raramente vejo e os que ainda tenho que conhecer. Agradeço a Wendy Brown, a pessoa mais próxima a mim, que apoiou e desafiou este trabalho com inestimável atenção e a medida exata de distanciamento. Agradeço do mesmo modo aos meus outros leitores, cujas discussões produtivas e questões excepcionais têm sido inestimáveis: Michel Feher, Leticia Sabsay, Zeynep Gambetti, Michelle Ty, Amy Huber, Alex Chasin e meus leitores anônimos, que se mostraram todos uma companhia excepcionalmente boa quando as dúvidas começaram a se acumular e chegou o tempo de dispersar essas especulações, fossem elas superadas ou prematuras. Este livro é dedicado a Isaac Butler-Brown, que já aprendeu a se apresentar e a se expressar livremente.

Créditos

Capítulo 2

"Corpos em aliança e a política das ruas" foi aumentado para este volume a partir de um texto que apareceu pela primeira vez em *Sensible Politics: The Visual Culture of Nongovernmental Activism*, org. de Meg McLagan e Yates McKee (Nova York, Zone Books, 2012), p. 117-138.

Capítulo 3

"A vida precária e a ética da convivência" foi apresentado pela primeira vez como a Watson Lecture no Nobel Museum em Estocolmo, em 2011, e publicado originalmente de uma forma ligeiramente diferente como "Precarious Life, Vulnerability, and the Ethics of Cohabitation" no *Journal of Speculative Philosophy* 26, n. 2 (2012): 134-151.

Capítulo 4

"A vulnerabilidade corporal e a política de coligação" foi publicado originalmente como "Bodily Vulnerability, Coalitions, and Street Politics" em *Differences in Common: Gender, Vulnerability, Community*, org. de Joana Sabadell-Nieto e Marta Segarra (Amsterdã/Nova York, Rodopi Publishing, 2014).

Capítulo 6

"É possível viver uma vida boa em uma vida ruim?" foi apresentado pela primeira vez em Frankfurt na ocasião do recebimento do Prêmio Adorno, em setembro de 2012, e foi publicado pela primeira vez em *Radical Philosophy* 176 (novembro/dezembro 2012).

Índice

ação corporificada plural: assembleias e, 13-14; caracterizada, 181; exclusão da, 86-94; vida boa e, 238-239; indivíduos e, 174; legitimidade do governo e, 206-207; localização e, 82-83; crítica moralmente pura *versus*, 238; performatividade e, 24-25, 28; política e, 198-199; condição precária e, 22, 72; espaço público e, 80-87; direito de aparecer e, 17, 32; direitos e, 91-92; solidariedade e, 167; espaço de aparecimento e, 57-58, 66-67, 85-87, 98; atos discursivos e, 191-193; a rua e, 166-167; valor da, 138-139. Ver também alianças; corpos e corporificação; manifestações; povo, o; performatividade; direito de aparecer; esfera de aparecimento

ação em conjunto: Arendt sobre, 73n3, 90, 165, 172, 228, 238; corpos e, 107, 228-229, 238-239; caracterizada de uma forma, 174; condições para ação e, 293; igualdade e, 98, 107, 134, 209n3; vida boa e, 237-239; performatividade e, 228; política e, 15-16, 147, 165, 167, 209n3; condição precária e, 167; silenciosa,

174, 189, 210n9. *Ver também* alianças e coligações

ação: condicionada, 72; dependência e apoio e, 51-52, 80-81, 82-83, 153; desigualdade e, 98; individual, 58-59, 174; motivos para, 114; formas plurais, 15; esfera pública e, 52. *Ver também* ação em conjunto; representação; ética; performatividade; aparecimento público

Adorno, Theodor, 29, 213, 214-215, 220, 235-238

afeto, teoria do, 21

África do Sul, 140

Agamben, Giorgio, 88, 89, 209n2

agitação, 33

agressão, 165

Alemanha, 9

alianças e coligações: caracterizadas, 77; convivência e, 134; democráticas, 8-9; divisão do trabalho e, 95; igualdade e, 98-99, 134; ética da convivência e, 134; exposição e, 139; direitos de gênero e, 78-79; identidades e, 77-78; vida possível de ser vivida e, 133; localização e, 82; ação corporificada plural e, 80-87; espaço político e, 82-83, 94-95;

CORPOS EM ALIANÇA E A POLÍTICA DAS RUAS

condição precária e, 75-79, 134; Reagon sobre, 165-166; direito de ter direitos e, 90; direito de andar na rua e, 152; sociabilidade/socialidade e, 94; espaço de aparecimento e, 82; transnacionais, 176-177; vulnerabilidade e, 137-170; vontade do povo e, 84. *Ver também* ação em conjunto

ambientes construídos, 51

análises marxistas, 145, 197

animais, humanos e não humanos, 42-43, 145-148, 227, 229, 231-232

Antelme, Robert, 222

aparecimento público, 45, 48, 66-67, 91, 181, 188-189. *Ver também* esferas pública/privada (Arendt); espaço público; direito de aparecer; espaço de aparecimento (Arendt); esfera de aparecimento

aparecimento. *Ver* aparecimento público; espaço de aparecimento; esfera de aparecimento; campo visual

apoio. *Ver* dependência e apoio

apropriação discursiva, 20. Ver também linguagem; tipos

Arendt, Hannah: corpos e, 52-56, 85-86, 129, 147, 172, 224-227; "Desobediência civil", 209n3; "O declínio do Estado-Nação e o fim dos direitos do homem", 56; *Eichmann em Jerusalém*, 124-126; sobre igualdade, 59; ética e, 28; ética de convivência e, 122-128; liberdade e, 209n3; liberdade de reunião e, 177; liberdade de gênero e, 67; *A condição humana*, 51, 53, 89, 130, 224; condição de judeu e, 128-129, 240n7; *polis* e, 88-89; sobre o poder, 97; condição precária e, 130; esfera pública *versus* esfera privada e, 87-88; proximidade e distanciamento e, 117; *Sobre a revolução*, 53; direito de aparecer e, 191; espaço da política e, 141-142; sobre a sobrevivência, 223-224, 228-229, 240n7. *Ver também* ação em conjunto; esferas pública/privada; direito de ter direitos; espaço de aparecimento

Argentina, 90

Aristóteles, 214

Arizona, 159

assembleias: objetivos das, 16, 23; Arendt sobre, 209n3; corpos e, 24, 29, 66; Deleuze e, 210n8; democracia e, 26, 148-149; teoria democrática e, 7-9; dependência e igualdade nas, 151, 177; deficiência e, 166-167; ética e, 21-22; significação excessiva e, 14; história das, 17; performatividade e, 13, 14, 15-16, 24, 191-196; soberania popular e, 22; vontade popular e, 25, 173-174; condição precária e, 17, 22, 23-24, 26, 28; espaço público e, 80-81; violência e, 208-209. *Ver também* liberdade de assembleia; reuniões; ação corporificada plural; direito de assembleia; "Nós, o povo"

assistência à saúde, 20, 42, 156

assistência social, 17

Atenas, 104

ÍNDICE

ativismo trans: antimilitarismo e, 60-61; exposição política e, 203; direito de aparecimento e, 62; segurança nas ruas e, 83-84

atos discursivos e discurso: corpos e, 15, 24, 52-53, 97, 191, 194-197, 227; caracterizado, 35-36; representações e, 180; público, 137-138; suportes para o corpo e, 106-107; "nós, o povo" e, 14, 186, 191-192, 195-196. *Ver também* discursividade; linguagem; performatividade; silêncio

Austin, J. L., 35

autoconfiança, 21. *Ver também* responsabilidade

autodefesa, 205

autodeterminação, 12-13, 186-187. *Ver também* soberania popular; autossuficiência

autoridade federada, 126, 127

autoritarismo, 176

autorrepresentação, 186

autossuficiência, 20, 24, 32. *Ver também* responsabilidade

Bahrein, 100

Balibar, Etienne, 171, 181

Berkeley, 104

Berlant, Lauren, 21

biológico, o, 96

biopoder, 17-18

biopolítica, 21, 51, 89, 216-217, 220, 228

"Black Lives Matter" (manifestações), 55

boicotes, 206

Bourdieu, Pierre, 35

Brown, Michael, 33

Buber, Martin, 127

Cairo, 150

Cameron, David, 102

campo visual, 16, 25, 95, 100, 114, 115, 163, 182, 183

campos de concentração, 222

canto silmiyya, 99

capacidade de reação, 92-93, 122, 163, 222, 232. *Ver também* sofrimento

capitalismo, 100

Cavarero, Adriana, 85, 106

censura, 103

Chile, 83, 171, 176

cidadania, 88, 126, 149, 187, 191

cinismo, 10, 25, 124, 221, 233

coletivismo, 49

colonialismo, 128, 133, 161

comunitarismo, 115, 116

comuns, os, 198

condição de judeu, 128-134, 240n7

condição de ser passível de dano, 157-158, 163, 232

condição de ser passível de luto, 34, 106, 127, 131, 166-167, 216-220, 238. *Ver também* vida descartável; luto

condição precária: ação em conjunto e, 167; alianças e, 34, 75-78, 134; manifestações anticondição precária e, 13; assembleias e, 17, 22, 23-24, 26, 28-29; corpos e, 15-16, 106-107, 129, 198-199; caracterizada, 40-42, 65; condições de agir e, 29; condições de ação e, 72; defesa do povo e, 22-23; distribuição da,

76; igualdade e, 238-239; ética da convivência e, 129-133; exposição e, 121; gênero e, 41-42, 63; performatividade de gênero e, 34, 40-41; vida boa e, 221-223; consciência maior da, 77-78; desigualdade da, 26-28; condição de judeu e, 128-134; neoliberalismo e, 20, 158; performatividade e, 65-66, 227-228; ação performativa plural e, 72; política e, 54-55, 105-106, 130-131, 157; resistência e, 92, 200, 238-239; responsabilização e, 21-22; solidariedade e, 28; vulnerabilidade e, 121-122, 157-158. *Ver também* alianças; destituídos, os; vida descartável; permanência dos corpos; responsabilidade; sobrevivência

condições de sustentação da vida, 131

condições sociais, ética e, 29, 214-215, 220-221, 233-236, 238. *Ver também* dependência e apoio; condição de ser passível de luto

Conferência de Ancara (Turquia), 59, 60-61

congregações antissemitas, 199

contextos históricos: corpos e, 196-197; vida boa e, 213-214; resistência não violenta, 208-209; reconstrução, 94, 95; vulnerabilidade e, 162

contratualismo, 28, 113, 123, 232

contravigilância, 103

Convenção Internacional sobre Direitos Civis e Políticos (1976), 209n1

convivência. *Ver* ética da convivência

corporificação. *Ver* corpos e corporificação; ação corporificada plural

corpos e corporificação: como animal, 145-148; aparecimento, 85-86; Arendt e, 52-56, 85-86, 129, 147, 172, 224-226; assembleias e, 24, 29, 66; sujeito coletivo e, 66; dependência e apoio e, 24, 82-83, 92-93, 106-107, 141, 144-147, 199; disponibilidade dos, 23; divisão do trabalho e, 95-97; ambiente/infraestrutura e, 71-72; ética e, 130, 108n5; liberdade e, 53-54; gênero e, 38-39, 46-47, 71-72; apoio infraestrutural e, 162; como meio e fim da política, 142-143, 146; necessidades dos, 196-197; resistência não violenta e, 203-205; performatividade e, 15, 17, 36-37, 55, 151, 227; ação plural e, 85-86; política e, 147; condição precária e, 129, 199; esferas pública/privada e, 52-54; discurso público e, 97, 172; reconhecibilidade e, 44; sentidos e, 163, 232; discurso e, 24, 52, 97, 191-192, 194-198, 227; tecnologias e, 102-103; vulnerabilidade e, 105-106, 163; "nós, o povo" e, 194-195, 203. *Ver também* ação; dependência e apoio; gênero; persistência dos corpos; ação corporificada plural; direito de aparecer

criminalização, 41-42, 61, 63, 64, 71, 90, 202-203. *Ver também* prisioneiros

crítica, 220-221, 226-227, 237

ÍNDICE

cuidadores, 145
curdos, 60, 190

dar à luz, 225
Davis, Angela, 191
Declaração de Independência (Estados Unidos), 193, 194-195
defensabilidade, 22-23
deficiência, 17, 68, 81, 124, 152, 177-178
Delbo, Charlotte, 223
Deleuze, Gilles, 77, 163, 210n8
democracia: agressão e, 208; alianças e, 8-9; assembleias e, 26; assembleias corporificadas e, 148-149; vida boa e, 239; o povo e, 185; performatividade e, 227; ação corporificada plural e, 24, 238; soberania popular e, 179-180; soberania popular *versus*, 7-8; radical, 199; solidariedade e, 203. *Ver também* povo, o
Dependence (Memmi), 161
dependência e apoio: ação e, 51-52, 80-81, 82, 153; assembleias e, 151, 177; corpos e corporificação e, 24, 83, 92, 93, 106-108, 141, 144-147, 199; caracterizados, 165-166; negação de, 52, 227, 231-232; exploração e, 161-162, 230; condição de ser passível de luto e, 217-218; "eu" e, 233-235; linguagem e, 89; vida possível de ser vivida e, 50-52, 76, 78, 94, 229-231, 238-239; resistência não violenta e, 205; tipos de humano e, 49-50; persistência dos corpos e, 25, 93, 95-96, 218, 230-231; política e, 51-52, 132, 228; prisioneiros e,

150; esferas pública/privada e, 52, 223-228; reconhecibilidade e, 50; resistência e, 238-239; relações sociais e, 27. *Ver também* alianças; infraestrutura; vida possível de ser vivida; condição precária; solidariedade; vulnerabilidade
Derrida, Jacques, 35, 130, 181, 193
desamparados, os, 87, 88
desobediência civil, 206, 211n15
destituídos, os, 87
desvios, 69, 70
dignidade, 98
direito de aparecer: acesso e, 14; corpos e, 36; como enquadramento de coligação, 34-35, 40, 45-46; dependência e, 50-53; igualdade e, 63; os excluídos e, 90; liberdade/necessidade e, 53-55, 63-64, 67-68; gênero e, 37-40, 46, 63-64, 67-72; ação individual e, 58-59; vidas vivíveis e, 33-32; mídia e, 62; tipos de humano e, 42-45, 48-51; performatividade e, 34-35; ação corporificada plural e, 17, 32-33, 57-58, 57-62; condição precária e, 39-42, 65-66; reconhecimento e, 48; direito de ter direitos e, 56-57, 64-65; "sujeitos" e, 45, 48-49; transexualidade e, 60-63; universalismo e, 57-58; violência e, 66. *Ver também* gênero e modelos de gênero; condição precária; aparecimento público; reconhecimento; direito de ter direitos; sujeitos
direito de ter direitos (Arendt), 56-57, 64-65, 66-67, 90, 92, 108n9

CORPOS EM ALIANÇA E A POLÍTICA DAS RUAS

direitos civis, 207

direitos humanos, 78

direitos: de assembleia, 22-23, 81-82, 92, 152, 72n1, 168n1 (*Ver também* liberdade de assembleia); de existir, 128; à liberdade de discurso, 82; à vida, 93; à mobilidade, 141; neoliberalismo e, 100; que não é direito, 92; à permanência, 92; à proteção contra o genocídio, 131; a andar na rua, 152-153. *Ver também* liberdade; direito de aparecimento e outros direitos

discursividade, 9, 10, 11, 12, 14, 36, 68, 186, 220. *Ver também* linguagem

discursos dominantes, 44-45

distinção entre corpo e mente, 53, 223, 225. *Ver também* pensamentos

distúrbios, 33

diversidade, 77

divisão do trabalho, 95-97. *Ver também* esferas pública/privada (Arendt)

domínio da multidão, 177

economia: descartabilidade das populações e, 157-158; ética e, 29; vida boa e, 214, 234; legitimidade do governo, 176; necessidade e, 53-54; espaço público e, 190-191; vulnerabilidade e, 162. *Ver também* necessidade; neoliberalismo

educação, 104, 171

ego. *Ver* "eu" (indivíduo)

egoísmo, 113. *Ver também* "eu" (indivíduo)

Eichmann, Adolf, 123, 124-126

eleições, 178-179, 185, 187, 188. *Ver também* representatividade

escolha radical, 70

escolha: ética e, 28, 115, 121-122, 123; radical, 70; solidariedade e, 166; compulsoriedade da convivência, 123-128, 133

escrever em público, 137-138

esfera de aparecimento: corpos e, 96-97, 129-130; exclusão e, 87-88; ação corporificada plural e, 85-88; regulação da, 91; direito de ser reconhecido e, 48. *Ver também* espaço de aparecimento (Arendt); rua, a

esfera pública. *Ver* esferas pública/privada (Arendt)

esferas pública/privada (Arendt): Arendt e, 95-97; Arendt sobre, 51-52, 87; dependência e apoio e, 51-52, 106-108, 129, 223-228; igualdade e, 99; exclusão e, 90-92; gênero e, 52-53, 84-85; prisioneiros e, 188-191. *Ver também* espaço público

espaço de aparecimento (Arendt): aliança e, 83; manifestações e, 83-84, 94-95; igualdade e, 98; mídia e, 101-104; ação corporificada plural e, 57-58, 66, 85-87, 98; política e, 82-83; regulação da, 94-96; direito de ter direitos e, 66-67; vulnerabilidade e, 96-97; "nós, o povo" e, 172-173. *Ver também* esferas pública/privada (Arendt); esfera de aparecimento; rua, a

espaço de política, 82-83, 87-88, 94-95, 96, 103, 141-142. *Ver também*

ÍNDICE

política; espaço de aparecimento (Arendt); rua, a

espaço público: assembleia e discurso e, 80; manifestações e, 103-105; modelos de gênero e, 41; ação corporificada plural, 80-87; poder e, 94-95; condição precária e, 20; prisioneiros e, 201-202; privatização e, 190-191, 201-202; controle estatal e, 190-191; "nós, o povo" e, 171-172. Ver também política; esferas pública/privada (Arendt); aparecimento público; espaço da política

espaços virtuais, 80, 167, 189, 199

Espanha, 151

essências, 69-70

Estado: assembleias e, 13; coerção e, 25; controle do espaço público pelo, 189-191; o povo e o, 183; soberania popular e, 178, 180-181, 187; espaço público e, 201; soberania do, 209n2; violência e, 33, 40-41, 127, 157-158; vulnerabilidade das mulheres e, 154-155. Ver também biopolítica; legitimidade do Estado; militarismo e militarização; neoliberalismo; polícia; populações apátridas; guerra

Estados Unidos: educação e, 83; liberdade de assembleia e, 176-177; tipos de hipervisibilidade e, 63; patologização e, 61; o povo e, 193; prisioneiros e, 191; transgênero e, 60

estruturas parentais, 39

ética cristã, 18-19, 159

ética da convivência: igualdade e, 126, 131; mídia e, 113-116; condição precária e, 129-134; proximidade/distância e, 111-112, 115-128, 134; compulsoriedade da convivência e, 28, 111, 123-128, 133

ética ecológica, 125

ética: assembleia e, 21-22; corpos e, 130, 108n5; escolha e, 28, 115, 121-122, 123; contratos e, 113; ecológica, 125; vida boa e, 214; vida possível de ser vivida e, 228-229; resistência não violenta, 208-209; condição precária e, 131; reconhecibilidade e, 50; condições sociais e econômicas e, 29; condições sociais e, 29, 214-215, 221, 232-236, 237-238; sociabilidade e, 120; sofrimento a distância e, 112-113. Ver também ética cristã; ética de convivência; vida boa; moralidade; obrigação; responsabilidade

"eu" (indivíduo): crítica e, 219-220; ética e, 122; vida boa e, 215-216, 218-220, 232-239; ação plural e, 58-59, 174; regulação dos sentidos e, 163-164; relacionabilidade do, 77, 122; discurso e ação e, 96-97; "nós" e, 15, 59. Ver também egoísmo; individualismo

Europa, 83, 140, 171

exclusão (o outro): dependência e, 120; humanos e, 50; Lévinas e, 118-122; o povo e, 9-12, 181-182; da pluralidade, 86-94; política e, 10-11, 87-90; esfera pública versus esfera privada e, 87-88; proximidade e, 116; esfera pública e, 91; direito de

CORPOS EM ALIANÇA E A POLÍTICA DAS RUAS

ter direitos e, 90; esfera do político e, 89. *Ver também* condição de ser passível de luto; reconhecimento

exclusão constitutiva, 10

Exército dos Estados Unidos, 22-23

exploração, 161-162, 230

exposição: formas e propósitos da, 139-140; para a história, 162; política, 201-203; vida precária e, 120-121; inesperada, 162-163; vulnerabilidade e, 106, 154, 201-202. *Ver também* vulnerabilidade

"expressivas", 28

falta de instrução, 156

fantasias, 36, 37-38, 183; tipos de reconhecimento de gênero e, 46. *Ver também* ideais

fascismo, 183, 199

Felman, Shoshana, 15, 195

feminismo psicanalítico, 159-160

Ferguson, Missouri, 33

força, 165

formas parlamentares, 13

Foucault, Michel, 17-18, 89

França, 56-57, 78, 90-91, 159

Frank, Jason, 180, 191

Friedman, Milton, 176

fronteiras discursivas, 11

funerais, 217

futuro, o: alianças e, 77, 84; prejudicado, 222; dependência e apoio e, 218, 227; vida possível de ser vivida e, 200; o povo e, 186; resistência e, 238; sociabilidade e, 200. *Ver também* vida boa; ideais; permanência dos corpos; sobrevivência

Gandhi, Mahatma, 206, 211n15

gênero e modelos de gênero: corpos e, 46-47; igualdade e, 78-79, 98-99; atribuição de gênero e, 36-40; ideais de, 69-70; linguagem e, 43-46, 71, 72; leis e, 47; vida possível de ser vivida e, 47, 78-79; modelos e, 36-40, 45; performatividade e, 33-40, 68-72; permeabilidade e, 169n11; condição precária e, 33-35, 41-42; direito de aparecer e, 63-64; segurança nas ruas e, 83; Praça Tahrir e, 98-99. *Ver também* alianças; vulnerabilidade; mulheres

Genocídio armênio, 60

genocídio, 123-124, 129, 131

Gilmore, Ruth, 55, 106

greves de fome, 139, 150, 151, 187-188, 189, 205, 207

Greyser, Naomi, 210n8

guerra, 50-51, 113-114, 132, 222. *Ver também* militarismo

Gunduz, Erdem, 210n9

Haraway, Donna, 145-146, 229

Hebrom, 152

hegemonia. *Ver* poder

Heidegger, Martin, 125

Heller, Agnes, 197

Hemisfério Sul, 83

Hobbes, Thomas, 165

"homem de pé, o", 210n9

homens, vulnerabilidade e, 159-160

ÍNDICE

homofobia, 59-60

Honig, Bonnie, 56, 181, 193

humanos e vida humana: igualdade e, 97-98; sentir-se vivo e, 200; vida boa e, 215; natureza humana e, 49, 63-64; tipos de, 42-45, 49-50; reconhecimento e, 43-44; sociabilidade e, 49. *Ver também* ação; corpos e corporificação; vida boa; "eu" (indivíduo); vida possível de ser vivida

ideais, 46-47, 69-70, 98, 133, 205, 229. *Ver também* fantasias

ideias tocquevilianas, 209n3

identidades, 65, 77-78. *Ver também* gênero e modelos de gênero; "eu"

Iêmen, 100

igualdade e desigualdade: ação em conjunto e, 98, 107, 134, 209n3; Arendt e, 127, 128; assembleias e, 151; convivência e, 126, 131; dependência e, 50; liberdade e, 134; liberdade de gênero e, 67; vida boa e, 214, 219, 233; vida possível de ser vivida e, 76, 78, 133, 231, 234; ação corporificada plural e, 239; política e, 59; condição precária e, 239; esferas pública/privada e, 99, 227; reconhecimento e, 11-12; compulsoriedade da convivência e, 126; vulnerabilidade e, 156-157; "nós, o povo" e, 198

imigração, 78-79, 140, 222. Ver também ilegais, os

imigrantes muçulmanos, 9

Inazu, John, 178, 210n4

inclusão, 10, 11. *Ver também* exclusão (o outro)

independência. *Ver* "eu" (indivíduo); responsabilidade

individualismo: Arendt sobre, 123; biopolítica e, 216; como algo distinto das suas redes de apoio, 143-144; vida boa e, 214-215, 233, 234-235; resistência não violenta e, 205; representações plurais *versus*, 24; direitos de gênero e, 75. *Ver também* contratualismo; "eu" (indivíduo); responsabilidade

infraestrutura: corpos e, 162; dependência e, 27; paternalismo e, 156; como plataforma e objetivo, 140-143; como plataforma e objetivo da política, 146; condição precária e, 131; solidariedade e, 28; espaço da política e, 142; vulnerabilidade e, 152

instituições: gênero e, 36, 39, 71; condição de ser passível de luto e, 218; linguagem e, 71-72; persistência e, 25; condição precária e, 21, 28, 55; apoio e, 82-83, 94; compulsoriedade da convivência e, 124-125, 127; vulnerabilidade e, 155, 156, 158, 231. *Ver também* neoliberalismo; prisioneiros; religião; condições sociais

intenções, 227

interdependência. Ver dependência e apoio

Islã, 9, 99. *Ver também* mulheres com véus na França

CORPOS EM ALIANÇA E A POLÍTICA DAS RUAS

isolamento, 21
Israel, 41, 79, 118, 121, 126, 127

justiça social, 233. *Ver também* justiça
justiça, 24, 25, 32-33, 138-139, 219,
232, 233

Kafka, 150
Kauanui, J. Kēhaulani, 178
Klein, Melanie, 165
Kohn, Hans, 127

Laclau, Ernesto, 10, 181
latinos, 159
Latour, Bruno, 96
legibilidade, 45
legitimidade do Estado: assembleias e,
22, 25; economia e, 176; resistência
não violenta e, 205-206; persistência
do corpo e, 92-94; ação corporificada plural e, 207; soberania popular
e, 179-190, 188, 193; vontade popular e, 13; proteção de/contra o
governo e, 175-177; espaço público
e, 94-95
leis e tribunais, 41-42, 48-49, 155-156.
Ver também polícia
Levi, Primo, 222
Lévinas, Emmanuel: Arendt *versus*,
122-123; corpos e, 129; ética e, 28,
114; condição de judeu e, 128-129;
cultura judaico-cristã e, 135n2; o
outro e, 118-120; proximidade e
distância e, 117, 118-122; sofrimento a distância, 113
liberalismo, 28

liberdade de assembleia: cidadania e,
149; negociação coletiva e, 209n1;
expressão e, 28; liberdade de associação e, 210n4; liberdade de discurso e, 14; mobilidade e, 177-178;
o povo e, 174-175, 181-191; performatividade e, 191-196; soberania
popular e, 178-179, 188-189; proteção do/contra o governo e, 175, 176-
177; soberania popular e, 180-181;
coerção patrocinada pelo Estado e,
25; "nós, o povo" e, 171-175, 192-
193. *Ver também* assembleias; espaço público; direito de assembleia;
"nós, o povo"
liberdade de associação, 210n3-4
liberdade de discurso (expressão), 14, 28,
175, 194-195
liberdade: corpos e, 53-54; convivência
e, 34; apropriação discursiva e, 20;
necessidade corporificada e, 53-54;
igualdade e, 59, 134; gênero e, 63-
64, 67-68; genocídio e, 123-124;
mídia e, 102; apoios para a, 141. *Ver
também* direitos
libertarianismo, 19-20
Líbia, 100
ligações de grupo, 41
linguagem: os destituídos e, 89; resistência feminina e, 155-156; atribuição de gênero e, 68-70, 71; individualidade e, 235; irônica, 174;
"necessidades" e, 196-197; tipos de
reconhecimento e, 43-44, 44-45.
Ver também apropriação discursiva;
discursividade; atos de fala

ÍNDICE

locais, localidade e localização, os, 82, 100-103, 104, 107, 111-112. *Ver também* proximidade/distância

Londres, 104, 72n1

Los Indignados (Espanha), 151

luto público, 91-92

luto, 91-92, 133, 218, 223. *Ver também* condição de ser passível de luto

Magnes, Judah, 127

manifestação de Heidelberg, 238

manifestações: anticondição precária, 13; formas de, 83-84; funerais e, 217; identidades e, 65; polícia e, 84; espaço público e, 80-87, 104; silenciosas, 14, 24-25, 172, 173, 174, 181, 186, 187, 189, 204, 238, 210n9; espaço de aparecimento e, 82-84, 94-95; vulnerabilidade e, 166-167. *Ver também* Movimento Occupy Movement *e outras manifestações*; ação corporificada plural

máquinas, 145, 146, 228

Marchas das Vadias, 165, 170n15

masculinidade, vulnerabilidade e, 159-160

Mbembe, Achille, 18

meio ambiente, 51, 125, 130

Memmi, Albert, 161

Merkel, Angela, 9

mídia: corpos e, 102-103, 106-108; corte na edição (embargo) e, 114-115, 182; ética de convivência e, 113-116; não violência e, 214; o povo e, 16, 26, 181; prisioneiros e, 188; proximidade e distância e, 132-133; reco-

nhecimento de mim mesmo e, 235; direito de aparecer e, 62; direitos e, 102; espaço de aparecimento e, 95, 100-102; legitimidade do Estado e, 25; sofrimento a distância e, 132

militarismo e militarização, 22-23, 60, 80-81, 157-158, 161. *Ver também* Guerra

Minima Moralia (Adorno), 213

mobilidade, 14, 141, 152, 182-183, 73n10. *Ver também* deficiência

mobilização, 141, 166-167

momentos anarquistas, 84, 177, 180

momentos constitutivos, 180

Montreal, 171

moralidade: biopolítica e, 216-217; direitos civis e, 206; cinismo e, 221, 233; vida boa e, 214-215; sobrevivência e, 222. *Ver também* ética; vida boa; obrigação

mortalidade, 54-55

morte social, 221

Mouffe, Chantal, 10

Movimento Occupy: corpos e, 198-199; redes globais do, 177; identidades e, 65; o povo e, 174; permanência dos corpos e, 172; privatização e, 16; apoio e, 151; "nós, o povo" e, 192; vontade do povo e, 13

movimentos de ocupação em Buenos Aires, 65

movimentos de ocupação, 65, 90, 140

movimentos sociais, 238

Mubarak, Hosni, 102

mulheres com véus na França, 56-57, 90-91

CORPOS EM ALIANÇA E A POLÍTICA DAS RUAS

mulheres muçulmanas, 56-57, 91

mulheres trans, 152

mulheres, 83, 137, 153, 154-157. *Ver também* gênero; esferas (Arendt)

multidões reunidas, 199-200

"Na colônia penal" (Kafka), 150

nacionalidade,11

nacionalismo, 18, 19, 60, 112, 118-119, 126-127, 181

Nações Unidas, 209n1

não humanos. *Ver* humanos e vida humana

não reconhecimento, 46

natalidade, 225

natalidade, filósofa da, 13

necessidade, 53-55, 63-64, 67-68

necropolítica, 18

negociação coletiva, 209n1

neoliberalismo: corpos e, 198; suportes corporais, 203-204; vulnerabilidade negada e, 161; o future e, 221; vida possível de ser vivida e, 100; oposição a, 100; responsabilidade e, 20, 76, 158; autossuficiência e, 20; os imigrantes ilegais, 48

nomes, 223

Norte da África, 83

"nós, o povo", 75, 98, 171-211; corpos e, 193-195, 203-204; liberdade de assembleia e, 171-175, 191-193; "eu" e, 15, 59; legitimidade do governo e, 22-23; reunião plural de corpos e, 173-174; como ato discursivo, 14, 186, 191, 195-196; ainda, 198; convivência não escolhida e, 128. *Ver também* povo, o

obrigação: convivência e, 133-134; gênero e, 37-38, 39-40; vida possível de ser vivida e, 229, 239; mídia e, 114-115; condição precária e, 131, 134, 239; proximidade e distância e, 18, 111, 113; desafiliação religiosa e, 91; direitos e, 79. Ver também ética; moralidade; tipos; responsabilidade

ongs, 19

oposição, 111

"orgânico", 197

Organização Internacional do Trabalho, 209n1

Oriente Médio, 83

origens gregas, 119

outro, o. *Ver* exclusões

Países Baixos, 78

Palestina e palestinos, 19, 41, 79, 117-118, 119, 126, 139, 152, 188

Palestinian Queers for Boycott, Divestment, and Sanctions, 62

Paquistão, 140

Parque Gezi ou Praça Taksim (Istambul), 16, 185, 190, 198, 201

paternalismo, 154-155, 156, 158, 231

patologização, 61, 71

Patriotas Europeus contra a Islamificação do Ocidente (Pegida), 9

Patterson, Orlando, 221

Paul, Ron, 18

Pegida (Patriotas Europeus contra a Islamização do Ocidente), 9

ÍNDICE

pensamentos, 195-196, 225. *Ver também* distinção entre corpo e mente

performatividade: ação em conjunto e, 228-229; assembleias e, 13, 14, 15-16, 191-192; caracterizada, 35-36; dependência e, 227; de gênero, 39-40, 45-47, 63-64, 67, 68-72; gênero e, 33-40, 68-72; plural, 57-58, 59; da política, 12, 13, 15, 17, 24-26, 34-35, 52; condição precária e, 65-66; sofrimento e, 225-226. *Ver também* ação; corpos e corporificação; representação; atos discursivos e discurso

permanência dos corpos: corpos e, 92-93; condições de, 104-106; deslegitimação do Estado e, 92-93; dependência e, 229-230; dependência e apoio e, 25, 93, 95-96, 218, 229-230; interdependência e, 96-97; política e, 105-106; reconhecimento e, 47-48; "nós, o povo" e, 198. *Ver também* condição de ser passível de luto; sobrevivência

permeabilidade, 169n11

perspectivas, 86, 94, 106

pessoas queer, 83

pessoas trans: modelos de reconhecimento e, 39; direito de aparecimento e, 91; Turquia e, 59-60; mulheres turcas como, 155; Estados Unidos e, 60; violência contra, 41

pessoas. *Ver* humanos e vida humana; "eu" (indivíduo); sujeitos

Pinochet, 176

plano de saúde, 17, 18, 19

Platão, 33

pluralidade: ação e, 15; aparecimento e, 66; Arendt e, 129; interdependência e performatividade e, 165; pessoas e, 124-125

poder (hegemonia): cristão, 19; vida boa e, 213, 219-220, 230; resistência não violenta e, 211n15; o povo e, 10; performatividade e, 65; espaço público e, 93-95; regulação do aparecimento corporal e, 97; direito de aparecer e, 57-58. *Ver também* paternalismo

polícia: documentação de telefone celular e, 167; contravigilância e, 103; manifestações e, 83-84; liberdade de assembleia e, 191; minorias de gênero e, 66; espaço público e, 201-202; a rua e, 141; violência e, 41-42, 56, 63. *Ver também* prisioneiros

política: ação em conjunto e, 15-16; corpos e, 129-130, 147; convivência e, 125; dependência e, 51-52, 132-133; dependência e apoio e, 51-52, 227-228; os destituídos e, 88-89; necessidade econômica e, 53-54; igualdade e, 59; exclusão e, 10-11, 78-90; liberdade de assembleia e, 177; vida boa e, 232-233; inclusão e, 10; domínio legal e, 48; limites da, 94-96; vida possível de ser vivida e, 147; moralidade e, 232-233; mortalidade e, 54-55; performatividade e, 227-228; corpos plurais e, 85-87; ação corporificada plural e, 199; precaridade e, 54-55, 105, 130-131, 157; esferas pública/privada e,

259

CORPOS EM ALIANÇA E A POLÍTICA DAS RUAS

80-81, 223-227; condições sociais da, 133; espaço de aparecimento e, 82-83, 141; vulnerabilidade e, 158, 159, 164-165, 200-201, 231-233. *Ver também* espaço da política

políticas de identidade, 34

populações apátridas, 129

populações não passíveis de luto, 34, 105, 127, 131, 166-167, 216-219, 238. Ver também vida descartável; luto

Portugal, 140

"pós-feminismo", 155

possível de ser vivida, vida: ação em conjunto e, 167; alianças e, 78-79, 133; dependência e apoio e, 27, 50-53, 76, 78, 94, 167, 229-231; condições ambientais e, 130; igualdade e, 76, 78, 231-233, 238-239; obrigação ética e, 127, 128, 228; sentir-se vivo e, 200; o futuro e, 200, 238; gênero e, 39-40, 46-47; ideais e, 229; infraestrutura e, 141; tipos de reconhecimento, 65-66; patologização e, 61-62; política e, 17, 24, 48, 147; reconhecimento e, 69; resistência e, 237-238; direito de aparecer e, 32-33; condições sociais e, 133; ir adiante e, 200; sobrevivência e, 147-148, 229; im-, 22, 40, 218-219, 221, 231 (*ver também* neoliberalismo); convivência não escolhida e, 127, 128; vulnerabilidade e, 164-165; guerra e, 50-51. *Ver também* dependência e apoio; vida boa; condição precária

povo escolhido, 128

povo, o: caracterizado, 181-186; "democracia" e, 7-8; exclusão e, 9-12, 181-182; liberdade de assembleia, 174-176, 181-191; mídia e, 26, 181-182, 184; militarização e, 22-23; performatividade e, 14, 193-194, 194-195; vontade popular e, 12; representação e, 185-187; autodeterminação e, 187-188, 193; Praça Tahrir e, 172. *Ver também* humanos e vida humana; soberania popular; reconhecimento; "nós, o povo"; vontade do povo

Praça Tahrir e Primavera Árabe, 13, 80, 98, 99-100, 104, 172, 183, 198

Praça Taksim ou Parque Gezi (Istambul), 16, 185, 190, 198, 201

prisão, 139

prisioneiros: exposição corporal e, 139, 154, 167; cidadania e, 191; liberdade de assembleia e, 149-150; mídia e, 188; moralidade e, 222; não violência e, 205-206; o povo e, 183; condição precária e, 221-222; esfera pública e, 187-191, 201-103. *Ver também* greves de fome

privatização, 16, 20, 141, 176, 190-191, 199, 201-203

Problemas de gênero (Butler), 34

Probleme der Moralphilosophie (Adorno), 215, 235-237

protestos. Ver manifestações; greves de fome; resistência; Praça Tahrir e Primavera Árabe e outros protestos

proximidade/distância: ética da convi-

ÍNDICE

vência e, 111-112, 115-128, 134; reversibilidade da, 115-117, 132-133; sofrimento e, 111-117, 132. *Ver também* local, a localidade e a localização, o
psicanálise, 145
Puar, Jasbir, 77
Puerta del Sol, 198

Quadros de guerra (Butler), 27, 50
"queer", 69, 70, 79
Quênia, 140

raça e racismo, 43, 44, 48, 49, 55, 106, 129, 199-200
racionalidade de mercado, 17
Rancière, Jacques, 181
Reagon, Bernice Johnson, 165-166
realidade, 90
reciprocidade, 120
reconhecimento: corpos e, 44; dependência e, 50; exclusão e, 11-12; completo *versus* parcial, 46; Hegel sobre, 73n3; do "eu", 235; vida possível de ser vivida e, 69; nomes e, 223; normas de, 39, 46, 48, 49; performatividade e, 12; permanência e, 47; direito de aparecer e, 42-46; esfera de aparecimento e, 48. *Ver também* identidades; tipos
redes digitais, 14
redes sociais, 28, 167
reflexão, 137-138
refugiados, 90, 126, 183, 189
regimes de aparecimento, 87
regulação do aparecimento corporal, 97

Reino Unido, 103-104
relacionabilidade: vulnerabilidade e, 144-145
religião, 42, 56-57, 90-91, 123, 152
representação, 11, 180, 185-187. *Ver também* eleições
representação: significação excessiva e, 14; representatividade *versus*, 180; vontade popular e, 13-14. *Ver também* ação; performatividade
resistência não violenta, 203-209, 211n15
resistência passiva, 211n15
resistência: à vida ruim, 234-237; dependência e, 239; formas feministas, 155-156; reunião e, 29; igualdade de gênero e, 98-99; vida possível de ser vivida e, 236-238; não violenta, 203-209, 211n15; ação corporificada plural e, 236-239; condição precária/direito de permanência e, 92, 237-239; protesto e, 236-238; não reconhecimento e, 45; vulnerabilidade e, 155-156, 166-167, 200-201; à guerra e à violência, 114
responsabilidade social, 18-20
responsabilidade: assembleia alternativa à, 21-22; individual *versus* solidariedade, 28; desigualdade e, 32; neoliberalismo e, 20, 76, 158; condição precária e, 21-22; social, 18-20; sofrimento a distância e, 113. *Ver também* ética; individualismo
reuniões: significação excessiva e, 14; direito de assembleia e, 23-24; "nós" e, 173-174. *Ver também* assembleias

CORPOS EM ALIANÇA E A POLÍTICA DAS RUAS

revolução (ou revolucionário): ação em conjunto e, 172; corpos e, 53; liberdade de assembleia e, 177, 180; exposição política e, 203; espaço da política e, 87-88

Revolução Americana, 209n3

Revolução Francesa, 209n3

romani (ciganos), 56, 140

rua, a: como plataforma e objetivo, 140-142, 150, 151-153; ação corporificada plural e, 166-167; direito à mobilidade e, 141; direito de andar, 152-153

secularismo, 42, 57, 60, 90, 91, 123

Sedgwick, Eve Kosofsky, 36, 69, 70

sem documentos, os: aparecimento e, 189; manifestações e, 166-167; eleições e, 187; condição de ser passível de dano e, 157-158; exposição política e, 203; esfera pública e, 48-49; direito de ter direitos e, 56-57; direitos de assembleia e, 88

sentidos, regulação dos, 164

serviços e bem-estar social, 18-19, 20, 21

significação excessiva, 14, 50

significação, excessiva, 14

silêncio, 14, 24-25, 172, 173, 174, 181, 186, 187, 189, 204, 238, 210n9

Síria, 91, 99-100

soberania havaiana, 178

soberania popular: assembleias e, 22; caracterizada, 178-179; Declaração de Independência e, 194; "democracia" versus, 7-9; eleições e, 179-180, 188; liberdade de assembleia e, 188-189;

legitimidade do governo e, 179-180, 188, 193; autodeterminação e, 13; o Estado e, 178, 180-181, 187; Estados Unidos e, 192-193. Ver também vontade do povo (vontade popular)

sobrevivência, 147-148, 222, 223, 225, 226-231, 235

sociabilidade: alianças e, 94; corpos e, 167; o futuro e, 200; vida possível de ser vivida e, 133-134; Praça Tahrir e, 98

socialidade: alianças e, 94; ética e, 120; exposição e, 107; novos tipos de, 128, 200; tipos de humanos e, 49; política e, 195, 232; condição precária e, 131

sofrimento, 111-117, 132, 222, 223, 224-225, 209n3

solidariedade: ação em conjunto e, 29; democracia e, 203; dependência e, 28; demanda corporificada por vida possível de ser vivida e, 167; globalização e, 112; responsabilidade individual versus, 27-28; prisioneiros e, 202; direitos das mulheres e, 155; compulsoriedade da, 21, 166

Sontag, Susan, 114

Spinoza, 163, 108n5

Stengers, Isabelle, 96

subjugação, 27

sujeitos, 44-45, 46-47, 66, 154, 194-195, 216, 226, 233. Ver também condição de ser passível de luto

Tea Party, 18, 19-20

tecnologia, 102-103, 145, 181-182, 183. Ver também mídia

ÍNDICE

telefones celulares, 102, 167

teóricas feministas, 53, 60-61, 154-157, 159-160, 169n9

termos hegelianos, 50, 116, 235, 73n3

"terroristas", 8-9

Thoreau, H. D., 206

tipos de representação, 45-47, 48

tipos: de humanos, 42-46, 49-50; de hipervisibilidade, 63; "eu" e, 235; ideais e, 46; de reconhecimento racial, 44, 47. Ver também gênero e modelos de gênero; linguagem; reconhecimento

trabalho escravo, 161

trabalho reprodutivo, 130

trabalho, 17, 18, 19

trabalho, 17, 18, 21, 27

tradição judaico-cristã, 119, 135n2

transfobia, 59-60

tribunais e leis, 41-42, 47-48, 155-156. *Ver também* polícia

Tunísia, 99-100

turbas de linchamento, 199

Turquia, 60, 155, 183, 190, 201-202. *Ver também* Praça Taksim ou Parque Gezi (Istambul)

unidade, 10

universalidade, 127

universalismo, 56-58

utopianismo, 181

Venezuela, 140

vida boa: ação em conjunto e, 229, 239; na vida ruim, 29; caracterizada, 213-215; dependência e, 230; eco-nomia e, 234; igualdade e, 214, 219, 233; condição de ser passível de luto e, 216-218; contextos históricos e, 213-214; "eu" e, 215-216, 218-220, 223-235; condição precária e, 222; esferas pública/privada e, 225-229; resistência e, 236-239; condições sociais/econômicas e, 214; sobrevivência e, 222-224, 229; vulnerabilidade e, 231-233. *Ver também* ética; ética de convivência; vida possível de ser vivida

vida descartável: assembleias e, 24, 32, 166-167; biopolítica e, 216, 230; política econômica/militar, 157; indispensabilidade e, 23; responsabilidade individual e, 21; política econômica e militar e, 157-158; tipos de reconhecimento e, 48-49; condição precária e, 17; responsabilidade e, 32; autossuficiência e, 20. *Ver também* condição de ser passível de luto; condição precária

vida impossível de ser vivida, 22, 40, 218, 221-222, 230. *Ver também* neoliberalismo

vida nua, 50, 87, 88-89, 154, 180, 203

vida ruim, 219

vida social, legitimidade da, 220

vida, não humana. *Ver* animais, humanos e não humanos

violência: assembleias e, 207-209; documentação de telefones celulares e, 167; os destituídos e, 88-89; liberdade e, 68; gênero e, 63-64; ideais e, 133-134; ações individuais e,

58-59; modelos de gênero e, 65-66; polícia e, 41-42, 56, 63; condição precária e, 221-222; proteção do/contra o governo e, 176; direito de reunião e, 92; canto silmiyya e, 99; multidões reunidas e, 200; transgênero e, 60. *Ver também* resistência não violenta

vontade do povo (vontade popular): alianças e, 84; assembleias e, 25, 173-174; eleições e, 185; representação e, 13-14; resistência não violenta e, 205-206; o povo e, 12-13; espaço público e, 95-96; democracia radical e, 200. *Ver também* soberania popular

vulnerabilidade: ação e, 153; coligações e, 137-167; dizimação e, 158; negação da, 159-161; corporificação e, 163; igualdade/desigualdade e, 231; exposição e, 106, 154, 201; teóricas feministas e, 169n9; infraestrutura e, 152; condição de não ser passível de dano e, 163, 232; Lévinas e, 129; masculinidade e, 159-160; mobilizadora, 140, 167; permeabilidade e, 169n11; política e, 158, 495, 164-165, 201-202, 232-233; condição precária e, 121-122, 157-158; relacionalidade e, 144-145; resistência e, 155-156, 167, 200-201; socialidade e vida política e, 232; espaço de aparecimento e, 96; força e, 165; distribuição desigual da, 230; mulheres e, 137, 153, 154-157. *Ver também* dependência e apoio; exposição

We, the People of Europe? (Balibar), 171

Wittgenstein, Ludwig, 227

Zerilli, Linda, 54

A primeira edição deste livro foi impressa em 2018, ano em que a vereadora Marielle Franco – mulher negra, mãe, LGBTQ, nascida na Favela da Maré, militante de movimentos sociais e direitos humanos – foi sumariamente assassinada, antes que se completasse um mês da intervenção federal militar no Rio de Janeiro.

O texto deste livro foi composto em Sabon LT Std, corpo 11/16.

A impressão se deu sobre papel off-white pelo Sistema Digital Instant Duplex da Divisão Gráfica da Distribuidora Record.